위장 취업자에서
늙은 노동자로
어언 30년

'내부자' 눈으로 본 대기업 정규직 노조&노동자

:: 책을 내면서

흔들리는 나를 다잡기 위한 '무모한 도전'

나는 정년이 몇 년 남지 않은 늙은 노동자다. 내가 다니는 한국GM에서 최근 취업 비리, 납품 비리 사건이 터졌다. 회사 쪽에서는 부사장을 포함한 다수의 임원들이, 노동조합 쪽에서는 전·현직 지부장, 전직 상임집행 간부, 대의원들이 연루됐다. 그들은 구속됐고, 재판을 받았다.

 내가 잘 아는 많은 노동조합 간부들이 실형, 집행유예, 벌금형을 받았고, 회사 인사위원회에서 해고되어 회사를 떠났다. 그 여파로 노동조합 집행부는 총사퇴하고 지부장 보궐선거가 치러졌다. 내 마음의 뿌리가 흔들렸다. 내가 모든 것을 바쳐 일하고 활동했던 한국GM 노조가 늙고 병들어 가고 있었다. 이전에도 부패는 있었지만 그것은 작은 일탈이었다. 하지만 지금은 너무 넓고 깊게 퍼져 바로 내 발밑까지 와 있다.

 잠시 모든 것을 내려놓고 30년 나의 세월이 고스란히 녹아 있는 이 공장, 그리고 노동조합과 조합원들을 돌아보고 싶었다. 처음에는 긴 시간 동안 그저 쉬면서 이런 저런 생각을 정리하려고 했다. 그런데 나는 짧은 시간에 급하게 책을 내기로 했다. 그 이유는 전적으로 아내 때문이었다. 나의 아내는 현재 한국여성노동자회 상임대표다. 내가 노조 집행부를 마치고 이러한 나의 고민을 이야기하자 아내가 대뜸 말했다.

"책으로 써 봐."

책이라고? 엄두가 나지 않았다.

"에이, 내가 그걸 어떻게?"

아내는 다시 말한다.

"당신이 무슨 답을 줄 수는 없어. 연구자도 아니고. 하지만 당신만이 쓸 수 있는 게 있을 거야."

나만이 쓸 수 있는 것이 있다? 나는 이 말에 용기를 얻어 '무모한 도전'을 시작했다. 책을 써야겠다고 결심하고 먼저 흩어져 있는 내 고민의 조각들을 모아 보았다. 다행히 나는 지난 10여 년 동안 그때그때 떠오르는 생각이나 고민을 메모하고 정리해 두는 습관을 갖고 있었다. 내 생각과 고민을 주위 사람들과 함께 나눴다. 컴퓨터에 흩어져 남아 있는 생각의 단편들, 그리고 블로그에 썼던 글들을 긁어모았다. 거의 비슷한 고민들이 지루하게 반복되고 있었다. 그 '잡다함'을 모아 얼기설기 집을 지었다. 그렇게 만들어진 어설픈 집은 내가 봐도 내 생각의 일면성과 깊이 없음을 드러내 줄 뿐이었다. 하지만 그게 나였다.

이러한 볼품없는 초고를 성의껏 검토해 주고 충고를 아끼지 않은 분들이 없었다면 이 책은 지금의 모습으로 나오지 못했을 것이다. 여러분들의 충고를 바탕으로 엉성한 집을 부수고 다시 짓기를 몇 번 반복했다. 이 작업은 나의 일면적이고 단편적인 사고를 넘어서려는 치열한 싸움의 과정이기도 했다.

먼저 책을 내겠다는 막막한 목표를 이야기하고 도움을 청하는 후배의 요청에 성의껏 응해 주고 격려해 준 최광렬 선배에게 고마움을 전하고 싶다. 오랜 기간 출판 일을 한 그의 경험에서 나온 충고와 격려는 큰 도움이 됐다.

사회진보연대 활동가 한지원 님, 민주노총 정책위원 박하순 님도 초고를 읽고 소중한 충고와 격려를 해 줬다. 내 고민을 잘 정리할 수 있게 해 준 '생각하는 힘'은, 지금은 수유너머 104로 이름이 바뀐 수유너머 n에서 몇 년 동안 공부하면서 많이 키워졌다. 거기서 만난 이진경 선생은 나의 초고를 꼼꼼히 읽고 소중한 충고를 해 주었다. 또 초고에 담겨 있는 나의 문제의식에 대해 함께 토론해 준 한국GM의 여러 활동가들에게 감사를 전하고 싶다. 그리고 아빠가 책을 쓴다는 이야기를 듣고 사랑스러운 두 딸이 외쳐준 '파이팅'은 지루한 책 쓰기 과정을 이겨내는 데 큰 힘이 되었다. 특히 이 책은 공장에서 함께 땀 흘려 일하고, 노동조합 활동도 함께해 온 한국GM의 동료들에게 가장 많은 빚을 지고 있다. 동료들과 함께한 일상의 경험을 토대로 이 책은 씌어졌다. 동료들과 나눈 소소한 대화들이 나에게 많은 영감을 줬다. 최대한 구체적이고 생생한 경험을 책에 담으려 노력했고, 혹여 이 때문에 동료들에게 조금이라도 마음의 상처나 누를 끼치지는 않을까 우려된다. 넓은 마음으로 이해해 줄 것으로 믿는다. 마지막으로 이 책 출판 기회를 주고, 소중한 충고를 아끼지 않았던 도서출판 레디앙의 이광호 대표께도 감사드린다. 책을 쓴다는 게 이렇게 힘든 일인 줄은 몰랐다. 쥐나는 머리를 안고 살아야 하는 고통의 시간은 끝났다. 이제 동료들과 마음 편히 소주잔을 부딪치고 싶다.

2017년 11월 인천 청라 나의 집에서

차례

책을 내면서
흔들리는 나를 다잡기 위한 '무모한 도전' … 5

0장 늙은 노동자의 짧은 '자소서'
두 번의 해고와 구속, 회한 많지만 후회는 없어

수줍음 많던 아이, 노동자가 되다 … 15
몰래 올린 결혼식 … 17
"형, 대학 나와서 왜 공장 일해요?" … 21
아직 나의 열정은 살아 있다 … 24

1장 노동자, 50대에 길을 잃다
방황하는 또 다른 나에게 보내는 편지

"귀족노조에 계시네요." … 29
"아빠, 그게 얼마 후 내 모습일지 몰라" … 32
어긋남, 그리고 노동운동의 보수화 … 35
필요한 것은 답이 아니라 질문 … 40
관료적 관성에서 벗어나기 … 43
낯설게 만들기 … 47

2장 정규직 노동자의 삶과 꿈
한국GM 노동조합 경험을 중심으로

우리의 모든 꿈을 닫히게 만든 것 … 53
대기업 정규직은 보수화되었나? … 56
투기적 욕망, 자본의 덫에 걸리다 … 59
정리 해고의 정치경제학 1: 죽은 자들의 이야기 … 62
정리 해고의 정치경제학 2: 살아남은 자들의 이야기 … 69
한국GM 사무직 노동자운동 … 73

심야 노동 탈출기 … 79
시간에 대하여: 돈과 삶의 부등가 교환 … 83
두 개의 삶: 돈 버는 맛과 노는 맛 … 91
회사 인간: 비어 버린 나의 삶 … 95
부러워할 '삶의 양식' … 100

3장 대공장 노조는 왜 쇠락했나?
남성 중심·전략 부재·폐쇄적 정파 벗어나 수평적 네트워크로

남성주의: 권위와 비리의 뿌리 … 107
독이 든 선물: 권력화된 노동조합 … 112
시야는 좁아지고 정신은 마비되고 … 118
논쟁·소통 사라지고 오로지 선거 승리만 … 122
대공장 노조, 단기 경제적 이익에 매몰 … 126
노동운동의 '공유지'를 넓히자 … 131

4장 균열된 노동, 배제된 노동자
노조 바깥 90%, 노동운동의 새로운 지평 여는 주체

노동운동, 새로운 주체가 등장할 것인가? … 141
배제된 노동자와 새로운 주체 사이 … 144
두 개의 균열과 문턱 … 148
보이지 않는 가난, 보이지 않는 노동자 … 152
'기업가적 개인'의 파산과 새로운 각성 … 154
'고용 없는 삶'의 가능성 … 157
자기 목소리 없이 자기 권리 없다 … 162

차례

5장 미완의 촛불, 노동의 꿈
제2의 87년 노동자 대투쟁을 만들기 위해

열린 촛불, 닫힌 촛불 … 169
정치 소비자에서 정치 생산자로 … 171
시민 또는 깃발 없는 노동자 … 176
촛불, 일상에서 타올라야 … 180

6장 '만남의 조직학' 개론
엇갈림의 골목길에서 만남의 광장으로

노동조합, 인간 존엄 지켜주는 무기 … 187
노동조합의 태생적 한계 … 193
두 개의 민주노총이 있다 … 198
만남의 조직론 … 204

7장 '만남의 조직학' 각론
만남을 통한 새로운 주체 만들기: 조직화 방식에 대한 제안

가난, 공감과 당당함 … 211
일상의 연대: 소비자인 노동자, 노동자인 소비자 … 215
만남의 공간 1: 지역 … 218
만남의 공간 2: 대학 … 221
'눈먼 두더지'가 절실할 때다 … 225
지식·문화·예술 노동자와 만남 … 229

8장 물길 거슬러 오르는 연어처럼
활동가론: 공부 안 하는 진보…생각하는 노동자라야 산다

고민하는 당신, 전태일을 새로 읽자 … 235
"소중한 것 먼저 하라" … 239
'공부 안 하는 진보, 공부만 하는 진보' … 242
가족은 운동의 핵심 … 245
'조합원을 위해서'를 넘어서: 대중성의 함정 … 250
진보진영 혁신, 왜 계속 실패할까? … 253

후주 … 256

0장

늙은 노동자의
짧은 '자소서'

두 번의 해고와 구속, 회한 많지만 후회는 없어

늙은 노동자의 짧은 '자소서'
두 번의 해고와 구속, 회한 많지만 후회는 없어

수줍음 많던 아이, 노동자가 되다

나는 1962년생 범띠다. 내 띠동갑, 두 바퀴 띠동갑 젊은 동생들과 한국GM 부평공장에서 생산라인을 타고 있다. 89년에 입사해서 30년 가까이 이 공장에서 잔뼈가 굵었다. 20대 들어와서 50줄을 넘어섰다. 정년이 얼마 남지 않았다.

 얼마 전 한국GM 노동조합 상근 집행 간부로 있을 때 한 젊은 후배 노조 간부에게 1987년 노동자 투쟁을 설명한 적이 있었다. 6월 항쟁의 기폭제 역할을 한 박종철 이야기가 나왔는데, 그는 박종철을 몰랐다. 주변에서는 어떻게 박종철을 모를 수 있느냐며 놀라기도, 놀리기도 했지만 나는 당연하다고 생각한다. 내겐 지금도 기억이 생생한 경험이지만 후배에게는 30년 전의 '역사적 사실'이다. 부모님 세대에게 한국전쟁은 너무나 생생한 경험이지만 나에게는 안 가르쳐주면 모를 역사적 사실인 것과 마찬가지다. 이 젊은 후배와의 대화 과정에서 많은 것을 느꼈다. 50대 중반을 넘어서고 있는 내가 살아온 시간 동안 겪었던 사건들 하나하나가 이제 역사가 되었다는 사실 말이다. 이 나이가 되도록 뭘 했나 하는 회한을 느끼다가도 가만히 돌이켜보면 내 삶이 많은 사건과 당대 역사에 작지만 궤적을 남기며 그 세월을 지내왔다는 것을 깨우친다.

사람들을 만나면 수줍어하고 말이 별로 없던 한 아이가 있었다. 그 아이 고2 때 박정희가 죽었다. 그때 그 아이 반의 반장은 하루 종일 책상에 엎드려 울었다. 그 아이는 불안하면서도 야릇한 흥분 같은 것을 느꼈던 것 같다. 그리고 방학 때 한강다리에서 총싸움이 있었다는 이야기며, 전두환이 실세라는 이야기를 소식이 빠른 친구에게 듣곤 했다. 아마도 그 친구는 대학생 형이 있었던지 했겠지. 고등학교 3학년 봄에 '광주 사태', '폭도', '간첩'이라는 무시무시한 단어가 붙은 신문 머리기사 제목을 보고 광주항쟁을 처음 알게 됐다. 그리고 계엄령이 떨어지고 자유롭게 기르던 머리는 선생님들의 바리깡질에 무참히 밀려 나가고, 누가 삼청교육대에 끌려갔느니, 문신이나 목걸이를 하면 군인들이 끌고 간다느니 하는 이야기들이 떠돌았다. 어수선한 분위기에서 그 아이는 서울대학교 사범대학에 들어갔다. 입학 후 처음에는 들뜬 마음에 미팅도 나가고 이리저리 어울려 술도 마셨다. 하지만 당시 대학은 감시와 처벌의 감옥처럼 숨 막히는 곳이었다. 경찰은 수시로 가방을 뒤지고, 학교 안에는 가발 쓴 사복경찰들이 곳곳에 깔려 있었다. 학교 선배들이 시위 주동을 하다가 잡혀가고, 도서관에서 투신하는 모습을 보면서, 대학생이 된 그 아이는 하루하루 분노를 키워 갔고, 독재정권을 끝장내는 데 모든 것을 걸겠다고 다짐하면서 운동권 학생이 됐다. 연극반 활동도 하고, 비합법 서클에도 가입하고, 사회비판적인 서적으로 세미나도 하고, 집회 시위에도 적극 참여했다. 그리고 강제 징집돼 군대도 끌려갔다.

제대 후 복학은 했지만 마음은 딴 데 가 있었다. 당시 학생운동권은 노동자들이 세상을 바꾸는 주체가 돼야 하고, 의식화된 학생운동 활동가들은 혁명의 주체인 노동자들이 있는 공장으로 들어가 노동자들을 일깨우고 조직해야 한다는 생각이 강했다. 이를 위해서 학생에서 노동자로 소위 '존재 이전' 하는 것이 운동의 정도처럼 되어 있었다. 교회에서 노동자 야학을 하던 그 아이는 어느 시점에선가 학교를 그만두고 공장으로 들어갈 결심을 하게 된다. 그때가 1986년. 워낙 신원 조회가 심해서 큰 공장에는 들어갈 엄두도 못 내고 독산동, 안양 공단의 '마찌꼬바'(작은 공장)를 전전했다. 그러다가 87년 6월 시민항쟁과 7~9월 노동자 대투쟁을 맞는다. 그 아이는 노동자가 된 것이다.

몰래 올린 결혼식

나는 87년 6월 서울 거리에서 연일 시위에 참여하고 파업하는 공장에 열심히 지원 투쟁을 다니기는 했지만 87년 7~9월 노동자 투쟁이 봇물처럼 터져 나올 때는 공장에 없었다. 그리고 노태우가 대통령이 되는 것을 씁쓸하게 바라보면서 문래동 마찌꼬바에 들어갔다. 선반과 밀링을 배우면서 일당 4,000원짜리 견습공이 됐다. 노동자로 살아가려면 기술 하나 정도는 배워야겠다는 생각에서였다. 나에게 기술을 가르쳐 주던 형은 일당 1만 원 이상을 받았는데 중학교 졸업 후부터 이 바닥에서 일을 했다고 한다.

그러다 나는 대우자동차에 취업하게 됐다. 그동안 노동자 몇 십 명 정도 일하는 작은 공장밖에 경험하지 못한 나에게 대공장인 대우자동차에 들어가는 것은 간절한 꿈이었다. 여러 명이 함께 준비해서 88년도 하반기 대우자동차 직업훈련원에 지원했는데 나만 합격했다. 경쟁률이 6:1 정도였던 것으로 기억한다. 이때의 운이 내 인생의 경로를 정해 준 셈이다. 합격 소식을 듣고 기쁘면서도 두렵고 겁도 났다. '이제 돌이킬 수 없이 노동자로서의 삶을 살게 되겠구나' 하는 예감이, 아니 그 사실이 너무나 무겁게 다가왔다.

6개월의 직업훈련 과정을 마치고 89년 3월에 대우자동차 도장부에 입사했다. 그때 나이 스물일곱. 하지만 주변 동료들에 비해 적은 나이는 아니었다. 대우자동차는 86년, 87년 월드카 르망 공장을 지으면서 20대 초중반의 젊은 노동자들을 대거 뽑았다. 내가 입사했을 때 공장에는 20대 중반에서 후반에 이르는 젊은 노동자들로 가득 차 있었다. 이때의 새파란 청년들이 지금은 고스란히 50대 중후반이 되어 정년 후에 무엇을 할 건지 서로에게 묻고 있다.

가끔 공장에서 뜨겁게 보낸 청년 노동자 시절 사진을 본다. 사진을 볼 때마다 나도, 동료들도 참 젊었었구나 하면서 감회에 젖곤 한다. 그때만 해도 공장 내 동료들 간의 관계는 정말 끈끈했다. 주야 맞교대 노동에 힘들어 하긴 했지만, 동료들과 거의 매일 술과 이야기를 나누고, 틈나는 대로 여기저기 많이도 놀러 다녔다.

그즈음 나는 인천 지역 해고 노동자였던 아내와 만났다. 자취방이 가까워서 일이 끝나면 아내의 집에 놀러가 밥을 얻어먹곤 했다. 그리고 학생 신분이 드러나면 안 되기 때문에 직장 동료들에게는 알리지도 못하고 몰래 결혼식을 올렸다. 그리고 직장 동료들에게는 결혼식은 안올리고 동거한다고 둘러쳤다. 그 당시에는 흔히 있던 일이었다. 당시 공장 안은 대결과 투쟁의 분위기로 가득 차 있었다. 툭하면 공장 라인은 끊어지고, 문제가 터질 때마다 공청회가 열렸고 회사 임원과 관리자들은 공청회에 끌려 나와 홍역을 치르곤 했다.

1989년, 노태우 정권이 공안정국을 조성하고 노동자를 향해 전쟁을 선포한다. 특히 민주노조가 들어선 대공장 노동조합을 무자비하게 공격하기 시작했다. 대우자동차에서도 위원장을 비롯해서 노동조합 집행 간부와 대의원, 그리고 다수의 활동가들이 구속되고 해고됐다. 이러한 정권과 자본의 탄압에 맞서 대우자동차 노동자들은 격렬하게 저항했지만 경찰 병력이 투입돼 수백 명의 노동자들이 연행되면서 투쟁은 패배로 끝났다. 노동조합이 무너지면서 조합원들의 당당함과 패기도 함께 무너졌다. 분노와 투쟁 분위기로 가득 찼던 공장은 불안감으로 위축된 아주 딴판의 공간이 돼 있었다. 노동조합이 무력화된 상황을 타개하기 위해서 보궐선거가 치러져 새로운 노동조합 집행부가 구성됐고 나는 조직실장을 맡았다. 하지만 몇 개월 되지 않아서 구속됐다. 소위 '위장 취업'이 구속 사유였다. 대우자동차 입사 때 대학 다닌 사실을 감추기 위해서 고등학교 생활기록부와 주민등록증 초본 등을 고쳤는데, 이에 대해 공문서 및 사문서 위조라는 죄목을 걸었다. 나와 또 다른 서울대 출신 3명이 함께 구속됐다. 그때가 대략 1992년 5월경이다. 경찰은 뭔가 조직 사건을 만들려고 했던 것 같다. 한 지역 신문이 이 사건 관련 기사에서 '사노맹인 듯'이라고 썼다. 경찰의 보도 자료를 그대로 베꼈다. 그 신문에는 대우자동차 직업훈련원 동기 친목 모임을 마치 비밀 조직인 것처럼 보도했고, 나의 직업훈련원 동기들은 모두 회사 관리자들에게 불려가 심문을 당하는 곤욕을 치렀다. 구속될 당시 아내는 첫째 아이를 임신해 만삭이었다. 내가 경찰서에서 조사를 받고 있는 중에 아내는 출산했고, 아내의 후배가 경찰서로 찾아와 출산 사실을 나에게 알려왔다.

"형부, 딸이래요."

그리고 회사는 구치소로 해고통지서를 보내왔다.

이때부터 기나긴 해고 노동자의 삶이 시작됐다. 구속된 지 6개월 만에 석

방돼 '대우자동차 해고자 원직복직투쟁위원회' 일원이 됐다. 30여 명의 해고자들이 있었다. 이때부터 97년 복직될 때까지 5년여 기간이 나에겐 가장 힘들었던 시기였던 것 같다. 그 중에서도 가장 힘든 건 당연히 생계 문제였다. 대우자동차 해고자들에게는 노동조합에서 생계비가 지급이 되었지만, 학생 출신 해고자들은 제외됐다. '학생 출신 해고자들은 뭔가 다른 목적으로 회사에 입사했다'는 불신과 경계의 눈초리를 거두지 않고 있던 일부 대의원들의 반대와 회사의 방해 공작 때문에 대의원대회를 통과하지 못했다. 이후에도 해고자들이 노동조합 투쟁의 성과로 하나둘 복직됐지만 학생 출신 해고자들은 항상 '추후 논의한다'는 문구만을 남긴 채 복직 대상에서 제외되곤 했다. 나는 구치소에서 나오자마자 아내에게 앞으로 나의 활동에 대한 포부나 계획에 대해서 열정적으로 이야기했다. 이런 나의 모습을 아내는 슬픈 눈길로 쳐다보고 있었다. 갑작스러운 남편의 구속 이후 자신의 모든 활동을 접고 생활비를 벌어야 했고, 아이를 맡길 곳이 없어서 시댁으로 들어가 호된 시집살이를 감내하면서 하루하루를 힘겹게 견뎌 내고 있던 아내에게 철없는 남편은 고생했다는 따뜻한 위로 한마디 없이 오로지 자기 활동에 대해서만 떠들고 있었던 거다. 하여튼 나는 이후 과외도 하고, 광고지도 붙이고 다니는 등 생계비를 벌면서 복직 투쟁도 하고, 현장 조직 사업도 해야 했다. 다시 현장으로 돌아갈 수 있다는 희망은 점점 흐려지고 노동운동을 계속할 수 있을까, 회의가 주기적으로 몰려오곤 했다. 더구나 이 시기는 공장으로 들어갔던 소위 학생 출신 노동자들이 썰물처럼 빠져나와 그동안의 '잃어버린' 시간을 벌충하기 위해 동분서주하던 때가 아닌가? 하지만 공장의 동료들, 그리고 씩씩하게 활동하면서 성장해 가는 젊은 후배 활동가들의 모습을 보면서 힘을 내곤 했다. 이 기간 동안 생계를 꾸리는 데 아내가 많은 고생을 했다. 아내의 도움이 없었다면 이 고난의 기간을 이겨내기 힘들었을 것이다.

"형, 대학 나와서 왜 공장 일해요?"

여기서 잠깐 대학교 이야기를 하고 넘어가자. 얼마 전 술자리에서 현장의 한 후배 노동자가 내게 물었다.

"형은 서울대 나와서 왜 공장 일을 해요?"

그 좋은 대학 나와서 왜 공장에 들어왔니, 목적이 뭐니, 부모님이 마음 아팠겠다, 등등.

입사 후부터 정말 지겹도록 들어온 말이다. 나는 벌컥 화를 냈다.

"야, 서울대는 졸업도 못하고 겨우 3년 다니고, 노동자로 30년이나 살았는데, 아직도 그놈의 서울대 타령을 듣고 살아야 하냐?"

나는 공장의 동료들이 나를 서울대 출신이라는 것보다는 평범한 친한 동료 노동자로 바라보기를 원했고, 이를 위해서 부단히 노력을 해왔다. 아마도 30년 가까이 나와 함께한 동료들은 지금은 이렇게 생각할지도 모른다. '서울대도 별 거 아니구만······.' 그렇다. 정말 별 거 아니다. 물론 나는 한국GM 내에서뿐만 아니라 한국 사회 전체에서 서울대가 갖는 의미가 무엇인지는 안다. 학벌사회의 정점에 서 있는 특권화된 영역, 온갖 권력과 특혜를 누리고 사는 집단의 상당수가 서울대 출신이라는 것. 좀 더 평등한 사회를 꿈꾸는 사람이라면 '특권화된 서울대' 문제를 반드시 극복해야 하는 과제 가운데 하나로 볼 것이다. 나는 서울대 폐지론자다.

96년 노동조합 정기대의원 대회에서 나를 포함해서 3명의 학생 출신 해고자 생계비 지급이 결정됐다. 나는 이 순간이 복직 결정 때보다 더 기뻤던 것 같다. 이제 생계에 대한 걱정 없이 활동하고 복직 투쟁에 전념할 수 있게 됐다. 나는 생계를 위해 노동운동을 접을 수밖에 없었던 아내에게 다시 시작하라고 권유했다. 나 때문에 아내가 하고자 했던 활동을 못하게 된 것이 너무 미안했기 때문이었다. 이때부터 아내는 여성노동자회 활동을 꾸준히 했고, 지금은 한국여성노동자회 대표로 일하고 있다. 그리고 둘째가 태어났다. 이때는 첫째 때와는 달리 아내의 출산을 지켜보고 아내가 회복될 때까지 곁에서 함께할 수 있었다.

97년 노동조합 단체협약 요구안에 3명의 학생 출신 해고자를 포함한 4명의 해고자 복직 요구가 포함됐다. 복직 협상이 교착 상태에 빠지자 4명의 해고자들은 단식농성에 들어갔다. 지금은 단식 투쟁이 드물지 않아서 사람들에게 조금은 익숙하지만 당시만 해도 조합원들은 밥 몇 끼만 굶으면 죽는 것으로 생각하던 때였다.

대략 22일 정도 단식농성을 하다 협상이 타결돼 단식을 풀었는데, 조합원들은 처음에는 몰래 밥을 먹는 게 아닌지 의심을 하다가 살이 빠지는 모습을 보고는 '정말로 하네'라고 생각했다고 한다. 농성 투쟁이 전행되면서 조합원들의 뜨거운 지지가 이어졌다. 중식 시간이면 각 부서별로 지지 방문을 오고, 지지 성금도 보내주었다. 가장 인상 깊었던 일은 한 젊은 조합원이 A4용지에 해고자들의 복직을 지지하는 글을 손으로 직접 쓰고 복사해서 식당에서 뿌린 일이었다.

위 사진은 지금도 안방 잘 보이는 곳에 걸려 있다. 나는 사진을 볼 때마다 나를 복직시켜 준 조합원들의 애정 어린 관심과 투쟁을 기억한다. 그리고 그 빚을 갚는 심정으로 지금도 활동하고 있다. 해고자들을 가급적 늦게 현장으로 복귀시키기 위해서 회사는 대우 계열사에서 2년간 사무직으로 근무하

현장으로 복귀하는 것을 노사 합의 사항으로 요구했다. 그래서 나는 당시 서울역 앞 대우빌딩에 있는 계열사에 2년 동안 양복을 입고 출퇴근했다.

이때 IMF 사태가 터졌다. 나는 그해 겨울 출퇴근 때마다 서울역 지하도를 가득 메웠던 노숙자들과 마주쳤다. 수많은 노동자들에게는 가장 추운 겨울이었지만 나는 가장 따뜻한 봄날을 살고 있었다. 상당히 묘한 아이러니를 느꼈다.

계열사 2년 근무를 마치고 1999년 공장으로 돌아왔다. 쫓겨난 지 7년 만의 현장 복귀다. 그런데 복귀한 현장은 대우그룹의 워크아웃으로 어수선했다. 곧이어 대우자동차의 해외 매각 이야기가 나오기 시작했다. 2000년, 노동조합은 해외 매각 반대로 입장을 정리하고 투쟁을 전개했다. 파업도 하고 조립 사거리에 농성장이 꾸려졌다. 나도 개인 텐트를 짊어지고 농성에 합류했다. 이때 다시 해고됐다. 회사로부터 해고 통보를 받고 나는 분노보다는 짜증의 감정이 확 올라왔다.

'7년 만에 복귀해서 이제 제대로 현장에 뿌리박은 노동운동을 시작하리라 굳게 마음을 다지고 있었는데 단 몇 개월 만에 다시 해고자가 되다니.'

그리고 대우자동차 1,750명의 정리 해고가 이어졌고 노동조합은 정리 해고에 맞서서 공장 점거 농성을 했다. 대규모 공권력 투입이 이어졌다. 나는 이 과정에서 또 다시 구속됐다. 업무방해니 뭐니 하는 몇 가지 죄목이 붙었던 것으로 기억하는데, 내가 구속되어 있던 학익동 인천구치소로 하루가 멀다 하고 공장 동료들과 연대투쟁에 함께 한 노동자, 학생들이 들어왔다. 대우자동차 정리 해고 투쟁으로 구속된 노동자, 학생 수는 공식적 집계로 118명에 이른다.

다시 6개월여 수감 생활을 마치고 돌아온 곳은 노동조합이 정리 해고자들과 함께 투쟁하고 있던 산곡동 성당이었다. 정리 해고자들과 이곳저곳 돌아다니며 투쟁하던 중 예전에는 상상도 못했던 일이 벌어졌다. 해외 매각 반대 투쟁 과정에서 해고됐던 나를 포함해서 몇 명의 징계 해고자들이 지방노동위원회에서 복직 판정을 받은 거다. 김대중 정부 들어서고 나서 노동위원회의 인적 구성이 바뀌면서 가능해진 일이었다. 이후 중앙노동위원회가 지방노동위원회의 복직 판정을 뒤집어서 나는 다시 해고자가 되었다. 아무튼 일시적이긴 하지만 갑자기 해고자 신분에서 벗어나게 되면서 나는 노동조합 정책실장이 돼 정리 해고자 복직 협상을 실무적으로 책임지게 되었다. 이때부터 집행부 임기가 끝나는 2002년 9월까지 근 1년간 한쪽에서는 정리 해고자들의 처절한 투쟁이, 또 한쪽에서는 피 말리는 복직 협상이 진행됐고, 나는 복직 합의, 복직 대상자 선정 과정에서 정리 해고자들의 절망과 분노, 원망을 집중적으로 받아내야 했다. 몸과 마음이 만신창이가 되어 버린 1년이었지만 어쨌든 정리 해고자 복직이라는 결과를 끌어냈기 때문에 지금도 후회는 없다. 집행부 임기는 끝났고, 무거운 짐을 벗어 던졌다.

아직 나의 열정은 살아 있다

2003년 초 지금 일하고 있는 도장부서로 복직했다. 해고되어 떠나야만 했던 바로 그 자리로 10년 만에 돌아온 것이다. 하지만 내가 돌아온 그 현장은 정리 해고라는 커다란 상처를 입고 극도로 위축되어 있었다. 조합원들은 회사 관리자들의 눈치를 보며 집회도 참석하려 하지 않아서 노동조합 집회는 항상 썰렁했고, 노동조합이 파업 지침을 내리더라도 일부만 빠져나올 뿐 생산 라인은 아무 일도 없다는 듯이 잘만 돌아갔다.
 나는 무너져 버린 현장 조직력을 되살리는 것이 급선무라고 생각하고, 부지런히 사람들을 만나고 현장에서 열심히 실천했다. 정리 해고의 상처가 차츰 아물어 가고 현장의 조직력도 조금씩 되살아나고 노동조합의 활동력도 침체에서 벗어나기 시작했다.

하지만 이 시점부터 나의 가슴 속에서 대공장 정규직 노동운동에 대한 회의와 문제의식이 싹트기 시작했다. 뭔가 다른 활동 방식이 필요하다고 생각했다. 이때 한국GM에 들어온 비정규직 활동가들을 만났다. 이들 중에는 대학 때 학생운동을 하고 이후 노동운동을 하기 위해 비정규직으로 입사한 활동가들도 여럿 있었다. 대우자동차 시절부터 공장 안, 대기업 정규직 노동조합 활동에만 코 박고 살아온 나에게 이들과의 만남은 노동운동의 새로운 방향을 고민하게 하는 중요한 계기가 됐다. 나는 주도적으로 정규직 활동가들을 모아서 '비정규직 연대 실천단'이라는 조직을 만들고, 비정규직 노동조합의 설립을 방해하는 회사에 맞서서 비정규직 활동가들과 함께 열심히 투쟁했다. 노동조합을 공장 안에 뿌리내리려는 시도는 실패하고, 다수의 비정규직 활동가들이 해고되어 거리로 쫓겨났지만 이들은 지속적으로 투쟁을 이어 갔고, 나는 이들 비정규직 노동자들과의 연대에 나름 최선을 다해 왔다.

또한 공장 밖의 투쟁에도 열심히 연대하려고 애썼다. 희망버스를 타고 한진중공업으로 가고, 동료들과 함께 밀양에도 가고, 각종 집회에도 열심히 참가했다. 주변 동료들에게도 연대의 중요성을 강조하고 연대의 실천을 조직하려고 애를 쓰기 시작했다. 나의 활동과 삶에서 또 다른 분기점을 만든 것은 철학과 인문학 공부를 체계적으로 시작한 것이라고 생각한다. 처음에는 매일 똑같은 동작을 반복해야 하는 단순 컨베이어 작업의 지루함을 이겨내기 위해서 뭔가를 생각하고, 또 뭔가를 메모하고, 일하면서 글 몇 자라도 읽으려고 애를 썼다. 어찌 보면 나는 지독한 활자 중독증 환자이고, 이 병이 나를 보다 깊이 있는 공부로 이끌었는지도 모른다. 그 후에 아트앤스터디 같은 온라인 인문학 강좌, 다중지성의 정원, 수유너머 같은 배움의 공간에서 체계적인 공부를 계속했다.

그 후에 두 번 노동조합 상임 집행 간부로 활동했다. 한 번은 정책실장으로, 또 한 번은 지도고문 역할을 맡았다. 그리고 지금은 다시 내가 입사 때부터 일하던 도장부에서 열심히 컨베이어 라인을 타고 있다. 2003년 이전 10년간은 주로 해고 노동자로 불리며 해고와 구속과 복직을 반복하던 거리의 노동자로 활동했다면, 2003년 이후 지금까지는 커다란 풍파 없이 공장 노동자로서의 삶을 살고 있다. 그리고 어느덧 정년을 몇 년 남기지 않은 늙은 노동자가 되었다.

컨베이어 라인을 열심히 타면서 지금 느끼는 일상의 평온함이 과연 좋은 것인지, 이 과정에서 뭔가 잃어버리고 있는 것은 없는지를 곰곰이 생각하면서 과거를 열심히 되짚고 있다. 그리고 이 나이에 내가 노동운동에 기여할 수 있는 것이 무엇인지, 공장에 처음 들어올 때의 젊은 열정과 의지를 꺼뜨리지 않고 살아가기 위해서는 무엇을 해야 하는지 열심히 고민하고 있다. 뭔가 크게 이룬 것도 없고, 지금 돌아보면 후회되는 일도 많은 삶이지만 나이 들어 추해지지 않고, 작은 불씨일망정 여전히 노동운동에 대한 열정이 살아 있는 것 같아 다행스럽게 생각한다. 앞으로도 여전히 그러기를……

1장

노동자,
50대에 길을 잃다

방황하는 또 다른 나에게 보내는 편지

노동자, 50대에 길을 잃다
방황하는 또 다른 나에게 보내는 편지

"귀족노조에 계시네요."

누군가 물었다.
"입사가 언제예요?"
"1989년입니다."
"'늙은 노동자의 노래' 가사에서 나오는 것처럼 '어언 30년'이네요."

또 다른 누군가 물었다.
"어디 다니세요?"
"한국GM에 다닙니다."
"귀족노조네요."

나는 대꾸하지 않았다. 화도 나지 않았다. 알 수 없는 서글픔을 느꼈을 뿐이다. 대기업 정규직 노동조합이 귀족노조라는 비난은 새삼스럽지 않았다.

전에는 수구·보수언론과 일부 집단의 공격이었다. 하지만 지금은 보통 사람들의 입에서도 귀족노조라는 말이 자연스럽게 나오고 있다. 그만큼 정규직과 비정규직의 격차가 벌어지고, 먹고살기 힘든 세상이 됐기 때문이리라.

대기업 정규직 노동조합과 노동자들은 열심히 달려왔다. 그들도 귀족노조 소리나 들으려고, 단지 임금만 올리려고 그렇게 열심히 조직하고 투쟁해 온 것은 아닐 것이다. 하지만 우리의 고용·임금·권리를 챙기기 위해 쏟은 힘과 열정에 비해 전체 노동자들의 그것을 위해서 쏟은 힘과 열정은 얼마나 될까? 우리 것만 챙기면서 그저 자기 앞만 보고 달리다 보니 우리만 달랑 앞에 놓여 있는 느낌이다. 우리가 손을 잡아주지 못해서 뒤에 쳐진 수많은 노동자들은 노동조건에서 앞서가는 우리를 고통스럽고 원망스러운 눈길로 바라보고 있다.

나는 대기업 정규직 노동조합이 귀족노조라는 말에는 동의하지 않지만, 그러한 비난에 대해 억울하게만 생각할 것이 아니라 경청해야 한다고 본다. 수구·보수언론이나 일부 집단의 상투적인 비난은 단호하게 맞서든지 그냥 웃으며 흘려들으면 된다. 하지만 일반 사람들, 특히 가난한 노동자들의 입에서 자연스럽게 흘러나오는 귀족노조라는 비난은 대기업 정규직 노동조합의 뼈아픈 반성을 요구하는 경종으로 받아들여야 한다.

대기업 정규직 노동조합에 대한 비난은 민주노총에 대한 비난으로 이어진다. 민주노총은 대기업 정규직 노동자들만을 대변하는, 귀족노조의 대변자라고 몰아세운다. 상대적으로 안정적인 고용과 높은 임금을 받는 대기업 노동자, 공무원 노동자, 교원 노동자가 민주노총의 주력이기 때문이다. 물론 민주노총은 최저임금 인상 등 저임 노동자들의 권익을 위해 투쟁하고 있고, 민주노총 조합원 중 상당수가 비정규직 노동자라는 사실 자체는 이러한 비난에 대한 항변은 된다.[01] 하지만 1995년 11월 11일, 노동자들의 희망을 안고 출범했던 민주노총이 22년이 지난 지금 가난한 다수의 노동자들을 온전히 대변하지 못하고 있다는 비판은 피할 수 없고 피하려고 해서도 안 된다. 아니 우리 스스로가 민주노총을 비판해야 하고, 그것도 뿌리에서부터 제대로 비판해야 한다. 이는 우리가 민주노총을 사랑하기 때문에, 내가 민주노총이기 때문이다.

가장 중요한 것은 우리가 지금 길을 잃었다는 것을 솔직히 인정하는 것이다. 길을 잃었다는 것은 민주노총이라는 조직의 장래, 대기업 정규직 노동조합의 장래가 불투명해서가 아니다. 어쩌면 그냥 그저 현상 유지는 될 수도 있다. 절망감은 바로 현상 유지라는 단어에서 온다. 그것은 가난한 노동자들의 삶이 무너져 내리고 있는데, 민주노총은 무엇을 할 수 있을까라는 회의에서 오는 절망감이다. 대기업 정규직 노동조합이 가난한 노동자들의 고통은 돌아보지도 않고 자신의 것만 챙기고 있는 모습을 볼 때의 절망감이다. 그리고 가난한 노동자들의 고통과 함께하고 평등한 세상을 만들겠다고 노동운동에 뛰어든 내가 어찌하다 정규직이 되어 나만 잘 먹고 잘 살고 있고, 세상을 보다 평등하게 만드는 데 아무런 역할도 하지 못하고 있지 않은가 하는 자책에서 오는 절망감이다.

그래서 나는 희망을 찾아 나서 보기로 했다. 노동조합도 없고, 하루하루의 삶을 절망 속에서 살아가는, 흙수저 n포세대인 가난한 노동자들 속에 희망이 있다고 믿기로 했다. 이들이 스스로 조직하기 시작하고, 자신의 목소리를 내기 시작할 때 진정 세상은 바뀌기 시작할 것이라고 믿기로 했다. 그리고 내가 몸담고 있는 대기업 정규직 노동자들에서도 희망을 찾기로 했다. 중요한 건 여전히 사람이다. 전국에는 노동조합을 만들고, 민주노조를 세우고, 자본에 맞서 정권에 맞서 치열하게 싸워왔던 수많은 활동가들이 있다. 이들의 마음은 숨이 막힐 정도로 답답하다. 다들 이대로는 안 된다는 것, 뭔가 달라져야 한다는 것, 새로운 흐름이 만들어져야 한다는 것을 느낀다. 하지만 앞이 잘 안 보인다.

우리 모두는 길을 잃었다. 나는 길을 잃은 또 다른 나, 하지만 길을 찾고자 하는 또 다른 나에게 말을 건네고 싶다. 뜨거웠던 투쟁의 기억들, 치열했던 삶의 흔적들을 그저 과거의 것으로 묻어 버리기에는 너무나 가슴이 아픈 또 다른 나에게 이야기를 하고 싶었다.

나는 희망을 잃지 않으려 한다. 여전히 올곧게 활동하고 있는 활동가들이 있고, '못난 놈들은 서로 얼굴만 봐도 즐겁다'는 신경림의 시구처럼, 힘겨운 노동을 끝내고 소주잔을 기울이는 착하디착한 공장의 동료들이 있기 때문이다. 누군가 '권력이 있는 곳에 저항이 있다'고 말했다. 마찬가지로 모순이 있는 곳에 운동이 있다. 세상은 모순으로 가득 차고 할 일은 넘친다. 87년부터 줄기차게 외쳐왔던 '인간답게 살아보자', '노동해방'의 과제는 여전히 유효하다. 나는 또 다른 나에게 제안한다. 이 시대 넘쳐나는 '해야 할 일'을 함께 찾고 함께 실천하자고.

"아빠, 그게 얼마 후 내 모습일지 몰라"

헬조선. 가난하고 힘없는 노동자들에게 한국 사회는 말 그대로 지옥이다. 대기업 정규직 노동자들은 혼자 속으로 또는 서로에게 '우리는 다행'이라고 말한다. 그런데 '우리의 다행'은 누군가의 '불행'과 연결돼 있으며, 불행한 이들의 수가 너무 많다.

내가 2015~16년에 한국GM 노동조합 상집 간부로 일할 때 정규직 지부와 비정규직 지회가 공동으로 비정규직 실태 조사를 진행한 적이 있다. 그때

나는 한국GM 비정규직 노동자들이 최저임금을 받는다는 것을 처음 알았다.[02] 그래도 중소기업이나 다른 곳의 비정규직보다는 낫다는 한국GM 비정규직 노동자들이 말이다. 추운 겨울에 비정규직 노동자들의 난방 실태를 조사하면서 한국GM 안에는 두 부류의 노동자가 있다는 것을 알았다. 추우면 춥다고 말할 수 있는 노동자와 아무리 추워도 춥다고 말할 수 없는 노동자. 동일한 작업을 하는 정규직 공정의 실내 온도는 15~19도인데 비정규직 노동자들은 다 쓰러져 가는 천막에서 겨우 바람만 막은 채 0도의 추위에서 일하고 있었다.[03] 추위만이 문제가 아니다. 여름이면 40도의 찜통더위에서 일을 해야 한다. 그리고 땀에 젖은 몸을 씻을 샤워장조차 없는 경우가 태반이다. 작업환경 실태 조사 활동을 함께 한 비정규직 지회의 간부는 이렇게 한탄한다. "내가 비정규직 노동조합 활동을 한 지 15년이 되었는데 활동을 헛한 것 같아요. 이러한 말도 안 되는 차별을 느끼지 못하고 살고 있었다니." 같은 비정규직 노동자지만 1차 비정규직 노동자인 그는 자신들보다 더 열악한 2, 3차 하청 비정규직 노동자들의 노동환경을 그냥 지나쳐 온 거다.[04] 그렇다. 문제화되지 않은 문제는 없는 것이 된다. 매일 지나치면서도 관심을 갖고 보지 않으면 아무것도 보이지 않는다. 하지만 문제라고 생각하고 바라보면 엄청난 문제들이 보인다. 한국GM 정규직 지부와 비정규직 지회는 실태조사 결과를 토대로 한국GM 측에 난방 대책을 요구했고 많은 개선이 이루어졌지만 난방 기구의 추가 비치와 간이휴게실 설치 등의 미봉책에 그쳤고 돈이 많이 들어가는 근본적인 개선은 이루어지지 못했다.

한국GM의 2차 하청업체에 근무하는 한 비정규직 노동자가 연봉 3,000만 원이 조금 넘는 돈으로 대학 다니는 아이를 포함해서 네 식구를 먹여 살려야 한다는 이야기를 들었다. 최저임금 수준의 기본급에 잔업, 특근을 최대한하고, 상여금을 합쳐야 간신히 3,000만 원을 넘길 수 있다. 내가 저 돈으로 우리 가정을 꾸려가야 한다고 상상을 해보았다. 마음이 아득해졌다. 정규직인 내 연봉의 절반에도 못 미친다.

　결혼식 하면 항상 떠오르는 기억이 있다. 같은 부서에서 일하던 비정규직 친구가 결혼했다. 그런데 결혼식이 끝나고 얼마 되지 않아 부부 싸움을 대판 했단다. 이유를 들어보니 결혼할 때까지 이 친구가 자신이 비정규직이라는 이야기를 안 한 것이다. 부인이 느끼는 배신감이나 실망감은 이루 말할 수 없었을 것이다. 이 친구가 느꼈던 수치심은 어땠을까? 다른 사람도 아니고 부인에게마저도 죄인처럼 고개 숙이고 살아야 한다. 일은 정규직과 똑같이 하면서 자신의 존재에 대해 당당하지 못하고 수치심을 느끼게 만드는 게 바로 비정규직 노동자의 현실이다. 이후 이 친구는 다행히 정규직으로 발탁 채용이 되었지만 한국GM에는 아직도 많은 비정규직 노동자들이 이런 수모를 겪으며 살아간다.

　잊히지 않는 또 하나의 기억이 있다. 약간은 말이 많고 풍채 좋은 아주머니가 계셨다. 공장이 주간만 돌아가다 생산 물량이 늘어나면서 주야간 교대 작업을 하게 되었다. 당시에는 야간 정상근무는 새벽 5시 30분 종료, 30분 식사, 2시간 잔업 후 아침 8시 퇴근이었다. 비정규직 노동자인 이분에게는 초등학교에 다니는 아들이 있었다. 그리고 남편은 직장이 멀어 새벽에 출근해야 한다. 아주머니는 관리자에게 사정했다.

　"저, 야간 때만 잔업 빠지면 안 돼요? 아이를 챙겨 주려면 일찍 들어가야 해서요."

　관리자에게서 돌아온 대답.

　"그러려면 그만둬! 여기 들어오려는 사람들이 쌔고 쌨어!"

　그 다음날부터 그 아주머니 모습이 보이지 않았다. 그리고 사람들은 수군거렸다.

"야! 그 뚱뚱하고 말 많은 아줌마 짤렸대."

비정규직 지회의 한 조합원이 말한다.

"그래도 우리는 좀 나은 편이예요. 공장 밖에는 우리보다 못한 사람들이 너무 많아요."

취준생인 큰딸에게 한국GM 비정규직 노동자들의 실태를 이야기해 주었다. 내 말을 들은 큰딸은 나를 빤히 쳐다보더니 말한다.

"아빠, 그게 얼마 후 내 모습일지도 몰라."

비정규직 노동자의 고단한 삶에 청년들의 절망이 겹쳐진다. '노동운동이 절실한 곳, 조직과 투쟁이 절실한 곳은 바로 여기다'라고 생각했다. 한국GM 정규직 노조는 조합원 1만4,000명의 막강한 조직력을 갖추고 있지만, 부평공장 비정규직 지회 조합원은 두 자리 수에 불과하다.

자신의 삶의 조건을 개선하고 인간다운 삶을 살기 위해 노동조합이 절실한 사람들은 너무나 많지만 그들에게는 노조가 없다. 한국 사회 1,900만 노동자 중에서 조직률 10%로 190만여 명만이 노동조합 조합원이다.[05] 게다가 노동조합으로 조직된 노동자들은 대부분 대기업 정규직 노동자들이다.[06] 그렇다면 조직되지 못한 90%의 노동자, 1700만 명의 노동자는 과연 누구인가?

어긋남, 그리고 노동운동의 보수화

내가 오래전 노동자로 살겠다며 공장에 들어갔을 때, 나를 잘 알던 지인들이 처음에는 미안해하고 격려도 하고 지원도 해 주며 이렇게 말했다.

"정말 힘들지?"

몇 년 후 수많았던 위장 취업자들이 썰물처럼 공장을 빠져나가던 시기 그들은 나를 보면 걱정스러운 눈초리로 말했다.

"너 아직도 그러고 있냐?"

그리고 또 수년이 흘렀다. 그들은 말했다.

"너 살만 하지?"

이제 그들은 부러움과 질시의 시선을 내게 던지며 이렇게 말한다.

"넌 좋겠다. 연봉도 높고, 정년도 있고……"

노동운동을 시작할 때 어떠한 어려움과 희생도 감수하겠다고 각오를 다졌다. 30년 세월이 흐른 지금, 어찌하다 보니 나는 남부럽지 않게 살고 있는 50대 중년이 돼 있었다. 대우자동차 들어와서 해고 두 번, 구속 두 번, 속된 말로 신세 조질 만한 상황인데 조지기는커녕 잘 먹고 잘 산다. 나를 바라보는 시선의 변화는 우리 사회가 대기업 정규직 노동자들을 바라보는 시선의 변화와 고스란히 맞닿아 있을 것이다.

87년 이전만 해도 한국 노동자들은 모두 가난했다. 한국GM의 선배들에게 87년 이전에 받았던 임금 수준을 물어본 적이 있다. 선배들의 임금 수준은 내가 대우자동차에 입사하기 전에 다니던 마찌꼬바의 경력 노동자들보다 낮았다. 1987년 노동자 대투쟁이 일어났고, 모든 노동자들이 힘을 모아 함께 싸웠다. 대기업 노동자 임금이 오르면 중소기업 노동자 임금도 올랐다. 이때 모든 노동자들은 '노동자는 하나다'라는 구호를 믿었고 그렇게 행동했다. 연대도 열심히 했다. 대우자동차 젊은 노동자들은 지역 중소기업 노조 파업 때 구사대에 맞서 파업 사수대로 공장을 지켜 주었고, 지역 노동자들은 대우자동차가 파업을 하면 열심히 지지하고 응원해 주었다. 대우자동차 선배 노동자들 가운데 인천 지역 투쟁 사업장 여성 노동자들과 결혼한 사례가 꽤 있다. 당시 활발했던 연대 투쟁의 증거다. 정권과 자본의 탄압도 공평했다. 1989년 노태우 정권이 공안정국을 선포한 이래 정권과 자본은 대기업, 중소기업 을 막론하고 모든 노동자들을 향해 전쟁을 선포했다. 노동자들의 파업을 분쇄하기 위해서 폭력 집단 구사대가 등장했고, 대규모 경찰력 투입이 빈발했다. 헬기가 뜨고, 수천에서 만여 명에 이르는 경찰을 동원해서 파업 농성 중인 노동자들을 진압했다. 당시는 또 해고와 구속의 시대였다. 감옥은 노동자들로 가득 찼고 거리에는 해고자들이 넘쳐났다. 나도 1992년에 위장 취업을 했다는 이유로 구속되고 해고됐다. 당시 대우자동차에만 대략 40~50명의 해고자들이 있었고 전국적으로는 그 수가 1,000여 명에 달했던 것으로 기억한다. 당시는 전투적이고 영웅적인 투쟁의 시기였다. 노동자들은 단결된 투쟁으로 정권의 임금 가이드라인을 분쇄했다. 노동자들은 전노협을, 민주노총을 건설했다. 전국의 노동자들은 대기업 노조의 조직력과 투쟁력이 모든 노동자들의 권리를 향상시키고 노동해방으로 밀고 나가는 추진력이 될 것으로 믿었다. 당시엔 실제로 그랬다.

하지만 시간이 지나면서 조금씩 어긋나기 시작했다. 대기업과 중소기업이 함께 임금이 오르긴 했지만 격차는 점점 더 벌어졌다. 지불 능력이 있는 대우자동차 같은 수출 중심 대기업 임금은 가파르게 상승했다. 주변에서 대우자동차 노동자들을 부러워하기 시작했다. 더구나 중소기업들, 그리고 노동집약적인 소비재 중심의 대기업들은 해외로 공장을 이전하거나 외국인 노동자들로 대체하기 시작하면서 고용 기반이 무너져 내렸다.

옛날에는 부평 대우자동차 주변에 공장들이 참 많았다. 지금 서문 건너편에는 동양철관이라는 회사가 있었다. 임금 인상 투쟁 시기가 되면 도로를 사이에 두고 대우자동차 노동자들과 동양철관 노동자들은 서로 함성을 지르며 응원하곤 했다. 이제 그 회사는 없어지고 그 자리에 아파트가 들어섰다.

남문 건너편에 있던 전남방직 기숙사에서 젊은 여성 노동자들이 퇴근하는 우리를 향해 손도 흔들어 주곤 했는데 그 자리에도 아파트가 들어섰다. 삼익악기, 영창악기 등 많은 중견 기업들도 문을 닫거나 외국인 노동자로 대체되었다. 87년 노동자 대투쟁을 함께 만들어 내고 전노협, 민주노총을 함께 만들었던 노동자들이 어디론가 흩어지고, 노동조합도 간판을 내리기 시작했다.

더 잘 싸워서 노동조합이 유지되고 더 못 싸워서 노동조합이 문을 닫은 것은 아니다. 단지 지불 능력이 있는 수출 대기업에 다닌 다는 것과 해외 이전과 구조조정이라는 자본의 칼날에 노출되어 있었다는 차이일 뿐이다. 공장이 문을 닫는데 노동조합을 지켜낼 재간이 어디에 있겠는가? IMF 구제금융 사태와 정리 해고 국면을 겪으면서 그 어긋남은 결정적 현상이 됐다. 이전에는 임금이 많이 오르고 적게 오르는 정도의 문제였다면 이제는 노동자 내부에 거대한 균열이 생기는 구조 문제가 되었다. 주변의 수많은 노동자들이 해고되어 우리 곁을 떠났지만 전체 노동자들의 수는 오히려 늘었다. 그들은 서비스, 정보산업의 노동자로, 비정규직 노동자라는 이름으로 다시 돌아오기 시작했다.

문제는 어긋남이다. 첫 번째 어긋남은 힘이 절실한 곳에는 힘이 없고, 힘이 있는 곳의 힘은 그것이 절실한 곳에 쓰이지 못하는 현실이다. 삶의 질을 높이기 위해서 노동조합이 절실한 가난한 다수 노동자들은 쉽게 조직되기 힘들다. 조직 활동가를 비롯한 역사적으로 축적된 힘과 활동 경험이 부족하다. 반면에 대기업 정규직 노동조합에는 조직력, 자금력, 투쟁 경험, 활동가 등 축적된 힘과 경험이 집중되어 있다. 하지만 이러한 힘들이 자신들만의 이해를 위해서 사용되고, 전체 노동자들을 위해서 활용되고 있지 못하다.

둘째로 가장 고통 받는 다수의 가난한 노동자들을 지향해야 한다는 노동운동의 당위와 대공장 정규직 노동자의 이해를 중심으로 맴돌고 있는 노동운동 현실 사이 어긋남이 있다. 민주노총은 비정규직 투쟁과 미조직 노동자 조직 사업을 끊임없이 강조하고 투쟁과 사업을 배치하고 실천한다. 하지만 민주노총 조합원의 다수인 대기업 정규직 노동자들의 힘이 제대로 받쳐 주지 못하기 때문에 그 투쟁과 사업이 힘 있게 진행되지 못한다. 그래서 구호와 목소리는 시끄럽고 크지만 실제로 동원되는 힘과 성과는 작다. 구호와 실제의 어긋남이다.

셋째로 수적으로 다수이면서 고통과 분노를 품고 있는 잠재적인 주체와 실제로 조직되어 힘을 발휘하고 있는 현실적인 조직 주체 간의 어긋남이 있다. 가난한 노동자들은 수적으로 다수일 뿐만 아니라 잘못된 사회 현실 때문에 가장 고통 받고 있고, 자신의 처지를 개선하고픈 욕망이 크다. 따라서 사회의 근본 변화를 열망하는 혁명적 잠재력이 크다고 볼 수 있다. 하지만 현실에서는 조직되어 있지 못하기 때문에 이들의 불만과 욕망이 일관되고 지속적인 힘으로 작동하지 못한다. 반면에 노동조합으로 조직된 노동자들은 현실적인 힘과 영향력을 갖고 있지만 사회의 근본적인 변화보다는 이미 획득한 자신의 권리를 지키고자 하는 보수성이 강해지고 있다. 또한 자신의 힘을 전체 노동자들을 위해 사용하지 않으면서, 사회적으로 고립되는 경향성도 심해지고 있다.

우리는 정말 열심히 싸우고 열심히 살았다. 하지만 앞만 보고 달리다 보니 함께 손을 맞잡고 싸웠던 노동자, 노동조합이 옆에서 무너져 내리는 것에 둔감했다. 주변이 허물어져 가고 몇몇 대기업들만이 섬처럼 살아남은 거다. 우리가 앞에 보이는 정권과 자본과 피터지게 싸우는 동안, 신자유주의라는 이름의 자본 운동은 우리 주변과 발밑을 두더지처럼 파고 들어와 산업구조 전반과 노동자 계급의 구성, 고용 관행을 송두리째 바꿔 버렸다. 그 결과 어긋남과 균열의 모습은 더 이상 피할 수 없는 모습으로 우리 앞에 놓여 있다.

조직되어 있는 안과 조직되지 못한 밖이 동시에 무너져 내리고 있다. 안은 이념과 정신이 무너져 내리고, 밖은 삶이 무너져 내리고 있다. 어긋남 때문이다. 어긋남은 나를 포함해서 세상을 바꿔 보겠다고 노동운동에 뛰어들은 수많은 활동가들에게 '세상을 변화시키는 운동을 하고 있다'는 자부심을 빼앗고 혼란과 고통에 빠지게 만든다. 이 '어긋남의 현실'을 우리가 정면에서 직시해야 할 때다.

필요한 것은 답이 아니라 질문

어떤 사안에 대해서 문제 제기를 하면 현상 유지를 원하는 사람은 "그럼, 대안이 뭔데?"라고 묻는다. 좀 머뭇거리면 "대안도 없으면서……"라면서 현상 유지가 답이라고 한다. 신자유주의적 자본주의에 대한 문제를 제기하면 지배 세력은 항상 "그럼 대안이 뭐냐?"고 물어왔다. 그들은 신자유주의가 문제는 많지만 다른 대안이 없다고 말한다.07 현상 유지의 반대편 모습은 대안 없는 혼란과 무질서로 묘사된다. 현상 유지를 원하는 자들은 이러한 방식으로 문제 제기와 질문을 막는다. 일종의 폭력이다.

현실을 변화시키기 원하는 사람들은 무엇이 올바른 정답이냐를 놓고 논쟁한다. 그런데 경쟁적으로 제출하는 무수한 정답들은 서로 소통하고 공명하기보다 감정적인 논쟁만 평행으로 달리다가 힘없이 사라지곤 한다. 그리고 어떤 것들은 정답이 이미 주어져 있다고 생각한다. 예를 들어 비정규직 문제에 대한 정답은 '비정규직은 철폐되어야 한다.', '조직해야 한다.', '투쟁해야 한다.', '연대해야 한다'라는 걸로 요약되고 구호가 끊임없이 반복된다. 그러면서 이 당연한 정답을 실행에 옮기려는 의지의 일관성과 단호함이 없다고 상대를 비판한다. 비정규직 노동자들과 연대하는 것이 정답인데 이를 이행하지 않는다고 대기업 정규직 노동조합이 비판받는다. 민주노총이 비정규직 노동자 조직화에 힘을 쏟는 것이 정답인데 이를 소홀히 한다고 비판받는다. 이렇게 주어진 정답은 평가와 비판의 잣대로 작동된다. 그런데 지금 우리에게 필요한 것은 정답이 아니라 제대로 된 질문이 아닐까? 빌헬름 라이히는 『파시즘의 대중심리』에서 다음과 같은 아주 멋진 역설적인 질문을 던진다.

"설명되어야 할 것은 배고픈 사람들이 도둑질을 했다거나 착취당한 노동자가 파업을 일으켰다는 사실이 아니라, 배고픈 사람들 중 대다수는 왜 도둑질을 하지 않는가, 또 착취당하고 있는 사람들 중 대다수는 왜 파업을 하지 않는가? 라는 사실이다."[08]

빌헬름 라이히는 배고파도 도둑질을 하지 못하고, 파업을 하지 못하도록 만드는 지배계급의 억압 장치를 지적하고자 던진 질문이 아니다. 사회경제적인 구조 밑바닥에 깔려있는 대중의 심리 구조를 파헤치기 위해서 던진 질문이다. 그러면 빌헬름 라이히의 질문을 비틀어 다음과 같은 질문을 던질 수 있겠다.

"설명되어야 할 것은 한국 사회의 가난한 노동자들, 특히 비정규직 노동자들이 왜 싸우는가가 아니라, 착취당하고 고통 받는 다수의 가난한 노동자들은 왜 스스로를 조직하고 싸우지 않는가? 라는 사실이다."

지금까지 많은 사람들은 비정규직 노동자들이 왜 투쟁을 하고, 그 투쟁이 왜 정당한지 이야기하면서 사회적 관심과 연대를 호소해 왔다. 이제는 비정규직 노동자들을 포함한 다수 가난한 노동자들이 '왜 조직하고 싸우지 않는지?'에 대한 질문에 깊숙이 파고 들어가야 한다. 물론 이러한 질문을 던지는 이유는 제대로 조직하고 싸우기 위해서이다. 그러면 그동안 던졌던 정답이나 당위를 질문으로 바꿔 보는 것은 어떤가?

첫째, '다수의 가난한 노동자를 조직해야 한다'는 정답과 당위는 '다수의 가난한 노동자들은 왜 스스로 조직하고 싸우지 않는가?'로.

둘째, '노동조합 조직률을 높여야 한다'는 정답과 당위는 '왜 노동조합은 다수의 가난한 노동자들의 조직적 무기가 되지 못하고 있는가?' 또는 '노동조합은 과연 다수의 가난한 노동자들을 담을 수 있는 그릇이 될 수 있는가?'로.

셋째, '민주노총은 다수의 가난한 노동자들을 조직해야 한다'는 정답과 당위는 '왜 민주노총은 다수의 가난한 노동자들을 조직하지 못하고 있는가?'로.

넷째, '정규직 노동자는 비정규직과 연대해야 한다'는 정답과 당위는 '왜 대기업 정규직 노동자들은 비정규직 노동자들과 연대하지 않는가?' 또는 '어떤 상황에서 대기업 정규직 노동자들이 비정규직 노동자들과 연대하는가?'로.

질문은 논쟁을 촉발시키고, 소통의 물꼬를 트게 하고, 해답을 찾으려는 다양한 노력을 하게 만든다. 제대로 된 질문은 사람들을 생각하게 하고 스스로 답을 찾도록 자극한다. 정답은 미리 주어지거나 던져지는 것이 아니라 지속적인 소통과 논쟁, 그리고 실천 과정 속에서만 만들어질 수 있다. 하나의 정해진 답에 의문을 품지 않는 강한 신념 체계는 일시적으로는 힘이 될지 모르지만 얼마 안 가서 변화의 힘을 상실한다. 지금은 끊임없이 질문을 던지고 모든 주어진 정답을 의심할 수 있는 진실한 회의주의자가 절실한 때이다.

관료적 관성에서 벗어나기

선종에는 말을 탄 사람의 우화가 전해진다. 말이 전속력으로 달리고 있기에 말을 탄 사람은 어딘가 중요한 곳에 가고 있는 것처럼 보였다. 그때 길가에 서있던 사람이 소리쳐 물었다. "어디로 가는 길이오?" 그러자 말을 타고 있던 사람이 대답했다. "모르겠소. 말에게 물어보시오." 이것은 바로 우리의 이야기이기도 하다. 우리는 말을 타고 있지만, 어디로 가고 있는지도 모르고 말을 멈출 수도 없다. 말은 우리를 끌고 가는 습관의 힘으로 우리는 그것에 저항할 힘이 없다.[09]

역사가 오래된 노동조합일수록 시스템에 의해서 움직인다. 선거, 단체교섭, 파업과 집회, 각종 회의……. 매년 같은 일들이 반복된다. 역사가 오래된 노동조합일수록 잘 정리된 매뉴얼이 있다. 그리고 그 매뉴얼을 잘 아는 경험 많은 간부들이 있다. 어떤 상황이 발생하면 오랜 경험 속에서 만들어진 그 매뉴얼대로 하기만 하면 된다. 그러면서 노동조합에는 활동가는 점점 줄어들고 반복적인 일들을 관리하는 관리자들만 늘어난다. 관료주의라는 것은 다른 게 아니다. 그동안 해왔던 관성대로 사업을 하는 것을 옳다고 생각하는 태도를 말한다. 관료주의는 창조적인 발상과 변화를 귀찮아하고 심지어 적대시하기도 한다.

불교에서 명상의 한 측면인 '사마타samatha'는 '그치다止'는 뜻이다. 자신을 지배하고 있는 사유와 실천의 관성을 끊어 내는 것이다. 몇 년 전 어느 사찰에서 진행했던 위빠사나 수행에 참여한 적이 있다. 위빠사나 수행은 몸과 마음에 일어나는 모든 것을 관찰하는 수행법이다. 핸드폰도, 인터넷도, 신문도, 그리고 세상의 모든 일을 끊어 내고, 묵언하면서 오로지 나의 몸과 마음의 변화만을 관찰한다.

대기업 정규직 중심의 노동운동도 '혹시 지금 하고 있는 일이 관성과 타성에 그저 끌려 다니고 있는 것은 아닌지?', '도대체 내가 어디로 가고 있는지?', 이제 한번 달리는 말에서 내려서 자신에게 물어볼 필요가 있다.

나도 한국GM에서 다른 활동가들과 비슷한 패턴으로 노조 활동을 했다. 현장 조직에 속해서 활동하고 임금 인상 투쟁을 하고 선거 때가 되면 선거운동을 했다. 주로 정책이나 홍보의 역할을 맡고, 특히 홍보물을 쓰는 책임, 속칭 '글쟁이' 역할을 맡는다. 그러던 어느 날 우연히 〈조선일보〉의 한 칼럼을 보게 되었다. 노무현 대통령을 비난하는 칼럼으로 기억하는데, 글을 쓰는 방식이나 문체가 상당히 낯이 익다고 느꼈다. 전체를 균형 잡힌 시선으로 바라보는 것이 아니라 공격 대상의 약점을 잡고, 그 약점을 침소봉대해서 집요하게 공격한다. 내가 속한 현장 조직의 입장에서 집행부를 공격할 때나, 선거 때 다른 후보를 공격할 때의 글쓰기 양식하고 정말 흡사하다는 것을 느꼈다. 그 후로 다른 글쓰기를 하고 싶다는 강한 욕구가 느껴졌다. 남을 공격하는 것보다는 자신을 성찰하는 글쓰기를 하고 싶었다. 그때의 각성이 철학과 인문학 공부를 시작하게 했고, 일기도 쓰고 블로그도 열심히 하게 만들었다.

관성에 빠진다는 것은 어떤 특정한 사유와 실천 방식의 회로에 갇힌다는 뜻이다. 그런데 그 회로 안에서 정말 중요한 일도 많고, 그 일을 해나가는 것만으로도 하루하루 다들 바쁘다. 1만4,000명의 조합원이 있는 한국GM 노동조합을 유지 운영하는 데 얼마나 할 일이 많겠는가? 민주노총 역시 관행적 실천을 유지하는 것, 기존의 조직을 유지하는 데 정말 많은 노력을 필요로 한다. 봄, 여름, 가을, 겨울 계절의 변화에 따라 해야 할 일이 있고, 그 회로 안에서 모든 일들이 무한히 반복될 수 있는 듯이 보인다. 차이 없는 반복, 헐벗은 반복이 끊임없이 지속된다.

'몸 살림'이라는 자기 몸을 치유하는 운동이 있다. 몸 살림에서는 아픈 곳을 찾고 몸을 아픈 방향으로 움직인다. 관성적으로 움직였던 방향과 반대로 몸을 움직인다. 그러면 무척 아프다. 그 아픔을 피하려고 하면 안 된다. 아픔으로써 치료된다. 운동이란 자신의 약점, 아픈 곳을 찾고 그곳에 힘을 집중해야 하는 것이다. 그리고 그 아픈 곳이 바로 관성적인 몸놀림이 반복되던 곳이다.

지구가 태양의 주위를 타원의 모양으로 돈다는 것을 발견한 케플러라는 천문학자가 있다. 그런데 케플러도 당시 모든 사람들처럼 행성은 원 모양의 궤도를 따라 돈다고 생각했다. 그런데 평생 동안 별의 움직임을 관측한 튀코라는 천문학자가 죽으면서 물려준 관측 자료가 제자였던 케플러 손에 들어왔다. 케플러는 그 관측 자료로 행성의 완전한 원운동을 증명하려 했지만 관측 결과는 계속 어긋났다. 결국 다르게 생각해 보기로 마음을 먹고 타원운동을 전제로 관측 자료를 맞춰 보았고 완벽하게 일치했다. 만일 케플러가 행성의 원운동이라는 관성적 사유에서 빠져나오지 못하고, 그 관측 자료를 폐기했다면 어떻게 됐을까?[10]

관성적 사유에서 벗어나는 것은 참으로 힘든 일이다. 관성적으로 어떤 활동을 반복하다 보면 특정한 사유 패러다임에 갇히게 된다. 그 패러다임에 갇힌 채 의심을 품지 않으면 뻔히 보이는 경험적 사실조차 보이지 않게 된다.[11]

얼마 전에 민주노총 금속노조 임원 선거가 있었다. 많은 활동가들은 금속노조 조합원들이 금속노조 임원 선거에 관심이 적고 각자 자신이 속한 사업장 출신에게 표를 몰아주는 '묻지 마 투표 성향'을 개탄했다. 하지만 그동안 모든 선거운동 진영이 조합원들의 이러한 '묻지 마 투표 성향'에 의존하거나 이를 강화시키는 방식으로 선거운동을 해왔다는 사실은 좀처럼 인정하려 하지 않는다. 전국적 인적 네트워크를 가진 정파 조직들은 조합원 수가 많은 현대, 기아, 한국GM 출신으로 임원 후보를 구성해서 선거운동을 한다. 선거운동은 각 후보 진영이 내세우는 공약이나 주장, 후보의 자질보다는 대공장 표를 모으기 위한 후보 전술과 정파 조직을 통한 선거운동원의 동원이라는 선거 공학에 따라 진행된다. 이 과정에서 표가 적은 비정규직, 여성, 중소기업 노동자들의 대표성은 철저히 무시가 된다. 민주노총 선거나 여타 산별 노조들의 선거 성향도 크게 다르지 않을 것이다. 이는 조합원 직접 투표로 대표자를 뽑는다는 형식적 민주주의 절차에 안주한 채 대의제 민주주의가 갖는 한계를 극복하려는 어떠한 노력도 하지 않았던 관성적 사유, 관성적 실천이 반복되어 온 결과이다.

관성이 된 자본주의적 사유 방식은 너무 강력해서 자본주의를 벗어난 세계에 대한 어떠한 상상도 하지 못하게 만든다.

수구보수 언론은 재벌 총수가 구속되면 그 기업이 곧 망하기라도 할 듯이 호들갑을 떤다. 대부분의 사람들은 사장이 기업을 운영하고 노동자들은 고용돼 일을 하는 것을 너무나 당연하게 생각한다. 그런데 노동자들이 그 기업을 직접 운영할 수는 없을까? 국내외적으로 노동자 자주 관리와 협동조합적 소유 등 다양한 실험들이 이루어지고 있다.

관성적 회로에서 벗어나 뭔가 창의적인 일을 찾아나서는 것은 정말 피곤하고 힘든 일이다. 그런데 우리가 노동운동, 사회운동을 노동사업, 사회사업이라고 부르지 않고 운동이라고 부르는 이유는 창조와 변화를 추구하기 때문이 아닌가? 87년 노동자 대투쟁 이후 한국의 노동운동 30년을 지배해 온 뿌리 깊은 관성이 있을 것이고, '이대로는 안 된다'는 것을 알려주는 징후들은 충분히 나타나고 있지 않은가? 관성에서 벗어나고 고정된 패러다임에 사로잡히지 않으려면, 자신이 처한 현실에 강한 의문을 품어야 하고, 낯설게 바라볼 줄 알아야 한다.

낯설게 만들기

고향을 감미롭게 생각하는 사람은 아직 허약한 미숙아이다. 모든 곳을 고향이라고 느끼는 사람은 상당한 힘을 갖춘 사람이다. 그러나 전 세계를 낯설게 느끼는 사람이야말로 완벽한 인간이다. - 빅토르 위고

 사람들에게 말했다. 책을 써 보겠다고. 사람들은 묻는다. 무슨 책? 회고록? 아니면 노동자 교육용? 나는 답했다. "나의 고민을 사람들과 나누고 싶어서"라고. 책을 쓰겠다는 마음을 먹고 나서 나는 자신에게 무수히 많은 질문을 던졌다. 나는 과연 노동운동에 대해서, 노동조합에 대해서, 동료 노동자들에 대해서, 얼마나 알고 있는가? 많은 시간을 접하고 경험했다고 과연 잘 안다고 할 수 있는가? 너무 익숙하다고 생각하면 질문이 없고, 질문이 없으면 고민이 없고, 고민이 없으면 현실을 이해할 수 없고, 결국 안다고 할 수 없을 것 아닌가? 그래서 글을 쓰기 전에 가장 먼저 해야 할 일은 익숙한 대상들을 낯설게 만드는 것이다. 나 자신도, 나의 지난 활동도, 그리고 내가 갖고 있던 사고방식도 모두 낯설게 바라봐야 한다. 외부 연구자들이 연구를 위해서 공장 현장의 속살을 들여다보려면 면접, 설문, 비교 연구, 상상력 등 많은 수단을 동원해야 한다. 반면에 그 공장 현장 안에 있는 사람이 그 현장을

표현하기 위해서는 그 익숙함의 늪에서 나와서 냉정하게 거리를 유지할 수 있어야 한다.

낯설게 만들기는 억지로 되는 것은 아니다. 지금 놓여 있는 현실에 대한 의문이 제기될 때 그 현실은 낯설게 다가온다. 내가 공장을, 노동조합을 낯설게 바라보기 시작한 것은 가슴에서 치밀어 오르는 답답함 때문이다. '어떻게 노동조합 현실이 이렇게까지 되었지?', '너는 도대체 지금 무엇을 하고 있는 거지?'라는 물음 때문이다. 이러한 물음을 던지면서부터 그 동안 나의 삶의 전부였고, 나에게 너무나 익숙했던 노동조합 활동들이 낯설게 다가왔다.

스물일곱에 대우자동차에 입사해서 30년을 근무한 늙은 노동자가 되었다. 나는 두 번 해고되고, 두 번 구속되고, 또 두 번 복직했다. 함께 싸우고 함께 구속되고, 함께 복직 투쟁했던 많은 동료들이 있다. 치열하게 함께 싸웠던 선배, 동료들은 정년을 앞두고 있고, 젊디젊던 후배들도 머리가 희끗희끗해져 간다. 그리고 가만히 노동조합을 바꾸고, 세상을 바꾸려는 뜨거운 열정에 가득 찼던 선배들이나 동료, 후배들의 옛 모습들을 떠올려 본다. 그러면 과거의 열정과 패기에 넘치던 그 모습은 찾아보기 힘들다. 대신 세상일에 냉소적이고, 지친 얼굴을 하고 있는 지금 내 앞의 선배들, 동료들, 후배들의 모습이 낯설게 보이기 시작한다.

아내와 종종 이런 대화를 나눈다. 우리 둘은 인천에서 노동운동을 하는 활동가로 만나서 결혼했다. 아내는 말한다.

"결혼할 때는 노동운동을 하려면 많은 걸 희생하면서 어렵게 살아갈 줄 알았는데, 지금 보면 운동을 안 한 애들보다 더 잘살아."

연탄불 갈며 살다가 기름보일러 때는 반지하방에 신혼살림을 차리고 그 삶을 사랑했던 20대 후반의 나와 내 아내가 지금의 우리의 삶을 바라보면 어떤 생각을 할까? 대기업 정규직 노동자로서의 우리 삶을 너무나 낯설게 바라보지 않을까?

낯설게 만들기는 단지 인식의 문제일 뿐만 아니라 실천적으로도 중요하다. 당연하고 익숙한 것이 바로 싸워야 할 대상이고 바꿔야 할 대상일 경우가 많기 때문이다.

자본주의 사회에 대해 비판하고 모순을 극복하기 위한 실천을 한다는 것은 우리의 삶을 지배하고 삶의 일부분이 되어버린 너무나 익숙한 자본주의적인 삶을 낯설게 만드는 것에서 시작해야 한다. 우리가 공부하는 이유는 바로 낯설게 바라볼 수 있는 능력을 키우는 것에 다름 아니지 않는가? 노동운동의 변화를 고민한다면 너무나 익숙한 현실을 거리를 두고 바라보고 낯설게 만들어야 한다. 그 엉켜 있는 익숙함의 뿌리에서 몸을 빼내고 외부를 향해 움직이면서 지금과는 다른 무엇을 꿈꾸어야 한다. 자신이 접하는 익숙한 세계를 낯설게 바라볼 수 있는 사람이 많아진다는 것은 바로 세상을 변화시킬 수 있는 힘이 그만큼 늘어난다는 것이 아니겠는가?

2장

정규직 노동자의
삶과 꿈

한국GM 노동조합 경험을 중심으로

정규직 노동자의 삶과 꿈
한국GM 노동조합 경험을 중심으로

우리의 모든 꿈을 닫히게 만든 것

정규직으로 함께 일하는 한 동료 노동자가 자신의 아들에게 꿈이 뭐냐고 물었다. 아들 왈,

"정규직이 되는 거예요."

정규직인 아버지가 가져다주는 수입을 보면서 그런 꿈을 꾸었겠지 생각했다. 당연히 비정규직 노동자들은 날이면 날마다 정규직을 꿈꿀 것이다. 한국GM에서 비정규직 지회가 진행하고 정규직 활동가들이 연대했던 비정규직 투쟁에서 가장 반응이 좋았던 구호는 "내 자식 크기 전에 비정규직 철폐하자!"였다. 정규직이든 비정규직이든 '자기 자식은 비정규직으로 만들지 말아야지' 하는 꿈을 투사한 구호다.

이런 모습을 바라보면서 머리를 맴돈 것이 하나 있다. 그럼 정규직들은 무슨 꿈을 꾸는가? 비정규직의 꿈이 정규직이라면 이미 정규직인 우리 같은 노동자는 무슨 꿈을 꾸는가? 계속 하던 대로 더 높은 임금 인상, 더 많은 잔

업 특근, 더 확실한 고용 안정이 꿈인가? 정규직의 꿈이 단지 갖고 있는 것을 지키는 거라면, 지키는 것이 새로운 변화를 통해서 얻는 것보다 더 많다고 생각한다면 그것이 보수화로 빠지는 함정이 아닌가?

언젠가 한 비정규직 활동가가 이런 말을 했다.

"정규직 운동 뭐 할 거 있어요? 비정규직 활동이 중요하니까 지원만 잘 하면 되지."

글쎄, 자기가 처한 삶의 근거에서 더 이상 꿈이 없고 해야 할 것이 없다면, 비정규직 노동자들의 투쟁을 지원할 의지와 힘이 어떻게 생길까? 자선활동이 아니라면 말이다.

얼마 전에 회사 동료 노동자들과 술을 마시면서 진솔한 대화를 나눈 적이 있다. 이런 대화가 오갔다.

"세상 참 살기 퍽퍽한데 우리는 대기업 정규직이어서 참 다행이야."

그때 한 동료가 이렇게 말했다.

"돈은 받을 만큼 받는 것 같은데, 왜 이렇게 사는 게 힘들지?"

그 순간 잠시 대화가 끊겼다.

아마도 모두의 머릿속에는 '과연 나는 행복한가?'라는 의문이 강하게 솟아오른 것이리라.

87년 노동자 대투쟁 이후 '노동해방', '인간다운 삶'을 외쳐왔던 노동자들의 꿈은 실현되었나? 대우그룹 김우중 회장이 80년대 언제쯤인가 대우자동차에 와서 노동자들에게 앞으로 여러분들도 차를 갖게 되는 마이카 시대가 올 것이라고 이야기를 했단다. 그 말을 들은 노동자들은 모두 웃었다고 한다.

"어떻게 우리 같은 공돌이가 차를 몰아?"

이렇게 이렇게 말하면서.

하지만 90년대 초부터 하나둘 차를 사기 시작했고 얼마 되지 않아 차는 필수품이 되었다. 90년대 초까지만 해도 명절 때마다 귀향버스가 운행됐고, 노동조합과 회사 간부들이 나와서 귀향버스를 향해 인사하고 손을 흔들었다. 당연히 지금은 각자 자신의 차로 고향에 간다. 이제는 적어도 정규직 노동자는 모두 자기 차를 몰고 자기 집을 갖고 좋은 옷을 입고 자식들을 부담 없이 대학을 보낸다. 확실히 삶은 윤택해졌다. 그런데 87년 이후 30년이 지난 지금까지도 왜 우리는 여전히 제대로 쉬지도 못하고 잔업, 특근에 목을 매고 살고 있는가? 젊었을 때 잔업, 철야에 시달리면서도 언젠가는 노동시간도 줄고, 여행도 다니고, 여가 생활도 즐기고 멋있게 살 수 있을 때가 올 거라고 생각했다. 그런데 주48시간에서 44시간으로 또 40시간으로 법정 노동시간이 줄어들었지만 정년이 돼 회사를 떠날 때까지 여전히 노동의 굴레에서 벗어나지 못한다. 90년대 초까지 동료들은 이렇게 얘기했다.

"내 평생 이 짓하고 살 것 같으냐? 빨리 돈 벌어서 여기를 벗어나야지."

하지만 지금 이런 이야기를 하면 비웃음만 살 뿐이다. 어떻게든 이 공장에서 정년을 채우는 것이 꿈이다. 90년대 초중반부터 어느 정도 임금 수준이 높아진 후 이제 살만하다고 느꼈다. 노동의 인간화라는 말이 유행했다. 컨베이어 작업의 단순한 노동에서 벗어나는 '인간다운 노동'이 무엇인가에 대한 고민이 확산됐다. 여가, 문화 등 삶의 질에 대한 관심도 높아졌다. 노동자 경영 참여와 노동조합의 사회적 역할에 대한 고민도 깊어져 갔다. 나도 이때 현장 동료들과, 그리고 지역의 연구단체와 함께 이런 의제에 대해 고민도 하고 학습도 하고 조합원 대상의 선전 활동도 열심히 했다. 토요타주의를 비판하고, 스웨덴의 우데발라 공장 사례 등 노동의 인간화 사례들을 학습하고, 독일의 경영 참여, 현장의 노동 통제에 대한 대응 방안 등을 열심히 공부하고 대안을 찾으려 했던 기억이 난다. 하지만 97년 이후 불어 닥친 신자유주의 광풍 이후 이러한 고민의 흐름은 멈췄다. 이후 2001년 정리 해고를 겪으면서 우리는 그동안 꾸었던 꿈을 모두 접었다. 두 가지 이슈가 모든 고민과 활동을 블랙홀처럼 빨아들였다. 고용 안정과 임금.

인생을 즐긴다는 것, 현재의 자신의 삶을 행복하게 설계한다는 것은 과분한 것이다. 그저 돈 많이 벌고, 가장으로서의 책임을 다하고, 미래의 불안을 최소화하기 위해 열심히 준비하는 것. 이것만으로도 감지덕지다. 신자유주의 흐름과 정리 해고는 우리의 모든 꿈을 닫아 버렸다. 불안과 두려움 때문에 우리는 우리의 꿈을 스스로 죽인다. 이제 우리는 닫혀버린 꿈을 다시 열기 위한 여정을 시작해야 한다.

대기업 정규직은 보수화되었나?

2016년 한국GM 임금 인상, 단체협약 교섭을 앞두고 정규직 조합원을 대상으로 설문조사를 했다. 이 조사에서 정규직 조합원들은 현재의 상태에 상당히 만족하고 있는 것으로 나타났다.

임금 수준은 52.7%, 작업 환경 66.3%, 노동시간 70.3%, 후생복지 46.8%, 회사 생활 전반에는 58.0%가 만족하다고 답변하였다. 다만 고용안정에 대해서는 25.6%만 만족한다고 대답했다.[12] 이전에 진행됐던 조합원 설문조사 응답에는 불만과 요구가 들끓었다. 설문에 답하는 조합원의 손은 자연스레 불만, 부족이라는 답으로 이끌렸다. 나는 당시 설문조사 결과를 상당히 징후적으로 바라본다. 물론 주간 연속 2교대제의 시행 등 몇 가지 변화가 현재의 상태에 대한 만족도를 높였을 것이다. 그런데 그 만족도라는 것은 공장 밖 배제된 노동자들의 삶과의 비교에서 생겨난다(배제된 노동, 배제된 노동자의 의미는 4장에서 자세하게 다룬다). 배제된 노동자들의 삶의 고통을 바라보면 볼수록 자신의 처지에 대한 만족도는 높아진다. 직장 동료들은 불만으로 토로하는 말보다 '정규직이어서 참 다행이다'라고 말하는 경우가 훨씬 많아졌다. 다행이어서 현재의 상태가 만족스러운 것이고, 뭔가를 더 따내는 것보다는 있는 것을 지키는 것이 더 중요한 것이다. 그래서 상대적으로 고용이 안정된 정규직이면서도 70% 이상이 고용에 관한 한 불안감을 느끼고 있는 것이다. 이는 지금 누리고 있는 것을 잃어버릴지도 모른다는 두려움의 다른 표현이다.

대기업 정규직 노동자들에게는 전체 사회 구성원들이 함께 누리는 사회복지보다 단체협약을 통해 꾸준히 확대되어 온 기업복지가 더 소중하고 혜택도 크다. 복지 확대에 대한 사회적 관심이 높아지고, 민주노총과 진보정당도 복지 확대를 목청껏 외치지만 대기업 정규직 현장으로 가면 상황은 달라진다. 민주노총과 진보정당의 복지 확대에 대한 요구에 대해서 대기업 정규직 노동자들은 별로 관심이 없다. 최저임금 1만 원의 요구는 다수의 가난한 노동자들에게는 절실한 요구이다. 하지만 이미 그 이상의 소득을 얻고 있는 대기업 정규직 노동자들은 관심을 갖지 않는다. 교육, 의료, 주거, 이 세 가지가 이 땅의 노동자들의 중요한 요구다. 무상의료, 무상교육, 공공 임대주택 건설 확대 등은 민주노총과 진보정당이 줄기차게 주장해온 요구들이다. 하지만 대기업 정규직 노동자들은 이 중 많은 것을 기업복지로, 단체협약으로 해결한다. 한국GM의 경우도 단체협약을 통해 자녀들의 대학 학자금을 지원받는다. 쌍용자동차 조합원들이 정리 해고가 자행되는 극한적인 상황에서도 끝까지 양보하지 않겠다고 버틴 것이 바로 자녀 대학 학자금 지원을 규정한 단체협약 조항이다. 그러니 반값 등록금 투쟁은 남의 동네 일일 수밖에 없다. 그러면서 이렇게 말들을 한다.

"어휴, 우리는 학자금 지원이 되어서 다행이야. 아이들 졸업할 때까지는 잘리지 않고 무사히 다녀야 할 텐데."

의료 문제는 단체협약에 근거한 의료비 지원과 건강검진으로 해결한다. 무상의료 등 의료 개혁에 별 관심을 갖지 않는다. 다만 건강보험료가 올라가는 것은 불만이다. 거의 자기 집을 가지고 있기 때문에 영구 임대주택의 확대 등의 주택 복지에는 관심이 없다. 그들은 집값 떨어지는 것을 걱정한다. 민주노총과 진보정당이 사회복지 확대와 이를 위한 투쟁을 전개하자고 외치지만 대기업 정규직 노동자들은 별로 귀를 기울이지 않는다. 그저 노동조합 간부들만 타성적으로 따라 외칠 뿐이다. 아마도 주요 조직 기반인 대기업 정규직 노동자들이 이러한 사회복지 의제에 관심이 없기 때문에 사회복지 확대 등 진보적 의제를 내세우고 싸웠던 민주노총과 진보정당이 상당히 힘들고 지쳤을 것이다.

대기업 정규직 노동조합의 보수화 위험은 여기에 있다. 변화를 통해서 따내야 할 것보다 현재 상태 유지를 통해서 지켜야 할 것이 더 많으면 보수적이 된다. 있는 것을 지키는 것이 더 중요하다고 생각하면 사회의 근본적 변화보다는 현상 유지에 관심이 많고, 이대로만 쭉 갔으면 하는 마음이 강하게 되는 것은 당연하다. 나는 그동안 대공장 노동자들이 세상을 변화시킬 수 있는 중심이라는 자부심을 갖고 활동을 했다. 하지만 우리의 꿈과 요구가 기업 안에 갇히면서 사회적 역할과 책임을 다해야 할 대기업 정규직 노조의 시야와 전망도 닫혔다. 또한 노동조합의 사회적 역할과 실천이 닫히면서 조합원들의 의식도 닫히는 악순환이 계속되고 있다. 그리고 대기업 정규직 노동자들과 배제된 노동자들의 요구는 간극이 커지거나 단절된다. 그렇게 대기업 정규직 노동자들의 꿈은 기업 내에 그리고 공장 안 일상적 노동 속에 갇혀 버렸다.

87년 노동자 대투쟁 이후 30년 동안 대기업 정규직 노동자들은 정말 열심히 투쟁했다. 많은 제도적인 성과와 축적된 경험들이 시스템을 만들어 내고, 이것은 힘으로 작동한다. 하지만 이 힘은 사회의 변화와 배제된 노동자들을 위해 발현되지 못하고 있다. 이제 갖고 있는 것을 지키는 보수성을 뛰어넘어, 기업에 갇힌 꿈을 밖으로 열어야 한다. 그러기 위해서는 풍부한 꿈을 꾸어야 하고 그 꿈은 지금과는 다른 것이 되어야 할 것이다.

투기적 욕망, 자본의 덫에 걸리다

내가 1989년에 대우자동차에 입사했을 때, 가족이 있는 조합원들은 연립주택이나 반지하에서 전세를 살고, 총각들은 기숙사에 살거나 부모님과 함께 살았다. 집을 가진 조합원은 드물었다. 하지만 이후 임금 수준이 상당히 오르면서, 내 집을 가지려는 욕망은 높아졌다. 인천 곳곳에 아파트 단지가 건설되고, 조합원들은 아파트를 분양받기 위해 동분서주했다. 나도 1991년 노태우의 200만 호 주택 건설 정책 일환으로 만들어진 신도시 중 하나인 인천 연수 지구에 24평짜리 아파트를 분양받았다. 지금은 조합원 대부분이 집을 가지고 있고, 아파트 평수도 늘려 가고 있다. 여기에 투기 목적으로 아파트를 사는 사람들도 있다.

90년대 말 '부자 되세요'라는 말이 인사가 되고 주식 투자 열풍이 뜨거웠을 때, 조합원들은 너도 나도 주식 투자에 매달렸다. 물론 많은 사람이 돈을 벌기보다는 손해를 봤다. "월급은 용돈이고 주식으로 돈을 다 번다"며 큰소리치던 한 친구는 집까지 날려먹었다. 당시 회사 관리자들은 조합원들이 단말기로 주식 투자하느라 작업을 제대로 안 해서 불량이 난다며 투덜댔다.

이후에도 조합원들은 부동산 열풍이 불면 부동산에, 펀드 열풍이 불면 펀드에 투자를 했다.

투기 욕망은 대기업 정규직 노동자뿐만 아니라 한국 사회 전체 현상이다. 한국 사회에서 집의 의미는 남다르다. 집은 재산과 동의어이고 대부분 사람들에게 재산을 유지하고 증식시키는 유일한 수단이기도 하다. 나 역시 여기에서 자유롭지 못하다. 나도 30년 동안 열심히 집을 키워왔다. 운도 따르고 해서 전세 1,000만 원짜리 반지하방에서 시작해서 34평 아파트까지 키웠다. 그런데도 아내와 나는 "그때 돈 좀 있어서 그 집을 샀으면 좀 벌었을 텐데……"라며 아쉬워하곤 한다. 어차피 돈이 돈을 버는 거라는 진실은 다 알지만 월급쟁이가 집 말고는 돈을 불릴 기회가 없다고 생각하고 몇 년 동안 알뜰히 저축해도 모을 수 없는 돈을 한순간에 손에 쥘 수 있는 행운이 자신에게도 오기를 누구나 바란다.

집 이야기는 술자리의 뜨거운 화제 중 하나다. 특히 집값이 뛰기 시작하면 그 욕망은 들끓기 시작한다. 그런데 이런 집에 대한 욕망은 자신도 모르게 지본의 욕망, 가진 기의 욕망에 가신 욕망을 종속시키게 된다. 강남대로를 지나면서 '저 많은 빌딩의 주인은 누구지?'라고 묻는다. '경제가 어렵다는데 부동산 투기에 쏠리는 저 돈들은 도대체 어디서 나오는 거지?'라는 의문을 갖는다. 한국 사회 지배계급 부의 대부분이 부동산 투기로 형성되었다는 것은 다들 안다. 그런데 부동산 투기를 통해 가진 자들이 부를 독점하는 사회 현실을 비판하면서도 사람들은 '저런 큰 빌딩은 아니더라도 작은 상가라도 하나 있어서 월세 또박또박 나오면 노후는 걱정이 없을 텐데'라고 생각한다. 부동산 폭등은 가진 자들의 돈 잔치라는 것을 알면서도 저 틈바구니에서 숟가락 한 개 없을 수는 없을까, 생각한다.

보통 사람 대부분은 물려받은 재산이 있는 것도 아니고 주거 목적이든, 노후 대책이든 집을 살 때 많은 빚을 낸다. 그리고 그 빚을 메우기 위해서 잔업, 특근에 목을 맨다. 투기 목적으로 빚을 내서 무리해서 집을 샀다가 집값이 폭락하는 바람에 빚더미에 올라앉기도 한다. 그리고 그 빚을 갚기 위해 자신뿐만 아니라 부인까지 나서서 몇 년 생고생도 한다. 그것이 노후를 위해서든, 자식을 위해서든 부동산에 투자하면서 미래를 위해 현재의 삶을 노동의 굴레에 얽매는 삶을 사는 것이다. 그렇게 투기적 욕망이라는 모습으로 자본은 우리 안에 깊숙이 들어와 있다.

그리고 이 투기적 욕망은 정치를 보수화시키고 퇴행시키는 힘으로 작동하기도 한다. 나는 인천 서구에 산다. 인천 서구는 최근 들어 개발이 가장 왕성한 곳이다. 인천 서구 주민들은 지난 18대 대통령 선거에서 박근혜에게 몰표를 던졌다. 박근혜의 개발 공약에 대한 기대 때문이다. 인천 서구가 개발이 잘 되어 살기 좋아질 것에 대한 기대 때문이 아니다. 바로 집값이 오를 것에 대한 기대 때문이다. 하지만 박근혜가 대통령이 된 후 약속한 개발 공약은 전혀 지켜지지 않고 집값은 오르기는커녕 더 떨어졌다. 곳곳에 박근혜가 약속을 지키지 않는 것에 대한 규탄 현수막이 걸렸다. 그러다 한나라당 유정복 시장이 또 다시 개발 공약을 들고 나왔고 또 밀어 주었다. 유정복은 박근혜 심복이어서 힘이 있으니 약속한 개발 공약을 실행할 수 있을 것이라고 믿었다. 하지만 여전히 약속은 지켜지지 않았고 유정복 시장에 대한 비난의 목소리가 높아졌다.

나는 몇 번의 선거를 겪으면서 정치적으로 보수적 흐름과 진보적인 흐름의 중간에 투기적 욕망에 뿌리를 둔 이해관계에 따라 투표하는 흐름이 있다는 것을 느꼈고, 이 흐름이 선거 결과를 좌우한다고 확신하게 됐다. 이명박, 박근혜를 당선시킨 힘 중에 하나가 바로 투기적 욕망의 흐름이고, 서울의 뉴타운 열풍이 진보적인 국회의원들을 다 떨어뜨리고, 한나라당에 몰표를 준

것도 투기적 욕망의 힘이 아니던가? 오래전에 같은 서구에 사는 조합원들과 술 한 잔 할 기회가 있었다. 누군가 말했다.

"나는 집값 때문에 박근혜 찍었어."

"솔직히 나도 박근혜 찍었어."

예상보다 많은 조합원들이 박근혜를 찍었다고 했다.

투기적 욕망은 현 지배체제를 정당화시키고 강화시키는 역할을 한다. 부자들의 욕망에 가난한 자들의 욕망이 포획되고, 그 앞에 줄을 세우기 때문이다. 반면에 가난에 대한 공감은 사회를 바꾸는 힘으로 작동한다. 기존 사회체제에 의문을 제기하게 만들고 변화를 욕망하게 만들기 때문이다. 문제는 대기업 정규직 노동자에게 그런 공감이 사라지고 있다는 사실이다.

정리 해고의 정치경제학 1: 죽은 자들의 이야기

2001년 2월 16일. 그날의 기억은 지금도 생생하다. 각 개인에게 정리 해고 통보서가 발송되었다는 말을 들었다. 나와 몇 명은 회사 임대 아파트로 달려갔다. 우편배달부가 오토바이를 타고 들어온다. 그의 오토바이에 실린 우편물 가방을 뒤졌다. 아는 동료들의 이름이 속속 눈에 들어온다. 지나가는 잘 아는 형을 불렀다.

"형, 잘렸어!"

정리 해고 된 조합원들이 속속 노동조합으로 모여들었다. 노동조합에서는 투쟁해야 한다고 목소리를 높인다. 그런데 투쟁을 하면 과연 옛날로 돌아갈 수는 있는 것인지? 하필이면 왜 내가 대상인지? 이들은 가슴 속 깊은 분노를 표현하기보다는 도대체 어떻게 해야 할지 몰라 눈빛이 흔들리고 있었다.

공장으로 모여드는 정리 해고 조합원 수가 하루하루 늘어갔다. 같은 처지의 정리 해고자들이 모여 마음을 나누고 교육과 토론을 진행하면서 투쟁의 전열도 가다듬어지는 것 같았다. 2월 19일 오후, 헬기가 뜨고 수천 명의 경찰들이 포클레인으로 공장 담벼락을 부수며 공장으로 밀고 들어왔다. 위원장을 비롯한 노동조합 간부들은 공장을 빠져나가 피신했다가 나중에 산곡동 성당에 투쟁의 근거지를 마련했고 나는 경찰에 잡혀 구속되었다.

정리 해고 이전에 정리 해고자보다 더 많은 노동자들이 희망퇴직이라는 이름으로 회사에서 밀려났다. 많은 조합원들이 정리 해고를 막으려면 노동조합이 희망퇴직을 받아들여야 한다고 목소리를 높였다. '가라앉고 있는 배에서 누군가는 내려야 남은 사람이 살 수 있다'는 논리였다. 그런데 이런 목소리를 높이는 사람들은 다른 사람을 배에서 내리게 하고 자신은 살아남고 싶은 사람들이다.

나는 구속되어 6개월 정도 형을 살고 나왔다. 출소 후 정리 해고 철폐 투쟁의 근거지가 된 산곡동 성당으로 갔다. 성당에는 노동조합과 200~300여 명의 정리 해고자들이 모여 투쟁하고 있었는데 나는 모여 있는 정리 해고 조합원들을 보고 놀랐다. 내가 예상했던 노동조합에 적극적이었던 사람들의 수는 적었고 노동조합 활동에는 소극적이고 현장에서 열심히 일했던 조합원들이 많았다. 연월차 거의 안 쓰고 일밖에 모르던 조합원들도 있었다. 이후 정리 해고 조합원들과 술을 마실 때 내가 받은 질문은 "왜 정리 해고를 했냐?"보다 "하필이면 왜 나냐? 정리 해고의 기준이 도대체 뭐냐?"는 것이었다. '나는 정말 열심히 일했는데 왜 내가 정리 해고가 되었는지, 왜 회사는 나를 버렸는지?' 그들은 이 대목이 이해되지 않았다. 그리고 나는 이들이 투쟁하는 배경에는 회사에 대한 강한 배신감이 크게 자리 잡고 있음을 느꼈다.

정리 해고 전에는 회사 관리자들이 회사를 아버지에, 노조를 어머니에, 조합원들을 아이들에 비유하곤 했다. '노조는 필요하고, 투쟁도 필요해. 하지만 일단 회사가 잘 돌아가야 우리도 먹고 사는 거 아냐?' 아버지인 회사는 돈을 벌고, 어머니인 노조는 조합원들을 챙겨 주고, 조합원인 아이는 그 덕에 먹고 사는 거다. 그런데 회사는 아이들을 거리로 내쫓은 비정한 아버지가 되고 노동조합은 정리 해고를 막지 못한 무능한 어머니가 되었다. 그렇게 정리 해고는 조합원들의 마음속 깊이 회사에 대한 불신과 적대감을 심어 주었다.

이후 경영진들이나 노사 담당자들을 만나면 한결같이 '정리 해고는 하지 말았어야 했다'는 후회어린 말을 많이 듣는다. 너무나 커다란 희생과 손실을 치렀고 무엇보다도 정리 해고를 겪은 이후 조합원들이 회사를 대하는 강한 불신의 눈길을 느꼈기 때문일 것이다.

경영진들은 정리 해고 이후에 조합원들뿐만 아니라 현장 관리자조차도 이른바 '애사심'이 없어지고 눈앞의 자기 이해에만 관심을 가진다고 불만을 털어놓았다. 실제로 한국GM의 현장 관리자들은 정리해고 이전에는 경영진들의 지시에 일사불란하게 움직이는 모습을 보였지만 지금은 회사 경영진과 노동조합 사이에서 자신들의 이해를 중심으로 사고하고 행동하는 이익집단의 모습을 보이고 있다. 현대자동차에 이어 대우자동차 정리 해고와 이에 맞선 처절한 투쟁은 노동자들에게 엄청난 상처를 주었지만 자본에게도 커다란 타격과 두려움을 가져다주었다. 정리 해고로 인한 결과에 대한 자본 쪽의 불안감은 비정규직 활용 확대로 나타나고, 대기업 정규직 노동자들의 정리 해고에 대한 불안감은 이를 용인해 주는 것으로 나타난다.

나는 지금도 당시 GM이 대우자동차를 인수하기로 결정해 놓고 정리 해고를 포함한 구조조정을 인수 조건으로 내건 것이 아니냐는 의심을 갖고 있다.

그리고 정리 해고는 단지 경영상의 위기 때문만이 아니라 다른 목적을 가지고 있었다고 생각한다. 기나긴 세월 동안 투쟁과 조직화 과정을 통해서 축적된 노동조합의 역량을 일거에 무너뜨리는 것, 자본의 힘의 우위와 통제력이 관철되는 공장을 만드는 것, 흐트러진 노동 규율을 세우는 것, 그리고 비정규직의 활용 등으로 노동력의 구성을 바꾸는 것이 정리 해고의 숨은 의도라고 본다.

회사는 공정한 기준을 가지고 정리 해고자 대상을 선정했다고 주장했다. 그런데 당시 징계해고자 이외의 집행 간부 전원, 회사의 눈에 거슬리는 대의원들 다수, 특히 현장에서 열심히 활동하던 소위원 거의 전원이 정리 해고 대상에 포함됐다. 90년대 중반에 입사해서 대우자동차노동조합 운동의 새로운 흐름을 형성한, 정말 건강하고 젊은 20~30대 활동가 후배들이 거의 남김없이 해고됐다. 회사의 선구안이 좋았던 셈이다. 정리 해고로 현장 활동가 역량의 커다란 단절이 생겼다. 특히 대우자동차 노동운동의 주력으로 떠오르던 젊은 활동가들이 가장 큰 타격을 입었다. 물론 이후에 이들 모두 복직이 되긴 했지만 이전 같은 활동력을 보이지 못했고, 많은 사람들이 활동력이 떨어지거나 스스로 꿈을 꺾어 버렸다.

2001년 후반에 정면 대결로 치닫던 대우자동차 노사 간에 국면 전환의 시기가 왔다. 회사는 대화를 하자는 신호를 보냈고 노동조합은 직무대행 체제로 전환하면서 협상 국면을 준비했다. 나는 이때 정책실장으로 노동조합에 상근하며 협상의 실무를 담당했다. 정리 해고자 복직 문제와 GM이 대우자동차를 인수하는 데 걸림돌로 느끼는 단체협약의 일부 조항을 양보하는 교환이 주된 협상의 틀이었다.

대우자동차 노사 간에, 그리고 노동조합과 GM 인수팀 간에 피 말리는 협상이 진행되었다. 그리고 정리 해고자 300명 우선 복직, 이후 나머지 정리 해고자는 생산량 증가 시 순차적 복직이라는 내용과 경영 참여 조항, 인사권·부서 이동 등과 관련된 합의 의무를 협의로 바꾸는 것을 주요 내용으로 하는 단체협약의 양보가 교환됐다. 문제는 그 다음이었다. 우선 복직 대상자 300명을 어떠한 기준으로 선별하는가? 노동조합은 정리 해고자들의 투쟁력을 유지하기 위해 '투쟁에 참여한 사람을 우선 복직시킨다'는 약속을 정리 해고 조합원들에게 반복적으로 강조했다. 노동조합과 회사 사이에 선발권과 기준을 놓고 지루한 실랑이가 계속되었다. 결국 노사 각자 인원의 절반에 대한 선발권을 갖는 것으로 타협을 했다. 노동조합의 복직 대상자 선정은 독이 든 성배와도 같았다. 나는 GM이 대우자동차를 인수한 후에 생산량이 회복되면 나머지 정리 해고자 복직의 길도 조기에 열릴 것이라고 판단했지만 정리 해고자들에게는 우선 복직 대상자 300명에 들어가느냐 아니냐는 사활적인 문제였다. '투쟁에 참여한 사람을 우선 복직시킨다'는 것이 노동조합의 기준이었지만 투쟁에 참여한 사람을 모두 복직시킬 수 없으니, 얼마나 열심히 투쟁했는지를 놓고 순위를 매겨야 한다. 유일한 근거는 각 부서 대표가 정리 해고 조합원들의 산곡동 성당이나 투쟁 현장 참석 여부를 체크한 소위 '출석부'지만 성실하게 출석부를 작성한 부서, 대충 작성한 부서, 아예 출석부가 없는 부서가 혼재돼 있었다. 결국 출석부와 각 부서나 선거구 대표들의 판단 등을 종합해서 노동조합이 인원을 선정했다. 노사 간에 실무협의가 마무리 되고 정리 해고 조합원들이 노사 협상 결과를 듣기 위해 모였다. 내가 앞에서 설명을 했다. 복직의 세부적인 조건과 시기 등에 대해서 설명할 때는 정리 해고 조합원들은 다 고개를 숙이고 있다. 나의 입에서 "명단은……"이라는 말이 떨어지자 일제히 고개를 들고 수백 개의 눈이 나에게 쏠렸다. 나는 지금도 그 절절한 눈길을 잊지 못한다. 명단이 발표되고 복직 대상자에서 제외된 정리 해고 조합원들이 노동조합으로 몰려왔다.

"누구보다 열심히 정리 해고 철폐 투쟁에 참여했는데 왜 내가 제외되었나?"

"너희들이 나에게 그럴 수 있어?"

한 사람 한 사람 절망, 분노, 절규의 몸짓을 쏟아 냈다. 노동조합 사무실은 분노한 그들에 의해 몇 번이고 부서졌다. 지금은 서로 웃고 술도 마시고 하지만 나는 몇 년 동안 그 정리 해고자들의 원망의 눈초리를 받으며 살아야 했다. 정리 해고를 둘러싼 노동자들 간의 갈등은 노동자들 내부를 갈가리 찢어 놓았다. 특히 노동조합 활동가들 사이에서 정리 해고의 책임, 정리 해고 투쟁 과정에서 보여준 태도 등을 놓고 상호 비난과 갈등이 끊이지 않았다.

GM이 대우자동차를 인수한 이후 생산량이 급격히 늘어나고 정리 해고자들의 복직 투쟁이 이어지면서 몇 년에 걸쳐 복직을 희망하는 정리 해고자들은 모두 복직되었다. 징계 해고자였던 나도 복직해서 현장에 복귀했다. 내가 돌아온 현장은 활기찼던 옛날의 대우자동차 현장이 아니었다. 현장 조합원들은 관리자 눈치를 보면서 집회도 참석하려 하지 않았고, 끈끈했던 직장 동료애도 많이 파괴되어 있었다. 특히 조합원들은 자신의 고용을 지켜야 한다는 생각, 그리고 지금 한 푼이라도 더 벌어 놓아야 한다는 생각이 거의 전부였다. 고용과 임금 이외에 다른 관심을 갖지 않는다. 그렇게 정리 해고는 대기업 정규직 노동자들의 꿈을 닫아 버렸다. 고용과 임금, 특히 고용 안정에 대한 요구가 끊임없이 주술처럼 반복되었다. 하지만 세월은 흐른다. 우리의 꿈을 꺾게 만들고, 활동가들의 역량과 꿈의 단절을 가져오고, 현장 노동자들의 관계를 갈가리 찢어 놓았던 정리 해고의 상처도 조금씩 아물어 가는 듯했다. 하지만 한국GM에서 위기는 숙명적으로 반복된다. 주기적으로 철수설, 공장 축소-이전설이 터져 나온다. 2001년 정리 해고가 가져다 준

트라우마에서 조금은 벗어났다고 생각하고 있을 때, 2008년 미국 발 세계적 금융위기가 발생하고, 2009년 GM이 파산 신청을 했다.

"에이, 또야."

짜증 섞인 반응들이 튀어나왔다.

"형, 솔직히 정말 불안해요."

같은 부서의 한 동생의 말이다.

"괜찮겠지?"

아내도 걱정스럽게 물어본다.

'이제 세 번째 해고가 오는가?'

나도 묘한 긴장감이 느껴졌다.

특히 정리 해고 되었다가 복직한 조합원들의 반응은 격렬했다.

"다시 나가라고 하면 이 회사 불을 싸질러 버릴 거다."

그들은 고스톱 판의 용어를 빌려 외쳤다.

"연사 없다."

연사는 고스톱 판에서 연이어 두 번 죽는 것을 말한다. 두 번 죽을 수 없는 게 고스톱 판 규칙이다. 정리 해고 시키려면 정리 해고 경험이 없는 사람을 먼저 시키라는 것이다. 하지만 회사는 정규직 노동자들을 정리 해고 하는 대신에 비정규직을 대량 해고시키는 것으로 대응했고 노동조합과 조합원들은 이를 묵인했다.

지금 이 순간도 한국GM의 축소와 철수설이 기승을 부리고 있다. 한국GM 조합원들은 상당한 위기감을 느끼고 있고 실제로도 그렇다. 내가 정규직 노동자의 다른 꿈을 이야기하면 "회사가 망하니 마니 하는 판국에 다른 것이 다 무슨 소용이요"라고 외칠지도 모르겠다. 일부 활동가들은 조합원들을 노동조합으로 결집시키기 위해 불안감이 있는 것이 필요하다고 생각한다. 그러면서 "요즘 조합원들이 위기의식이 너무 없어"라며 우려한다. 하지만 불안과 두려움의 감정은 힘을 약화시키는 부정적인 요인이지 조합원들을 결집시키고 힘을 증가시키는 긍정적인 변수가 될 수 없다.

몇 년 전부터 나이든 조합원들의 분위기가 상당히 진취적인 모습으로 바뀌고 집회 참석 인원도 많이 늘었다. 정년이 몇 년 남지 않은 나이든 노동자들은 "GM이 그래도 몇 년은 간다. 정년 때까지는 가겠지. 우리야 괜찮지만 젊은 애들이 걱정이야"라면서 고용 불안의 심리를 털어 버린다. 반대로 젊은 층은 약간 체념어린 투로 대답한다. "쭉 가면 좋겠지만, 그렇게 되겠어요?" 마음이 그리 무겁지 않다. 일부 활동가들은 위기의식이 없다고 걱정하지만 나는 두려움에 짓눌리지 않는 모습에서 힘을 찾는다.

고용 문제는 정말 중요하지만 불안에 짓눌려서는 제대로 대응할 수 없다. 두려움과 불안에서 벗어나야 냉정한 판단과 분석, 열린 토론으로 힘을 모으고 전략적인 대응 방안을 만들 수 있다. 불안과 두려움의 감정에 휩싸이면 말의 잔치만이 무성할 뿐 열린 토론과 소통으로 힘을 모을 수 없다. 또한 불안의 무게에서 가벼워져야 노동운동이 다양한 꿈을 향해서 열릴 수가 있고, 비정규직 노동자들과 함께 할 수 있는 시선도 가질 수 있다. 공감이 씨앗을 뿌릴 수 있다는 이야기다.

정리 해고의 정치경제학 2: 살아남은 자들의 이야기

정리 해고 사태가 발생하면 거리로 쫓겨난 정리 해고자들의 고통과 정리 해고를 자행한 자본에 대한 분노를 이야기하지, 살아남은 자들에게는 시선을 돌리지 않는다. 모두 그들에게 해고된 자들의 고통을 이해하고 연대하라고 호소하고 촉구하지만 살아남은 자들의 고통은 바라보지 않는다. 해고되지 않아서 정말 다행이고, 그들처럼 공장에서 일하는 것이 정리 해고자들의 목표인데 살아남은 자들의 고통이라니? 하지만 우리는 살아남은 자들의 고통도 이야기해야 한다.

쌍용자동차 정리 해고 후에 회사 정문 앞에서 규탄 집회가 자주 열렸다. 해고되지 않은 노동자들의 출근 모습을 보았다. 지하철 개찰구 모양과 똑같은 장치에 출입증을 대고 들어가면서 눈을 부라리고 있는 경비(혹은 용역 깡패)의 시선을 통과해야 한다. 퇴근하는 모습도 보았다. 회사 정문 밖에서 집회를 하고 있으면 안에서 통근버스가 나온다. 차 안에 있는 노동자들은 한결같이 고개를 푹 숙이고 있다. 이들의 모습을 보면서 공장 안의 쌍용자동차 노동자 삶을 생각해 보았다. 이전보다 노동 강도는 엄청 강화되어 살아남은 자들이 해고된 동료들의 몫까지 일하고 있다는 이야기가 들린다.

쌍용자동차에 갈 때마다 나의 기억은 대우자동차의 2001년으로 빨려 들어갔다. 대우자동차 정리 해고 후에 공장에 공권력이 투입되고 노동조합은 산곡동 성당으로 쫓겨났으며, 공장에는 노동조합이 없었다. 그리고 노동조합은 정리 해고자 복직을 위해 투쟁하는 조직이지 공장에 남아 있는 노동자들을 위한 조직은 아니었다. 노동 강도는 높아지고, 연월차 쓰는 것도 잔업 특근에 빠지는 것도 힘들어진다. 아침 30분 전에 출근해서 청소하라면 군소리 없이 해야 한다. 어떤 때는 작업이 끝나서 옷을 갈아입고 있는데 갑자기 잔업이 잡혔다면서 일을 하라고 해서 부랴부랴 다시 작업복을 갈아입고 라인을 탄 적도 있다. 여기에다 회사가 주도하는 집회에 꼬박꼬박 참석해서 '지금 중요한 것은 정리 해고자 복직이 아니라 회사를 정상화시키는 것이다'라는 말을 지겹도록 들어야 한다. 거리로 쫓겨난 동료들은 공장에서 일하는 조합원들을 부러워하겠지만, 이들도 하루하루를 감옥살이하는 심정으로 보내야 했다. 노동조합이라는 보호막이 사라지고 자본의 자유로운 전횡이 허용되는 순간, 공장 기계는 순식간에 감옥 기계로 돌변한다. 이전에 친근했던 관리자는 억압자의 모습으로 귀환한다.

쌍용자동차에는 금속노조 쌍용자동차 지부와는 별개로 공장 안에 별도의 기업 노동조합이 만들어졌다. 새로 만들어진 기업노조는 정리 해고자가 아닌 살아남은 조합원들을 대변하겠다고 했다. 대우자동차에도 회사 측 주도 아래 '대우자동차 정상화 추진위원회'라는 조직이 만들어졌다. '추진위'에는 해고되지 않은 대의원들, 전직 임원들 대부분이 회사에 의해서 거의 강제적으로 참여했다. '추진위'의 주장은 'GM이 하루빨리 대우자동차를 인수해서 대우자동차가 정상적으로 가동되도록 노력해야 한다'는 것이었다. 즉 '살아남은 자들의 살 길을 찾자'는 것이다. 아마도 이 당시에 기업 내 복수노조가 허용되었더라면 '추진위'는 기업노조로 전환되었을 것이다. '추진위'는 정리 해고자들, 살아남은 자들 모두가 싫어했다. 이후 모든 현장 조직들은 자기 조직 내에 '추진위'에 참여했던 사람들을 전면에 세우지 않는 방식으로 '추진위'의 흔적을 지우고, 이에 대한 비판의 목소리를 높였다.

회사에 대해 분노와 배신감을 가진 정리 해고자들이 복직하면서 이들을 중심으로 현장의 목소리가 높아지기 시작했다. 그동안 억눌려 지낸 살아남았던 자들은 속으로 박수를 친다. 일방적으로 기울어져 있던 힘 관계가 현장에서부터 조금씩 바로 잡히기 시작했기 때문이다. 살아남은 자들은 어쩌면 정리 해고자들의 복직 그 자체보다 복직 이후 이 지겨운 공장 감옥의 상태에서 자신들이 풀려나기를 바랐을지도 모른다. 또 이 점이 자본이 정리 해고자들을 복직시키고 싶지 않은 가장 중요한 이유였는지도 모른다. 회사가 정리 해고자들이 복직해서 그동안 다잡았던 현장 규율과 통제력을 이완시키는 상황을 꺼려하는 것은 당연하다.

공장은 움직이지 않으면 몸을 옥죄어 오는 기계와 같다. 노동조합이 없어지거나, 힘이 약해지면 자본은 이때다 싶어서 노동자들을 옥죈다. 하지만 노동조합은 귀환하고 조합원들은 다시 일어섰다. 시인 김수영이 '풀이 눕는다. 바람보다도 더 빨리 눕는다. 바람보다도 더 빨리 울고 바람보다 먼저 일어난다'고 노래했던 그 풀들처럼 말이다.

현재 공장 관리 체계의 구조는 87년 이전과 별 다를 바가 없다. 노동자들을 감시하고 통제하기 위한 목적으로 만들어진 구조다. 어찌 보면 87년 이전보다 더욱 강화된 짜임새를 가지고 있다. 회사는 현장 조합원들의 강화된 투쟁에 대응하기 위해 현장 관리 시스템을 지속적으로 강화해 왔다. 노동조합도 이에 대응하기 위해 현장 조직력을 강화하는 데 모든 힘을 쏟아왔다. 우리는 이를 '현장 권력'을 둘러싼 투쟁이라고 불렀다. 그런데 이러한 균형이 깨지는 순간이 온다. 노조가 패배하거나 쫓겨나는 순간이다. 현대나 기아도 마찬가지일 것이다. 기아자동차 위원장이 한국GM(당시 GM대우) 집회에서 발언한 적이 있다. IMF 전후로 구조조정의 공포에 시달리던 기아자동차에서 한 나이든 노동자가 관리자에게 화장실 간다는 말도 못하고 라인을 뜨지 못해 그 자리에서 오줌을 지렸다고 했다. 현장에서 힘의 균형이 무너지면 노동자 개개인이 얼마나 무력해지는지 보여주는 사례다.

한국GM뿐 아니라 현대나 기아 사측도 노동조합의 현장 통제력이 너무 강해서 회사의 생산 관리가 너무 힘들다는 불만이 많다. 그런 면이 있을 수도 있으나 모두 다 자신들의 업보다. 노동조합 힘이 빠졌다 싶으면 통제와 억압의 발톱을 드러내는 것을 수도 없이 겪었는데 어떻게 조합원들이 현장 통제력을 강화시키려 하지 않겠는가? 해외 진출한 한국 국적의 자본이 현지에서 보여주는 노동조합에 대한 적대적 태도를 보면 한국의 대다수 자본은 여전히 노동조합에 대한 적대적 시선과 태도를 갖고 있다는 것을 알 수 있다. 다만 힘이 있는 노동조합을 상대할 때만 어쩔 수 없이 양보와 타협을 하는 것이다.

노동조합에 대한 적대적 시선을 거두고, 노동조합 필요성을 학교 정규 교과 과정에서 가르치고, 대통령이 나서서 노동조합의 필요성을 말하는 그런 사회가 되어야 한다. 그리고 작업장 내 힘의 관계와 체계가 민주화되어야만 우리는 공장 감옥을 넘어설 수 있을 것이다.

한국GM 사무직 노동자운동

〈한겨레〉에서 기획한 '좋은 일자리 프로젝트'에 한국GM이 소개된 적이 있다. 기사 내용 중 일부다.

'국내 제조업종의 대기업 중' 일과 삶의 균형 면에서 직원의 높은 평가를 받는 기업이 있다. 한국GM이다.'[13]

〈한겨레〉에서 말하는 직원은 한국GM 사무직 노동자를 말한다. 한국GM 사무직 노동자는 정년도 보장되어 있고 특히 일하는 분위기가 자유롭고 남녀 간 차별이 거의 없다. 취준생인 큰딸은 주변에서 한국GM을 '숨어 있는 보석'이라고 부른다고 내게 말해 준다. 여성들에게는 정말 좋은 직장으로 인식되나 보다. 그런데 〈한겨레〉는 이런 근무 환경을 만든 원인을 '글로벌 GM의 기업 문화'라고 보도했다. 이 판단은 반은 맞고 반을 틀리다. 남녀 간 차별이 없는 것은 GM의 기업 문화 영향이 크다. 하지만 근무 환경이 전반적으로 좋아진 것은 GM의 기업 문화 때문이 아니라 바로 노동조합 때문이다.

노동조합이 없을 때 한국GM 사무직은 '자동차 산업의 사관학교'로 불렸다. 동종 업계 사무직에 비해서 임금도 낮고 근무 환경도 좋지 않기 때문에 젊고 유능한 연구기술직, 사무직 노동자들이 한국GM에 입사해서 어느 정도 경험을 쌓으면 조건이 더 좋은 회사로 이직하는 경우가 많았기 때문이다. 사무직 노동자들이 노동조합을 만들고 회사와 투쟁하면서 내걸었던 구호가 '차별 철폐'였다. 누구와? 바로 생산직과 차별을 철폐하라는 것이다. 87년 이후 생산직 노동자들은 일관되게 사무직과 차별 철폐를 요구했다. 89년에 내가 대우자동차에 입사했을 때만 해도 생산직과 사무직은 명찰 색깔도 다르고, 임금 수준도 차이가 많이 났다. 그런데 지금은 사무직 노동자들이 생산직과 차별 철폐를 외친다.

회사는 실제로 생산직과 사무직을 차별했다. 회사는 노동조합과 단체교섭을 통해 합의된 내용의 일부를 사무직에 적용하지 않는 방식으로 비용을 절감하곤 했다. 한 예로 2011년에 생산직은 700만 원의 성과급을 받았지만, 사무직은 250만 원밖에 받지 못했다. 또한 회사는 사무직 임금 인상과 성과급을 인사고과에 따라 차별적으로 정하는 성과연봉제를 실시했다. 예를 들어 A등급을 받으면 10% 임금 인상, C등급은 임금 인상이 0%가 되는 식이었고 성과급도 차등 지급하였다. 이러한 자본에 의한 차별과 경쟁을 통한 통제에 대한 저항이 사무직 노동자들을 노동조합으로 결집하게 만든 힘이었다.

또한 회사가 생산직 노동조합을 탄압하고 관리하는 데 동원되면서 느꼈던 사무직 노동자들의 굴욕감이 노동조합을 만든 힘이 됐을 것이다. 대우자동차 시절부터 회사와 노동조합 간 싸움에서 사무직 노동자들은 구사대 역할로 동원되었다. 91년 대기업 연대회의 사건으로 위원장과 노동조합 간부들이 대거 구속, 해고됐다. 그러던 어느 날 해고된 노동조합 간부 몇 명이 공장 담을 타고 넘어 들어와 공장 라인을 돌며 조합원들을 모으기 시작했다. 바로 그때 수많은 사무직들이 어디론가 뛰어가고 있었다. 바로 도장부 건물이었다. 조합원들이 도장부를 점거할 것을 우려한 회사는 사무직들을 동원해서 인의 장막을 만들었다. 정리 해고 투쟁 당시에도 사무직 노동자들은 도장부 건물에 들어가 같은 행동을 했다.

대우자동차 해외 매각 반대 투쟁 당시에 회사는 조합원들이 공장 안에 설치한 농성 천막 철거를 시도했다. 이때도 사무직 노동자들이 동원되었다. 농성하고 있던 조합원들과 몸싸움을 한 사람들은 노사협력부 직원 몇 명에 불과했고, 다수의 동원된 사무직들은 굳은 표정으로 가만히 서 있기만 했다. 이후 나는 몇몇 사무직 노동자들한테 이때 뿌리 깊은 굴욕감을 느꼈고 '반드시 노동조합을 만들겠다'는 결심을 굳혔다는 이야기를 들었다.

사무직 노동자들이 노동조합을 만들려는 시도는 여러 번 있었지만 그때마다 회사의 탄압과 생산직 노동조합의 비협조와 무관심 때문에 좌절되곤 했다. 1999년부터 대우자동차가 워크아웃 대상이 되면서 구조조정의 파도가 밀려들고 사무직 노동자들이 고용 불안이 커지자 노동조합에 대한 요구가 터져 나오기 시작했다. 그 요구가 너무 거셌기 때문에 회사는 그 물길을 정면에서 막으면 둑이 터져 버린다는 것을 알고, 터지지 않을 정도의 물길을 내어 준다. 당시 사무직들의 동호회 모임이었던 '대우자동차 사무노동 직장발전위원회'(일명 사무노위) 위원장을 직선제로 선출하고, 상근자도 보장해 주는 일종의 준노조 성격으로 만들어서 노동조합에 대한 사무직 노동자들의 열망을 달래고자 한 것이다. 하지만 사무직 노동조합의 건설에 대한 의지는 꺾이지 않았고 결국은 사무노위는 해산되고 금속노조로 직접 가입한 사무지부가 만들어졌다. 하지만 회사는 사무직 노동조합을 교섭 상대로 인정하지 않았다. 2012년 사무직 노동조합이 생산직 노동조합과 통합되면서 사무직 조합원의 수는 몇 백 명에서 순식간에 4,000명까지 늘어나게 된다.

사무직 노동자들이 노동조합으로 결집하면서 회사는 고립됐다. 회사 편은 소수 임원과 노사협력부 직원들뿐이었다. 회사는 노동조합원들의 바다에 고립된 섬이 되었고 이들은 단지 노동자들 내부 분열의 틈바구니에서만 살아남을 수 있게 됐다.

요즘 50대 중반이 돼 동창모임에 나가면 대기업이나 금융권에서 사무직으로 일하던 친구들이 직장을 잃은 모습을 많이 보게 된다. 대기업 임원을 하는 한 친구가 나에게 정년이 몇 살인지 물었다. 60세라는 나의 대답에 상당히 부러워한다. 그 친구는 국내 굴지의 재벌 기업 임원인데 그곳은 40대 임원이 대세란다. 50대인 자기는 그냥 붙어있는 것이 눈치가 보인다고 한다. 그나마 임원에 오르지 못한 사무직 노동자들은 그 전에 탈락해서 밀려나기도 한다. 한국의 자본은 사무직 노동자들을 경쟁이라는 맷돌에 갈아서 고혈을 쪽 빨아먹은 다음 쓸모없다고 내다 버린다. 밖에는 능력 있는 젊은 피들이 줄을 서서 기다리고 있기에 내다 버려도 아까울 것이 없다. 어릴 때부터 서열화된 대학의 높은 고지에 오르기 위해 입시 경쟁에 시달리고, 취업 경쟁에서 나름 성공해서 대기업이라는 문턱에 진입했지만 본전도 못 뽑고 버려지는 것이다.

나는 노조 집행 간부로 있었던 2012년, 사무직 노동자들이 노동조합의 한 식구가 된 후 첫 번째 '단체교섭 투쟁 전진대회'를 생각하면 지금도 가슴이 뛴다. 광장을 꽉 채운 조합원들, 특히 끝없이 밀려들어오는 사무직 노동자들의 행렬은 감동 그 자체였다. 사무직 노동자들의 억눌렸던 분노를 느낄 수 있었다. 그런데 그해 단체협약 잠정 합의안은 찬성 18.7%, 반대 81.3%라는 사상 초유의 비율로 부결됐다. 진원지는 사무직 노동자들이었다. 사무직 노동자들은 잠정 합의안에 단지 8.4%만이 찬성표를 던졌다. 임금과 성과급을 인사고과에 따라 차등 지급하는 성과연봉제와 성과급 차등지급제 폐지가 잠정 합의안에 들어가 있지 않았기 때문이다. 당시 노동조합은 자본의 경쟁 원리를 극복하려는 사무직 노동자들의 열망을 과소평가했던 것이다. 여기에 주간 연속 2교대제에 대한 불충분한 잠정합의안에 대한 생산직 노동자들의 불만이 보태졌다. 압도적 부결 후에 노동조합은 투쟁을 지속해서 인사고과에 따라 임금과 성과급을 차등 지급하던 성과연봉제와 성과급 차등지급제를 폐지했다. 그리고 주간연속 2교대제의 시행 시기를 확정했다. 두 번째 잠정합의안은 60% 찬성으로 가결됐다.

  한국GM 사무직 노동자들은 자본이 강요하는 경쟁 구조를 노동조합을 통해서 극복해 냈고 사무직 노동자들이 왜 노동조합으로 단결해야 하는지를 보여주었다. 나는 한국GM 사무직 노동조합의 활동이 한국 사회 사무직 노동운동이라는 관점에서 볼 때 그 의미가 과소평가되고 있다고 늘 생각해 왔다. 한국GM의 사례는 전국의 사무직 노동자들에게 하나의 모범으로서 널리 퍼져 나가야 한다.

  한국 사회는 오래전부터 육체노동과 정신노동 간 차별과 학력에 따른 차별이 심한 나라로 인식되어 왔다. 하지만 87년 이후 노동자들이 노동조합으로 단결하고 투쟁한 결과, 이러한 차별은 많이 극복되었다. 한국GM을 비롯한 대기업 생산직 노동자들의 가장 큰 자부심은 아마도 사무관리직과 임금 차이가 별로 없다는 데서 나온다. 그런데 정규직 노동자들의 상대적 고임금을 비난하는 목소리는 주로 생산직 노동자들을 향한다. 그리고 "우리는 뼈 빠지게 공부해서 대학을 가고 스펙을 쌓았는데, 어떻게 단순노동을 하는 노동자들 월급이 우리와 비슷하거나 더 많이 받을 수 있어?"라는 말들이 나오기도 한다. 이러한 사고방식의 뿌리에는 대학을 나오고, 시험을 쳐서 어려운 관문을 통과한 사람은 고임금을 받을 자격이 있지만, 아무나 할 수 있는 단순노동에 종사하는 생산직 노동자는 낮은 임금을 받는 것이 당연하다는 뿌리 깊은 육체노동과 정신노동 간 차별 의식, 학력 차별 의식의 잔재 때문 아닐까? 권력을 가진 자들이나 언론인, 학자들은 대기업 정규직 노동조합을 비판할 때, 항상 비정규직을 위한 듯이 포장한다. 그리고 유독 현대자동차 정규직을 필두로 주로 정규직인 대기업 생산직 노동자들을 비정규직을 외면하는 집단으로 공격한다. 비정규직 문제는 한국 사회 보편적인 문제이고 자기 옆에는 어디든 비정규직 노동자가 있다. 정규직 노동자들의 이기주의를 한탄하는 교수들은 정교수로서의 지위와 안정적인 수입이 시간강사, 조교들의 연구 노동을 착취한 결과는 아닌지 돌아봐야 한다. 정규직 이기주의를 비난하는 언론도 마찬가지다. 언론사의 데스크나 기자들 생활수준은 언론계 내부 무수한 비정규직 노동자들의 희생에 의해서 뒷받침되고 있는 것은 아닌가? 자기 옆의 비정규직에 대한 태도를 분명히 하지 않고 비정규직 문제를 논하는 것은 위선이다.

그리고 배제된 노동자들에 대한 차별의 뿌리에는 육체노동과 정신노동의 차별에 대한 의식이 끼여 있다. 국민의 딩 이인주 같은 사람이 '아무나 할 수 있는' 노동, '밥이나 하는 동네 아줌마' 노동이라고 말한 것처럼, 육체노동, 특히 여성 노동자들의 노동에 대한 비하와 평가절하가 배제된 노동자들의 저임금, 착취 구조를 재생산하는 토대가 아닌가?

한국GM에서 생산직 노동자와 사무직 노동자들이 노동조합으로 단결한 것은 이 두 그룹이 육체노동과 정신노동의 평등, 같은 노동자로서의 연대를 이뤄냈다는 것을 뜻한다. 문제는 육체노동과 정신노동의 차별 극복이 소수의 대기업 정규직 노동조합에만 국한된 채 사회 전체로 확산되고 있지 못하다는 데 있다.

심야 노동 탈출기

군대에 다녀온 대한민국 남성들의 공통점은 제대 후에도 군대와 관련된 악몽을 비교적 자주 꾼다는 점이다. 특히 군대에 다시 끌려가는 꿈이 대표적이다. 나도 나이 마흔이 넘어서까지 입영 영장이 나와서 정말 미치고 환장을 하다가 꿈에서 깨고는 '휴~ 다행이다' 하면서 한숨을 쉬었던 기억이 난다.

나는 다른 악몽도 꾸었는데 그 중 하나는 공장에서 컨베이어 라인을 타는 꿈이다. 컨베이어 라인 작업을 하는데 라인 속도를 따라 잡지 못해서 계속 뒤로 밀린다. 내가 작업하던 차를 놓쳐서 그 차를 찾아 헤매다 보니 내가 알지 못하는 이상한 공장에서 헤매고 있다. 그런데 주간연속 2교대제가 도입되고 나서 그런 꿈을 더 이상 꾸지 않는다.

내가 처음 대우자동차에 입사했을 때 주48시간 노동이었고, 잔업은 주간 근무 때는 3시간, 야간 근무 때는 2시간이었다. 주간 근무는 아침 8시에 출근해서 저녁 8시 반에 퇴근했고, 야간 근무는 저녁 8시 반에 출근해서 아침 8시에 퇴근했다. 주간과 야간 근무는 1주일 간격으로 바뀌었다. 문제는 주간조에서 야간조로, 야간조에서 주간조로 근무 방식이 바뀔 때 몸이 미처 바뀐 근무 방식에 따라가 주지 않는다는 점이다. 항상 내 몸의 생체리듬이 엉클어져 있었다. 야간 근무 때 잠이 몰려오면 라인을 타다가 서서 졸고, 손이 느려지면서 라인 속도는 쫓아가지 못하고, 잠은 깨지 않고 정말 미칠 것 같았다. 쉬는 시간이나 식사 시간마다 동료들이 바닥에 박스를 깔고 시체처럼 드러누워 잠을 청했다. 나는 잠을 잘 자는 편이지만 야간 근무 때 잠을 못 자는 사람들은 하루하루가 고통의 연속이었다. '전쟁 같은 밤일을 마치고 난 새벽 쓰린 가슴 위로 찬 소주를 붓는다.' 새벽이 되면 박노해의 시에 곡을 붙인 노래 말이 자연스럽게 입에서 흘러나온다.

'심야식당'이라는 일본 영화를 봤다. 밤에만 여는 술집에 얽힌 이야기다. 우리 회사 주변에는 24시간 영업하는 술집들이 많다. 새벽까지 술을 마시는 사람들이 많기 때문이다. 오래전에 늦은 밤부터 새벽까지 술을 마신 적이 있다. 정말 다양한 사람들이 차근차근 들어온다. 학원 선생들, 밤늦게까지 영업을 한 술집 주인들, 술집에서 일하는 젊은 여성들도 옆에서 술을 마신다. 어쩔 수 없이 마시는 술로 인한 스트레스를 자기들만을 위한 술로 푸는 것 같았다. 그리고 마지막에 야간 근무를 마친 우리 동료들이 들어온다. 나도 야간 근무를 마치고 사람들이 아침에 출근하는 모습을 바라보면서 술을 마셨다. 그리고 벌겋게 달아오른 내 얼굴을 사람들이 보면 어떻게 생각할까 걱정하곤 했다.

야간 근무를 마치고 집에 가서 잠을 청할 때면 우리 집 아파트 위층 어디선가에서 항상 피아노 소리가 들렸다. 잠결에 들리는 그 피아노 소리가 정말 좋았다. 만일 피아노 소리가 내 귀에 거슬렸다면 잠을 방해하는 끔찍한 소음이었을 것이고, 고통의 기억으로 남아 있을 것이다. 나는 지금도 피아노를 쳤던 그 누군가에게 감사하고 있다. 야간 근무를 마친 토요일 낮에 아이들의 재잘거리는 소리에 잠을 깨 거실로 나가서 아내와 아이들에게 인사한다. "얘들아, 그동안 잘 지냈니?" 1주일 만의 가족 상봉이다. 작은딸이 초등학교 때 학교에서 돌아오면 아빠는 언제나 자고 있었다. 과자를 사 먹겠다고 500원만 달라며 자고 있는 아빠를 깨운다. 아빠는 잠을 더 자기 위해서 얼른 500원을 주고 다시 잠을 청한다. 깨우기만 하면 군말 없이 500원을 주는 아빠. 작은딸은 학교에서 집에 오자마자 무조건 아빠를 깨운다. 그래서 잠을 편하게 자고 싶은 아빠는 자기 전에 머리맡에 500원을 꺼내 놓고 자기 시작했다. 나의 노동에 대한 기억 대부분은 심야 노동과 연결되어 있다. 그리고 이러한 심야 노동의 고통에서 벗어나는 것은 자동차 산업을 비롯한 모든 교대제 근무 노동자들의 가장 큰 꿈이었다.

　주간연속 2교대제의 실현은 현대자동차 노동조합에서 주도했지만 그 단초는 옛날 대우자동차 노동조합에서 시작됐다. 90년대 중반 대우자동차 노동자들은 일본의 이스즈와 스즈끼 자동차 공장에 연수 명목으로 6개월씩 일을 하고 왔다. 지금 외국인 노동자들이 한국에 들어와서 산업연수라는 명목으로 값싼 임금으로 착취당했던 것과 같다고 볼 수 있다. 아마도 회사는 대우자동차 노동자들이 일본 자동차 공장의 노동 규율을 배우기 바랐을 것이다. 하지만 일본에서 연수를 마치고 돌아온 조합원들은 우리와는 다른 일본의 근무 형태를 이야기했다. 주야 8시간 노동에 잔업을 주야 1시간 정도 해서 새벽 2시면 근무가 끝나는 형태다. 이를 연속 2교대제라고 불렀다. 조합원들은 일본에서 경험한 근무 형태가 좋다고 했다. 지금 우리가 시행하고 있는 주간연속 2교대제보다는 잔업의 여지를 열어놓은 조금 느슨한 형태이다. 그래서 나와 동료들은 연속 2교대제의 실행을 위원장 선거 공약으로 제출하고, 당선이 되고 난 후 '심야 노동이 건강에 미치는 영향'과 '연속 2교대제와 월급제 시행 방안'이라는 연구 사업을 진행하고 그 결과를 책자로 발행했다. 그리고 1997년 단체교섭을 통해 '연속 2교대제 시행'에 대한 노사 간의 합의를 이끌어 냈다. 구체적인 시행 방안은 추후에 노사 간에 협의하는 것으로 되어 있었다. 하지만 97년 말 IMF 사태가 터지면서 그 합의는 시행되지 못하고 공중으로 증발해 버렸다. 그 후에 우리는 구조조정과 정리 해고라는 위기에 대응하는 데 모든 것을 걸어야만 했다. 대우자동차에서 증발해 버린 심야 노동 철폐의 꿈을 현대자동차 노동조합이 다시 살려냈다. 대우자동차 노동조합이 생각했던 '연속 2교대제'에서 잔업의 여지를 없애고 보다 급진화시켜 '주간연속 2교대제'라는 이름으로 부활한 것이다.

　현대자동차 노동조합이 2000년대 초부터 주간연속 2교대제를 교섭 의제로 제기하기 시작해 2010년 합의에 이르기까지 10년 가까이 노사 간 치열한 공방이 계속됐다. 그리고 2012년과 2013년에 걸쳐 한국GM 노사도 주간연속 2교대제 도입에 합의했다.

전반조는 아침 7시 출근해서 8시간 노동을 하고 오후 3시 40분에 퇴근하고, 후반조는 오후 3시 40분에 출근해서 8시간 노동 후 다음날 12시 20분에 퇴근한다. 식사시간은 이전 50분에서 40분으로 줄었다. 필요시 10분 휴식 후에 1시간 20분 잔업을 할 수 있고, 잔업을 마치면 새벽 1시 50분에 퇴근하는 근무 형태가 합의 내용이었다. 나는 노동조합 정책실장으로서 주간연속 2교대의 실무 협상을 진행했고 합의에 도달했을 때 노동조합이 과제를 완수했다는 기쁨과 함께 나 자신이 심야 노동에서 해방됐다는 것 때문에 정말 기뻤다. 노동조합 간부의 임기를 마치고 현장으로 복귀했을 때 밤샘 노동을 하지 않아도 되는 하루하루가 너무 좋았다.

10년 이상 진행된 자동차 완성사-부품사 중심의 주간연속 2교대제 쟁취 투쟁은 임금-고용에 갇혀 있던 대기업 정규직 노동조합 운동에서 '삶의 질 변화를 추구한' 아주 중요한 투쟁이었다. 한국GM 노동자들 삶의 질도 주간연속 2교대제로 커다란 진전을 이루었다. 조합원들에게 '주간연속 2교대제 이전으로 돌아가라'는 것은 군대 다시 가라는 것과 같아서 꿈에도 상상할 수 없는 일이다. 하지만 주간연속 2교대제로 삶의 질을 풍요롭게 만들 기회를 우리는 충분히 활용하지 못했다. 심야 노동에서 해방되고 주중 잔업이 줄었지만 토요일, 일요일 특근이 늘어나는 일종의 풍선 효과가 발생했다. 상여금이 통상임금화되고 잔업, 특근수당이 대폭 늘어나면서 잔업, 특근에 대한 조합원들의 집착은 더 커졌다. 주간연속 2교대제의 노동시간 단축-여가 시간의 확대의 의미가 퇴색되어 버린 것이다. 또 하나는 문화와 여가 활용 등 시간의 여백을 채울 능력을 키울 조건을 만들지 못했다. 반면에 비정규직 노동자들은 주간연속 2교대제 시행으로 임금 보전이 안 되면서 실질 임금이 대폭 하락하는 결과를 낳았다. 이제 우리는 주간연속 2교대제로 인해 만들어진 삶의 질을 변화시킬 수 있는 가능성이 왜 닫혔는지, 어떻게 다시 그 가능성을 열 수 있는지를 모색해야 한다.

시간에 대하여: 돈과 삶의 부등가 교환

금요일 작업이 끝났다. 나는 토요일과 일요일의 달콤한 휴식을 그리며 탈의장을 나선다. 한 동료가 나에게 말한다.
"주말이네?"
그에게는 주말이 아니다. 토요일, 일요일 특근을 위해 출근해야 한다.
퇴근하면서 내가 그에게 인사한다.
"주말 잘 보내라고 말은 못하겠고, 고생 좀 해."
그가 대답한다.
"열심히 돈 벌어야지요."
주말과 휴일을 보내고 월요일 출근 길, 공장에서 만난 동료들은 주말 특근으로 피곤한 얼굴들이다. 내게 말을 건네는 말에 부러움이 묻어난다.
"푹 쉬어서 좋겠네."
나는 동료들의 건강이 걱정된다. 하지만 동료들은 나의 얄팍한 월급봉투를 걱정할지도 모른다. 그렇게 우리의 휴일과 돈은 교환된다. 나는 가끔 월차휴가를 사용한다. 직장에게 문자로 휴가를 쓰겠다고 하고 집에서 쉰다. 초등학교 다니던 작은딸은 이런 아빠를 너무 부러워했다.
"우리도 가끔 학교 가기 싫으면 안 가도 되면 좋겠어!"

나는 딸에게 말했다.

"너는 방학이 있는데 아빠는 방학이 없어. 아빠 월차 쓰는 거하고 너 방학하고 바꿀까?"

"싫어!"

사실 나는 딸에게 거짓말을 한 거다. 과연 우리에게 방학이 없을까? 한국 GM을 비롯한 대기업 정규직 노동자들은 생산직이든 사무직이든 법으로 정해진 휴가 일수보다 훨씬 많은 휴가일수를 단체협약으로 보장받고 있기 때문에 마음만 먹으면 긴 휴가를 즐길 수 있다. 하지만 대부분 그 휴가를 쓰지 않고 돈으로 받는다. 그렇게 우리의 휴가 갈 권리는 돈과 교환된다. 내가 처음 대우자동차에 입사했을 때 노조의 주요 요구 중 하나가 '강제 잔업, 특근 거부'였다. 하지만 지금은 누구도 강제로 잔업하고, 특근하고, 연월차 대신 수당으로 돈을 받는다고 생각하지 않는다. 돈을 벌기 위해 스스로 선택한 결정이라고 생각한다. 그런데 정말 자발적인 선택인가? 강제적인 건 아닌가?

한국GM 비정규직 노동자들은 잔업, 특근과 연월차 사용의 제한이 명백히 강제적이다. 비정규직 노동자가 잔업, 특근에 빠지든지, 연월차 휴가를 쓰면 그 자리를 대체할 수 있는 인원이 없다. 구조적으로 잔업, 특근과 연월차 사용 제한을 강제하고 있다. 또한 잔업, 특근을 하지 않으면 생계를 유지할 수 없는 최저임금 수준의 낮은 임금도 잔업, 특근을 강제하는 경제적 요인이 된다. 정규직 동료들도 이야기한다.

"누가 잔업 특근 하고 싶어서 하나? 먹고 살려니 어쩔 수 없는 거지."

하지만 정규직 노동자들은 생활은 조금 쪼들릴지 모르지만 잔업, 특근에 목을 매지 않아도 생활할 정도의 임금 수준은 된다. GM이 대우자동차를 인수하고 나서 GM 경영진들은 대우자동차를 '꿈의 공장'이라고 불렀다. 지금은 임금이 올랐지만 당시만 해도 상당히 낮은 임금 수준에, 품질도 좋고, 파업도 별로 안 하고. 여기에 결정적 이유가 하나 더 붙는다. 주문하는 대로 만들어 내는 공장!

아마도 GM의 전 세계 공장 중에서 주문 물량에 맞추어서 생산량을 맞출 수 있는 공장은 한국GM이 유일할 것이다. 한국 경영진들은 GM에 가서 '우리는 얼마든지 만들 수 있으니 물량만 달라'고 이야기한다. 그래서 부평 1공장은 풀 잔업, 풀 특근을 해야 겨우 맞출 수 있는 물량을 따왔다. 회사 경영진은 입이 벌어졌고, 조합원도 좋아한다. 하지만 군산, 부평 2공장, 엔진공장 등 나머지 공장은 잔업, 특근은커녕 비계획적 휴무(TPS. 생산 물량이 없거나 장비 고장 등의 사유로 인한 휴무)를 반복하고 있다.

잔업과 특근의 강제성은 일차적으로 기존 인원과 설비를 최대한 활용하고, 생산량의 변동은 초과근무를 최대한 활용해 대응하는 자본의 생산 전략에서 나온다. 추가적인 인원 채용보다는 기존 인원의 잔업, 특근 증가로 생산량 증가에 대응하는 것이다. 잔업, 특근과 연월차 사용 제한을 통해서만 유지되는 자본의 생산 시스템 자체가 구조적인 강제다. 잔업, 특근과 연월차 사용 제한이 원활한 생산의 전제가 되기 때문에, 이 문제를 둘러싸고 현장 관리자들과 노동자들 사이에 일상적인 갈등이 발생한다. 근태 관리를 잘못하는 직장은 상급자에게 무능한 직장이라고 질책을 받는다. 직장은 노동자들을 심리적으로 압박한다. 관리자들의 압박을 받는 노동자는 '에이 차라리 잔업, 특근을 하자. 어차피 공짜로 일하는 것도 아니고 나도 돈을 벌어서 좋은 것 아닌가'라고 생각할 것이다.

잔업과 특근을 거의 안 하고, 연월차를 대부분 사용하는 한 동료가 불만을 토로한다. "왜 다들 나를 이상한 놈으로 취급하는지 모르겠어." 공장에는 잔업, 특근 빠지지 않고 연월차 사용을 거의 하지 않는 근태가 좋은 사람과 그 반대인 근태가 나쁜 사람이 있다. 물론 여기서 좋다, 나쁘다는 회사 쪽 입장에서 볼 때 그렇다는 것이다. 그런데 어느 틈에 근태가 좋은 사람은 성실한 사람, 근태가 나쁜 사람은 불성실한 사람이 됐다. 사람 자체에 대한 평가 기준으로 슬그머니 바뀌어 버린 셈이다. 그런데 이러한 근태에 관한 가치 규범은 회사에 의해서 강제로 지속적으로 만들어진다. 부서를 옮기고 싶어서 신청하면 받는 해당 부서는 '근태 좋은 사람을 보내라'며 근태가 나쁜 사람은 받지 않겠다고 한다. 비정규직을 정규직으로 발탁 채용할 때도 근태가 중요한 기준이다. 이 때문에 정규직이 되고자 하는 비정규직 노동자들은 이 기준에 들기 위해 아파도 쉬지 못하고 일해야 한다. 2001년 정리 해고 순위를 정할 때도 근태는 중요한 기준 항목이었다. 그럼에도 노동자들은 자신은 돈 때문에 자발적으로 선택한 것이라고 생각한다. 자본에 의한 강제를 노동자들 스스로 내면화시키면서 자발적인 선택으로 착각하고 있는 것은 아닐까?

이렇게 표현할 수도 있겠다. 자본은 홈을 파고 생산에 유용한 방식으로만 노동자 욕망이 흐르도록 노동자를 훈육한다. 이들에게는 노동자들의 풍부한 욕망, 삶의 총체적 실현은 중요하지 않다. 오로지 효율적인 노동력만을 필요로 하기 때문이다. 그리고 그 흐름에서 벗어나는 노동자들을 제재한다. 근태를 기준으로 모든 것을 평가하고 여기에 상벌 체제를 부과한다. 그리고 자본이 생산의 필요에 의해서 만든 이 규범은 사람의 질을 평가하는 규범으로 확대된다. 근태가 좋은 사람은 성실한 사람, 근태가 나쁜 사람은 불성실한 사람이 되고 이러한 규범을 노동자들 스스로 내면화한다.

얼마 전 한 직장 동료에게서 들은 이야기다. 잔업과 특근이 많은 부서에서 근무하는 한 조합원이 있다. 이 조합원은 휴일에 하루도 빠지지 않고 출근했다. 그런데 그의 아내는 휴일에 단 하루도 쉬지 않고 출근하는 남편에게 불만을 토로했다. 어느 날 이 아내의 통장에 1,000만 원이 입금됐다. 남편이 보낸 것이다. 아내가 물었다.

"뭔 돈이야?"

"휴일에 출근하는 나한테 불만이 많았지? 이 돈 만드느라 그랬어."

이러한 남편의 선물에 아내는 감동한다. 정말 착하고 좋은 남편이다. 하지만 남편이 아내에게 주는 선물이 휴일을 통째로 반납하고 얻은 1,000만 원이 아니라 휴일에 가족과 함께 즐겁게 보내는 하루하루의 일상일 수는 없었을까 생각했다.

우리 노동자들은 정말 착한 사람들이다. 자기 혼자 잘 먹고 잘 살려고 쉬지도 못하면서 잔업, 특근에 매달리는 건 아니다. 예전에 누군가 나에게 말했다. "나도 부인이 맞벌이를 하면 잔업, 특근 안 해." 가만히 계산을 해 보니 쥐꼬리만 한 내 아내 월급이 내가 잔업, 특근을 풀로 했을 때 버는 정도는 되는 것 같았다. 많은 조합원들은 부인이 맞벌이해서 가정 경제의 부담을 나누기 바란다. 그런데 조합원들의 잔업, 특근 수당은 많이 늘었지만, 부인들의 수입은 고생하는 것에 비하면 터무니없이 적다. 그러면 남편은 말한다. "내가 특근 한 대가리라도 더 할 테니까 당신은 고생 그만해." 그렇게 아내는 가정으로 소환된다.

그래서 남편은 돈을 잘 버는 가장이 되고 가족들은 돈 잘 버는 가장을 응원한다. 남편이, 아빠가 휴일에도 열심히 나가야 우리 집은 부자가 된다. 이렇게 열심히 일하는 남편을 위해 보약은 챙겨 줘도 "여보, 휴일에는 쉬어"라고 말하는 부인은 드물다. 건강도 열심히 챙긴다. 병들어 돈을 못 벌어오면 안 되기 때문이다. 아내들은 남편들의 월급을 비교하고, 자식들은 좋은 메이커 운동화를 사달라고 하면서 열심히 남편, 아빠의 등을 공장으로 떠민다.

나는 잔업은 좀 하지만 휴일 특근은 하지 않는다. 그것을 원칙으로 하고 있다. 그런데 이러한 원칙이 흔들린 적이 있었다. 대의원에 출마했다가 낙선했다. 조합원들과 좀 더 가까워지려면 그들에게 성실한 이미지를 줘야겠다고 판단했다. 그래서 아내에게 말했다.

"이제 나도 휴일 특근 좀 해야 할 것 같아."

아내는 발끈한다.

"평일에도 얼굴 제대로 못보고 사는데 휴일마저 떨어져 지내자고? 집안일도 나 혼자 다하라는 거야? 그건 안 돼!"

"조합원들 눈치도 있고 해서……"

아내는 단호하다.

"눈치보고 살려고 노동운동했어?"

나는 지금도 그때의 아내를 고맙게 생각한다.

내 가까이에서 일하는 비정규직 노동자들은 대부분 맞벌이다. 맞벌이를 해야 간신히 아이들 학비도 마련하고 생활도 유지할 수 있기 때문일 것이다. 하지만 정규직의 경우는 잔업, 특근으로 벌어들이는 남편의 수입이 비정규직 노동으로 벌이들이는 부인의 총수입보다 훨씬 많다. 이런 커다란 격차는 대기업 정규직 노동자들에게 경제는 남자가 책임지고 여자는 가정을 책임진다는 남성 가족 부양자 모델을 강제하면서 잔업, 특근의 굴레에 더욱 얽매이게 만든다.

이제 남편과 부인은 가정 경제를 공동으로 책임지면서 부인은 자기실현의 기회를 찾고 남편은 잔업, 특근의 굴레에서 벗어나야 한다. 그런데 전제가 있다. 같이 돈을 벌면 가사노동도 같이 책임져야 한다. 가사노동이 하기 싫어서 부인이 맞벌이하는 것을 반대하는 동료도 있다. 그는 이렇게 말한다.

"특근 몇 개 더 하고 말지. 청소 설거지는 죽어도 하기 싫다."

가족은 남편과 부인이 공동으로 책임을 지는 거다. 함께 돈도 벌고, 함께 가사노동도 분담하고, 함께 쉬고 함께 놀아야 한다. 그리고 아내의 노동, 여성 노동의 값어치가 올라가야 한다. 자식들의, 청년들의 노동 값어치도 올라가야 한다. 그리고 정규직 남편은 더 적게 일해야 한다.

초과근로를 비노조원보다 노조원들이 많이 한다? 몇 년 전 노동시간과 관련해서 금속노조가 개최한 토론회에서 배규식 박사는 '노동조합이 초과근로를 줄이는 역할보다는 오히려 늘리는 역할을 한다'는 가설을 제시했다. 노동조합은 실제 노동시간 단축보다는 잔업, 특근 확보를 통해 임금 총액을 늘리는 데 관심이 더 많다는 것이다. 급여 수준이 낮으면 생활수준을 유지하기 위해서 잔업, 특근을 많이 한다. 그런데 급여 수준이 높아지면서 잔업, 특근이 다시 급상승하는 연구 결과도 발표됐다. 말하자면 잔업, 특근이 돈이 되기 때문이다. 또한 공장 규모가 커질수록 연차 소진률이 줄어든다는 연구 결과도 있다. 연차를 휴가로 쓰는 것이 아니라 돈으로 타는 경향이 커진다는 뜻이다.[14]

유럽의 노동시간 단축 경로를 보면 단축에 관심이 많은 노동조합이 임금 총액 증가에 관심이 많은 개별 조합원들을 설득하면서 진행되어 왔음을 보여준다. 지금도 유럽 노동조합 간부들은 잔업, 특근을 너무 많이 하는 조합원들을 찾아가 노동시간을 줄일 것을 설득한다고 한다. 하지만 한국에서는 노동조합이 잔업, 특근을 늘리는 데 앞장을 선다. 조합원들은 "잔업 특근 없어서 못 살겠다"고 외치고, 노동조합은 "잔업, 특근 없는 고통을 바로 잡겠다"고 답한다. 하지만 '장시간 노동의 고통'에 대해서는 어느 누구도 말하지 않는다. 12시간 초과근로를 금지하는 법 조항이 만들어진 지는 상당히 오래되었다. 하지만 그 동안 이 법 조항은 거의 사문화됐다. 이는 자본과 노동 간의 오랜 기간 침묵의 카르텔 덕분이다. 회사는 법 조항을 무시하고 마음대로 잔업, 특근을 시키기 위해서, 노조는 조합원들의 잔업, 특근에 대한 요구

때문에 공공연한 법 위반에 눈을 감고 묵인해 왔고, 감시와 감독을 해야 할 노동부 역시 자신의 역할을 방기해 왔다. 고용 문제가 쟁점이 되면서 몇 년 전부터 노동부에서 12시간 초과근로에 대한 제재를 하기 시작했다. 하지만 12시간 초과근로의 범주에 주말 특근을 제외됐다.

시간과 돈의 교환만이 있는 것은 아니다. 노동조합과 회사는 교섭을 통해서 노동 강도, 노동의 인간화, 건강, 안전, 문화 등 삶의 질과 연관된 요구와 돈을 끊임없이 교환해 왔다. 자동차 공장에서 컨베이어 작업은 힘들다. 특히 조립 라인의 단순 반복 작업과 강도 높은 노동은 신체와 정신을 피폐하게 만들고 근골격계 질환 등 몸을 불구화시킬 수도 있다. 그래서 컨베이어 작업의 단순 반복성과 높은 노동 강도, 신체에 무리가 되는 작업 방식을 개선하고 노동의 보람을 더 느낄 수 있는 작업 방식으로 바꾸는 것, 즉 '노동의 인간화'는 전 세계 자동차산업 노동조합의 공통 과제였다. 물론 한국GM 노동조합은 이러한 문제에 많은 노력을 기울이고, 조합원들 역시 노동 강도나 작업 방식을 둘러싸고 현장에서 많은 싸움을 한다. 그런데 컨베이어 노동에 대한 해결책은 결국은 수당으로 귀결되고 만다. 조합원들은 '조립 라인 노동의 고통을 보상하라'고 외친다. 그래서 라인 수당(컨베이어 라인 작업을 하는 모든 노동자들에게 주는 수당)이 생기고, SIC 수당(컨베이어 라인 작업의 강도에 따라 등급을 매겨 수당을 주는 방식)이 생기고, T/C 수당(컨베이어 라인 작업 중 가장 힘든 조립 라인에 근무하는 노동자에게만 주는 수당)이 생긴다. 컨베이어 노동의 고통에 대한 금전적 보상에 집중하는 만큼 근본적인 개선책을 만드는 노력은 소홀해지기 마련이다. 그리고 유해 물질을 취급하는 것, 과도한 소음에 노출되어 있는 것, 위험한 작업을 하는 것에 대한 보상으로 특수작업수당을 받는다. 그러면서 유해 물질을 여전히 마시고, 과도한 소음에 노출되고, 위험 작업을 감수한다. 87년 이후 우리는 많은 권리를 따냈다. 노동시간도 48

시간에서 40시간으로 줄고, 휴가도 늘었고, 주간연속 2교대제도 시행되고 있다. 노동 강도, 산업 안전, 작업 환경에 대한 많은 권리들이 생겼다. 그런데 삶의 질과 관련되어 획득된 권리들이 다시 돈과 교환되고 있다.

나는 이를 '돈과 삶의 질의 부등가 교환'이라고 부르겠다. 자본이 잔업과 특근, 연월차 사용을 제한하는 강제 구조가 있다. 그리고 노동조합과 조합원은 '돈과 삶의 질의 교환'을 반복한다. 그러면서 장기적으로 삶의 질보다 돈을 우선시 하는 가치가 내면화되고, 돈은 많이 받지만 장시간 노동 등 삶의 질을 개선하는 일은 여전히 안 되고 있다. 우리의 몸과 삶은 고통 속에서 몸부림치고 있지만 돈과의 교환에서 그 고통이 '자발적인 선택'인 것으로 은폐되고 있을 뿐이다.

이제 우리는 자본에 의한 장시간 노동을 강제하는 구조를 바꾸려는 싸움을 지속해야 해야 한다. 그런데 이 싸움에는 '돈과 삶의 질의 교환'을 반복하면서 삶의 질보다는 돈에 더 큰 가치를 부여하고 있는 우리 자신의 가치관의 변화가 우선되어야 할 것이다.

노동자, 두 개의 삶: 돈 버는 맛과 노는 맛

대우자동차는 김우중의 세계 경영 일환으로 90년대 중반 동구권의 자동차 공장을 여러 군데 인수했다. 그런데 그 나라들의 서비스 수준이 낮아서 한국에서 직접 서비스 팀을 파견하여 자동차를 수리해 줬다. 잘 아는 동료가 그 팀으로 뽑혀 파견됐다. 부품은 한국에서 가져가지만 수리를 위해서는 현지 노동자 도움이 필요하다. 한번은 루마니아에 갔었는데 국내팀은 다른 나라로 건너가기 위해서 루마니아 작업을 서둘러 마쳐야 했다. 현지 노동자들에게 잔업을 제안했다. 하지만 잔업에 응하는 사람이 거의 없었다. 가족과 저녁 약속이 있어서, 축구 보러 가야 해서 등 이유도 제각각이다. 잔업수당을 올렸다. 그래도 없다. 결국 일정을 재조정할 수밖에 없었다. 루마니아 노동자들은 돈은 나중에 벌어도 되지만 지금 해야 할 일은 시간이 지나면 못한다고 생각한다. 한국의 노동자들은 지금 해야 할 일은 나중으로 미뤄도 되지만 돈을 벌 수 있는 기회는 놓쳐서는 안 된다고 생각한다.

한국GM은 잔업, 특근이 많은 부서와 잔업, 특근이 없을 뿐만 아니라 정상 근무시간도 제대로 채우지 못하는 부서로 확연이 갈린다. 그래서 한국GM에는 두 부류의 노동자들로 나뉘고, 두 가지 삶의 형태가 공존한다. 내가 일하는 부서는 주중 잔업도 꽉 채우고, 토요일, 일요일까지 특근을 한다. 군산 공장을 비롯해서 다른 부서는 잔업, 특근이 없거나 1주일에 2~3일만 근무하기도 한다. 모두들 잔업, 특근이 많은 부서를 부러워하고, 지원을 가서라도 잔업, 특근을 하려고 하고 자리가 비면 서로 오려고 한다. 일이 없는 부서는 장래를 불안해하고 생계의 어려움을 호소한다.

그런데 이렇게 갈라진 두 개의 삶 중 과연 어느 쪽이 더 행복할까? 이러한 질문에 당장 분개한 목소리로 반박할 것이다. 일거리가 없어서 미래에 대한 불안감에 떨고 있는데 무슨 행복 운운하느냐고. 일주일에 2~3일 일하는 공장이 어디 정상적인 공장이냐고.

물론 정상은 아니다. 일거리가 없어지는 공장이 늘어나면 기업의 생존도 불투명해지는 것은 맞는 이야기다. 하지만 미래의 안정적 고용을 위해서 노력은 해야 하지만 여유 시간이 많은 현재의 삶을 불안과 고통으로만 해석해야 할 이유는 어디에도 없다.

오래 전에 한국GM 동료들은 현대와 기아를 부러워했다. 우리는 잔업, 특근이 별로 없는데 현대와 기아 노동자들은 잔업, 특근도 많고 성과급도 많아서 급여에서 많은 차이가 났었다. 그래서 '현대, 기아에 비하면 우리는 비정규직'이라는 불만이 쌓였다. 그때 나는 동료들에게 말했다.

"현대, 기아 노동자들이 과연 노는 맛을 알까? 그 친구들이 더 불쌍할 수도 있어."

주3일밖에 일이 없던 부서에서 일하던 한 동료가 너스레를 떨곤 했다.

"우리는 전 세계에서 노동시간이 제일 짧아. 프랑스 노동자들 하나도 안 부럽다."

2008년 미국발 금융위기가 터지고 GM이 파산 신청을 하면서 한국GM 전 공장의 가동률이 뚝 떨어졌다. 일하는 날보다 노는 날이 훨씬 많았다. 조합원들은 회사 장래를 불안해한다. 나는 그때 "지금의 휴식이 앞으로 우리 생명을 10년은 연장시킬 거야. 긍정적으로 생각하자"며 우울해하는 동료들을 달랬다. 회사 사정으로 인한 강요된 휴가일망정, 휴가는 휴가 아닌가? 이 시기를 나는 비록 돈은 없지만 동료들과 많이 어울리고, 산에도 다니고 했던 나름 행복했던 시절로 기억하고 있다. 시간에 대한 부담은 없지만 술값에 대한 부담 때문에 1인당 돈 1만 원씩 걷어서 동료들과 값싼 안주로 다음 날 노동에 대한 부담 없이 술을 마셨다. 동료들은 2차를 가기보다는 당구장으로 향한다. 돈이 없는 만큼 거기에 맞는 놀이문화가 형성되는 것을 느꼈다. 나는 당시 동료들의 입에서는 불안하다는 말이 끊임없이 흘러나왔지만 얼굴 표정은 피로감이 없이 항상 밝았고, 몸은 가볍고 활기찼던 것을 기억한다.

다시 공장은 정상 가동되기 시작하고 잔업과 특근이 늘기 시작한다. 동료들의 몸이 지쳐가는 것을 느꼈고 함께 어울릴 시간은 줄어들었다. 반면에 소비가 바뀐다. 자전거를 바꾸고, 아웃도어 복장은 고급 브랜드를 사서 입고, 차도 바꾼다. 회식 횟수는 줄어들지만 이전보다 더 비싸고 맛있는 안주를 놓고 술을 마시고 2~3차까지 간다.

　일거리가 줄면 조합원들은 두 개의 선택으로 갈린다. 첫 번째가 잔업, 특근이 많은 부서에 지원을 가거나 노가다나 부업을 해서 돈을 버는 경우다. 두 번째는 비록 잔업과 특근이 많은 부서를 부러워하더라고 현재의 여유를 편하게 즐긴다. 또한 일거리가 줄고, 수입이 줄고, 시간의 여백이 많아지는 것에 대한 사람들의 태도와 해석이 갈린다. 어떤 사람들, 특히 노동조합 간부들은 이를 비정상적이고 극심한 고통으로 묘사한다.

　"잔업과 특근이 없어서 가족의 생계가 어려워지고, 남들 다 출근해야 하는데 출근할 곳이 없이 집에만 처박혀 있어야 한다. 혼자 낮에 돌아다니면 남들 눈에도 이상하게 보인다."

　이러한 시간 여백의 고통을 호소하는 조합원들도 있다.

　"남들 다 출근하는데 방구석에만 뒹굴고 있으면 내가 쓸모없는 사람처럼 느껴져서 괴롭다."

　그런데 꼭 이렇게 생각하지 않고 자신에게 주어진 시간 여유를 즐기는 사람들도 의외로 많다. 줄어든 노동과 늘어난 여가 시간은 알게 모르게 노동자들에게 다른 삶의 가능성을 열어 준다. 텃밭도 하고, 취미 생활도 가지고, 부부 관계도 친밀해지고, 자녀들과도 많은 시간을 보낸다. 한 동료는 장기간 일거리가 없는 현실에서 자식들의 육아를 전담했다. 아이들 숙제도 봐 주고 같이 축구장도 가고, 여행도 다닌다. 아이들과 아주 친밀한 관계를 만들어 낸다. 가사노동도 상당 부분 담당하고 부인은 이런 남편의 도움으로 자기 계발도 하고 돈도 번다. 또 한 동료는 오랫동안 넓은 텃밭 농사를 지으면서 전원생활의 즐거움을 느낀다. 텃밭 수준을 넘어서 거의 농사꾼 수준이고 시간만 나면 텃밭에 가서 밭을 일군다. 지금은 시골에 황토집도 짓고 새로운 노후의 삶을 준비한다.

우리 큰딸은 취준생이다. 그런데 큰딸에게는 두 개의 감정이 공존한다. 첫 번째는 '빨리 취직해서 이 불안한 생활에서 벗어나고 싶다'는 희망의 감정이다. 두 번째는 '취직을 하면 그동안 나름 자유로웠던 생활이 끝나고 회사에 얽매인 삶을 살아야 한다'는 우려의 감정이다. 끔찍한 노동이 시작되는 것이다. 그래서 짜증이 난다. 그래서 '빨리 취업하고 싶다'는 말과 '취직하기 싫다'는 말이 엇갈리면서 반복된다.

불안하지 않는 미래, 고용 안정은 우리의 중요한 목표다. 일이 없으면 회사 장래에 대한 불안감이 커지는 것은 당연하다. 하지만 과연 노동자들에게 일거리만 있으면 행복한가? 노동에서 자유로워지고 싶은 욕망은 없는가? 그리고 노동에서 자유롭게 되지는 않더라고 보다 적은 노동, 노동의 굴레에 매여서 허덕대지 않는 보다 나은 삶의 질에 대한 욕망은 없는가?

불안하다고? 하지만 항상 위기와 불안 속에 살아가는 게 노동자 인생이 아니던가? 그래서 불안에 지배당하지 않고 현재의 삶을 즐길 줄 아는 삶의 태도는 정말 중요하다. 그리고 시간의 여백을 채울 수 있는 힘과 능력을 키우는 것 또한 정말 중요하다. 그런 낙천적이고 긍정적인 태도에서 미래의 고용을 지킬 수 있는 힘도 나오는 것이 아닐까?

회사 인간: 비어 버린 나의 삶

몇 년 전 노동조합 간부로 있을 때 주간연속 2교대제 시행을 앞두고 현장을 돌다가 한 조합원의 기습적인 질문에 정말 당황했다. "낮에 4시면 집에 들어가는데 할 일도 없고 시간만 낭비하는 거 아닌가요?" 이 조합원의 말이 계속 머릿속을 맴돌았다. 낭비? 무엇이 낭비지? 그러면 어떻게 하는 것이 낭비가 아니지? 노동하는 것은 낭비가 아니다. 노동을 하면 뭔가를 생산하고 그 대가로 임금을 받아서 가족을 부양하니까. 노동을 위해서 잠을 자는 것은 낭비가 아니다. 내일의 노동을 위한 재충전이니까. 노동으로 인한 스트레스를 풀고 동료들과의 인간관계를 돈독하게 하는 술자리도 낭비가 아니다. 그렇다면 무엇이 낭비일까? 나만을 위한 시간, 비어 있는 시간은 낭비다. 낮 4시에 집에 들어간다. 집에는 나만이 있다. 할 일이 없다. 그래서 낭비다. 그런데 정말 그럴까? 뒤집어 보자. 비어 있는 시간은 새로움으로 채우고, 나를 충만하게 만들 수 있는 가장 소중한 시간이다. 심심함은 창조의 어머니다. 심심해야 생각하고 뭔가 새로운 것을 찾아낸다. 하긴 한국 사회는 어린 아이들이 심심해하고 할 일 없이 빈둥대는 것도 눈 뜨고 못 보는 사회 아닌가?

대기업 정규직 노동자들은 삶의 의미와 내용을 회사에서 찾는다. 공장에서의 노동, 동료들과 인간관계 등 낯익은 회사 생활이 삶의 거의 전부다. 그래서 그 의미와 내용을 채우기 위해서 줄기차게 회사로 간다. 회사에 와서 돈을 벌고, 회사 동료들과 술을 마시면서 자신의 존재 이유를 느낀다. 심지어 회사 쉬는 날에도 자전거를 타고 들어와 회사 한 바퀴를 돌고, 회사 식당에서 점심을 먹고 가야 마음이 놓인다는 조합원도 있었다. 그리고 10여 년 동안 휴가 한 번 안 쓰는 조합원도 있다.

물론 가족이 있다. 노동자들은 가족의 생계에 대한 책임 때문에 장시간 노동을 감수하는 것 아닌가? 하지만 장시간의 노동은 가족과 보내는 시간을 빼앗아 버린다. 내가 한 동료에게 물었다.

"가끔은 휴일에 쉬어야 되지 않아?"

"마누라가 휴일에 집에 있는 걸 싫어해."

그의 대답이다. 또 이어지는 말.

"아이들도 불편해 해."

돈 벌어오는 남편과 가족의 생활은 서로 엇갈린다. 같이 쉬는 방법을 만들지 못한다. 남편, 아빠의 휴식은 다음 날 노동을 위해 지친 몸을 충전하는 시간이기 때문에 가족은 쉬고 있는 '가장'을 방해하지 않기 위해서 자리를 비켜 준다. 남편은 집에서 쉬는 것보다 회사에 출근해서 동료들과 웃고 떠들면서 일하다가 퇴근 후에 술 마시는 것이 더 편하다. 남편과 아빠에게 가족은 부양해야 할 의무감만을 주는 존재가 되고, 남편과 아빠는 돈을 벌어다 주는 '현금자판기'가 되어 버린다.

죽음마저 돈으로 계산된다. 동료들은 "죽을 거면 회사에서 죽어야 해"라고 말한다. 회사 다니다가 죽으면 조합비에서 공제해서 가족에게 목돈이 주어진다. 시한부 판정을 받은 한 조합원이 계속 출근했다. 계단 하나하나 오르는 것도 힘들어 보인다. 그러다 결국 쓰러져 병원에 실려가 의식불명 상태로 있다가 돌아가셨다. 휴직하고 자신의 삶을 되돌아보면서 죽음을 맞이해도 되었을 텐데 왜 그랬을까? 어쩌면 회사에 출근해서 동료들과 있는 것보다 더 하고 싶은 일이 없었을지도 모른다.

그런가 하면 돈을 벌 수 있는 노동력을 유지하기 위해서 건강 강박에 빠지기도 한다. 한 조합원이 건강 이상으로 쓰러졌다. 이후 건강을 챙기기로 결심하고 열심히 운동했다. 잔업과 특근은 빠지지 않았다. 건강을 지켜야 한다는 일념으로 피곤한 몸을 이끌고 운동도 한다. 그러다 쓰러져 돌아가셨다. 그분에게 정작 필요한 것은 적절한 휴식이었지만 과도한 노동과 건강을 위한 운동이 겹쳐지면서 피로가 누적된 것이 사망 원인이 아니었을까?

한 조합원이 암에 걸렸다. 다행히 수술을 해서 상태가 호전됐다. 그런데 돈은 벌지 못하면서 암 치료를 하느라 많은 돈을 써서 집안 형편이 많이 나빠졌다. 그래서 어려워진 가정 경제를 메우기 위해서 출근해서 일을 시작했다. 그리고 얼마 되지 않아 암이 재발돼 사망했다. 죽음에 직면하거나 몸이

망가지면 모든 것을 자신의 몸과 삶에 집중해야 하지만 그렇게 못한다. 온전히 자기만을 위한 휴가, 자기 몸만을 위한 휴식을 취하는 것은 생각하지 못한다. 그렇게 노동자는 '회사 인간'이 되고 가족의 생계를 책임지는 가장으로서의 역할만 있지 '자기'는 텅 비어 있다.

몇 년 전 노동조합 정책실장으로 일할 때 퇴직 후 프로그램을 단체협약 요구안으로 올리고 협상한 적이 있다. 그때 회사 관계자가 말했다.

"조합원들은 퇴직 후 프로그램보다 퇴직 후에 비정규직으로라도 더 일하기를 원한다."

인생 2모작이니, 제2의 인생이니 말들을 하지만, 모든 것은 돈으로 통한다. 어차피 정년 후에도 쪼그라진 인생을 살지 않으려면 돈이 있어야 하지 않는가? 연말에 정년퇴직하고 새해 벽두부터 같은 공장의 비정규직으로 출근하는 선배 노동자 모습을 보았다. 나는 안타까운 마음으로 혼잣말을 했다.

"에이, 몇 달이라도 쉬시다 출근하시지. 근 40년 가까이 단 하루도 맘 편히 쉬지도 못했을 텐데."

우리는 죽음에 대한 공포보다는 삶에 대한 공포, 비루한 삶에 대한 공포를 더 두려워하는 것은 아닐까? 의학의 발달로 수명은 늘어난다. 우리는 발달된 의술 덕분으로 죽음 이전에 기나긴 노년의 삶을 살아야 한다. 노년의 삶은 병들고 가난하고 비루한 삶, 치매, 고독으로 채워져 있다. 아니 그렇게 채워질 것에 대한 공포심을 갖고 있다. 죽음을 걱정하고 직면하기에는 비루한 노년의 삶에 대한 두려움과 공포가 너무 크다.[15] 정년퇴직을 얼마 남지 않은 형님하고 간단한 대화를 나눈 적이 있다.

"형님, 정년 후에 계획이 있으세요?"

"뭐가 있겠어. 할 줄 아는 거라고는 라인 타는 것밖에 없는데. 70까지 돈이나 벌 수 있으면 좋으련만."

그 형님의 말 속에는 정년 후의 '비어 버린 삶'에 대한 두려움이 진하게 묻어져 나온다. 잔업, 특근 많이 하는 이유 중에 하나는 정년 이후 노년의 삶에 대한 두려움이 크게 작용한다. 노후에 대한 불안은 정규직으로 일할 때 한 푼이라도 더 벌어야 하고, 퇴직하면 비정규직으로라도 빨리 취직해야 한다고 판단하게 한다. 과연 그런가? 내가 정년퇴직한 선배들을 지켜본 바로는 돈이 없어서라기보다는 관계의 상실, 일상적인 삶의 의미의 상실 때문에 고통 받는다. 정년퇴직은 돈을 벌 수 있는 기회가 끊어지는 것이기도 하지만, 자신에게 삶의 의미와 내용을 제공해 주었던 인간관계와 낯익은 일상이 끊어지는 것이기도 하다. 회사 인간으로서, 가족 부양자로서의 존재를 떠나서 '자기'를 채우지 못했을 때 정년퇴직은 자기 존재 의미를 잃어버리는 치명적 사건이 되어 버린다.

회사에 다닐 동안 정말 열심히 일하신 선배 노동자가 있었다. 돈도 꽤 모았고, 자식들에게 집도 사주었다고 한다. 그런데 정년퇴직을 하고 나니 할 일이 아무것도 없다. 같이 술 마실 친구도, 여가를 보낼 취미도 없다. 여러 군데 친목회에 다니는 활동적인 부인과 그 선배 노동자는 함께 나눌 수 있는 것이 별로 없다. 회사를 떠나고, 가족과의 관계도 비어 있고, 자기도 비어 있는 그 선배 노동자는 하루하루의 생활이 외로움으로 가득 차 있다.

노동자의 현재 삶이 미래에 대한 두려움으로 가득 차 있다. 현재의 삶을 어떻게 즐겁게 사느냐보다는 미래의 불행을 어떻게 예방할 것인가에 모든 관심이 가 있다. 그래서 더 많은 돈이 필요하다고 생각하고, 자신의 삶을 더욱더 노동에 매이게 하고, 바로 지금 현재의 자신의 삶을 풍요롭게 채우려는 노력을 하지 않는다. 더구나 여가를 즐기기 위해서는 돈이 필요하다고 느낀다. 술 마실 돈이 필요하고, 놀러 갈 돈이 필요하다. 그래서 그 돈을 벌기 위해서 일을 더 해야 한다. 그래서 여가를 즐기는 것 역시 시간의 문제가 아니라 돈의 문제가 된다. 악순환은 계속된다.

한국GM을 비롯한 대기업 노동자들 사이에 도박이 큰 문제가 되고 있다. 도박으로 가산을 탕진한 경우도 있고, 심지어 도박 빚 때문에 목숨을 끊은 경우도 있다. 그 정도까지는 아니더라도 도박에 빠져 있는 노동자들은 많다. 왜 그럴까? 장시간 노동으로 여가 시간이 없다. 시간의 여백을 채울 수 있는 취미나 문화생활을 가지지 못한다. 그런데 돈은 있다. 짧은 시간에 짜릿한 흥분을 느끼며 보낼 수 있는 취미로는 도박만한 게 없다. 그렇게 돈은 '비어버린 자기를 채우는 대체물'이 된다. 그러면서 노동자들은 자신의 삶을 풍요롭게 만드는 능력, 일상의 삶의 내용을 채울 수 있는 '문화와 여가를 즐기는 능력'을 잃어버린다.

여기서 우리는 다시 물어야 한다. 지금의 삶, 그리고 정년 이후의 삶을 채울 수 있는 것이 돈인가? 그 돈을 벌기 위해서 지금 현재의 삶을 노동으로 채우는 것이 맞는가? 오히려 지금의 삶, 노년 이후의 삶을 풍부하게 채울 수 있는 능력을 키우기 위한 시간의 여백, 즉 여가가 더 필요한 것이 아닌가? 돈은 삶을 위해 필요한 수단이다. 돈이 필요해서 시간을 쓴다고 하더라도 이를 최소화하려고 노력해야 하는 것 아닌가?

부러워할 '삶의 양식'

대기업 정규직 노동자들은 이기적이라고 욕을 먹는다. 하지만 나는 이들이 좀 더 이기적이었으면 좋겠다. 회사를 위해서 열심히 일하는 노동자, 가족 생계를 위해 더 많은 돈을 벌기 위해 잔업, 특근에 매달리는 노동자가 아니라 자신의 건강을 챙기고 풍요로운 삶을 꾸려나갈 수 있는 능력을 키우기 위해 시간을 쓰는 그런 이기적인 사람이 되었으면 좋겠다. 대기업 정규직 노동자들은 욕심이 많은가? 나는 욕심이 너무 없어서 문제라고 생각한다. 자신의 일자리를 지키는 것, 더 많은 돈을 버는 것에 자신의 욕망을 가두면서 삶을 풍요롭게 하고 자기를 계발하는 욕망을 포기했다.

비정규직 노동자들은 정규직이 되는 것이 꿈이고 정규직의 삶을 부러워한다. 그런데 과연 정규직 노동자의 '삶'을 부러워할까? 단지 정규직이 벌어들이는 돈과 안정된 고용을 부러워 할 뿐이다.

그래서 정규직 노동자의 꿈은 노동자로서 당연히 누려야 할 삶의 표준을 만드는 것이어야 한다. 벌어들이는 돈의 크기가 아니라 여가를 누리고, 문화적 삶을 향유하고, 사회에 대해 관심을 갖고 다양하게 참여하는 풍부한 '삶의 형식'을 만들어야 한다. '노동자가 이 정도의 삶은 살아야지'라는 '삶의 모범'을 만들어야 한다. 왜 노동자는 음악 감상, 미술 관람, 독서 등의 문화생활과는 동떨어진 세상에서 살아야 하나? 과거 소련은 볼쇼이 발레단 등 세계 최고 수준의 공연을 노동자들이 자유롭게 접근할 수 있도록 관람료를 거의 무료에 가깝게 정한다는 이야기를 듣고 부러워한 적이 있다. 지금 한국에서도 지자체의 지원으로 단돈 1만 원으로 수준 높은 음악 공연을 볼 수 있는 기회는 많다. 책을 빌려 볼 수 있는 도서관은 주변 어디든지 있고, 잘 찾아보면 유익한 인문학 강좌도 많다. 더 이상 문화와 독서가 돈이 많이 드는, 가진 자들의 전유물이 아니다. 물론 노동자들이 좀 더 쉽게 문화와 책과 접촉할 수 있도록 하기 위해 노동조합이 지역 사회단체와 함께 문화와 교육 공간을 만드는 노력을 의식적으로 기울일 필요가 있다. 노동자들이 문화와 책을 만나고, 노동자의 삶이 문화와 책과 버무려지면 삶을 바꾸고 세상을 바꾸는 힘이 되기 때문이다. 그리고 시간이 없으면 사회 문제나 정치 문제에 대한 관심과 참여가 제한될 수밖에 없다. 배제된 노동자들 다수는 투표 시간도 보장받지 못하고 일하는 경우도 많다. 여가 시간과 마음의 여유는 사회, 정치 참여의 폭을 넓힐 것이다. 또한 배제된 노동자들과 연대를 실천할 수 있는 힘과 시간을 확보할 수도 있다.

여가라는 게 쉬는 것일 뿐인데 그게 그렇게 중요하냐고 말할 수 있다. 한국GM의 경우는 일이 없어서 쉬는 일이 태반이지 않은가? 그런데 만일 주말은 반드시 쉬는 것이고, 잔업이 없는 삶을 계속 산다고 생각하자. 들쭉날쭉 쉬었다 일했다 반복하는 그런 삶이 아니라 정기적인 시간의 여백이 나에게 주어진다고 생각하자. 10년, 20년, 30년, 시간의 여백이 있고, 그것을 채우려는 노력들이 누적되면 삶이 바뀐다. "아휴, 노는 것도 지겨워." 이렇게 말하지만 심심하면 창조적이 된다. 취미를 갖고, 뭔가를 배우고, 자신의 삶을 바꿀 노력을 하는 그런 '삶의 형식'을 만들어 낼 것이다.

아마도 나처럼 나이든 사람들에게는 건강 문제나 노후 삶을 설계하는 수준의 변화일 것이다. 하지만 젊은 후배들에게 그런 시간의 여백이 지속적으로 주어진다면 삶이 송두리째 바뀔 수 있다. 젊은 후배들에게 우리가 겪었던 노동에 짓눌린 삶을 물려주지는 말아야 할 것 아닌가?

내가 한국GM 노동조합 활동을 하면서 느끼는 세 가지 아쉬움이 있다. 첫 번째가 주간연속 2교대제로 주어진 시간 여유를 문화와 여가 생활로 의미 있게 채울 수 있는 방안을 만들지 못한 것이다. 두 번째가 오래 된 일이긴 하지만 노사가 노동자들의 여가와 문화생활을 지원하기 위한 문화센터 건립을 합의하고도 IMF 사태로 인해 이행되지 못한 것이다. 세 번째는 단체협약에 있던 본인 대학 학자금 지원 제도가 폐지된 것이다. 이 모두가 노동자들의 시간의 여백을 채울 수 있는 문화와 여가 생활의 능력을 키울 수 있는 제도적 장치들이다. 본인 대학 학자금 지원 제도가 있었을 때 많은 조합원들은 방송통신대학이나 사이버대학을 지원해서 자신의 역량을 키웠다. 물론 회사가 주장하듯이 비용에 대한 부담이 없으니까 일단 등록하고 제대로 과정을 이수하지 않는 경우도 생기는 등 제도가 남용된 경향이 없진 않았지만 조합원들의 자기 계발 의지를 자극하는 중요한 역할을 했다. 나는 이 제도가 보완 장치를 전제로 다시 부활되어야 한다고 본다. 시간의 여백이 주어진다고 하더라도 그것을 채울 수 있는 능력이 없으면 그 시간은 고통으로 다가올 수도 있다. 그래서 능력을 키워야 한다. 지역의 대학과 연계된 교양 강좌 프로그램을 만들 수도 있다. 그리고 노동조합은 문화 교양 프로그램과 다양한 서클활동의 활성화에 힘을 쏟을 필요도 있다.

그런데 어떻게 하느냐고? 좋은 이야기지만 먼 미래의 이야기가 아니냐고 반문할 수도 있다.

나는 조건이 만들어져 있다고 본다. 87년 이후 우리가 얻은 투쟁의 성과를 제대로 향유하면 된다. 돈과의 교환 때문에 묻혀 버리고 유보되었던 우리의 권리를 햇빛 아래 끄집어 내면 된다. 노동시간도 단축되고, 주간연속 2교대제도 시행이 되고, 휴가권도 충분하지 않은가? 잔업과 특근에 매이지 않아도 조금만 절약해서 살면 여가와 여유를 누리면서 살 수 있지 않은가? 물론 회사도 바뀌어야 한다. 노동자들의 장시간 노동에 의존하는 생산 시스템을 바꾸어야 한다. 그래서 이제 정규직 노동자의 꿈은 돈과 소비와 노동이 접속하면서 만들어지는 '삶의 형식'이 아닌 여가와 문화와 삶의 질이 접속하면서 만들어지는 풍부한 '삶의 형식'을 만드는 것이어야 한다.

지금까지 나는 정규직 노동자의 삶과 꿈에 대해서 이야기했다. 그런데 정규직 노동자만 잘 살면 되는가? 아내가 비정규직 노동자로서 열악한 노동 조건과 인간적인 모멸을 당하면서 일하고 있는데, 자식들이 취업 걱정에 잠 못 이루고 아빠와 같은 정규직이 되는 것이 가장 큰 꿈이라고 이야기하지만 결국은 비정규직 노동자가 되고 있는데, 이 땅의 다수의 노동자들이 불행한 삶을 살고 있는데 과연 우리만 잘 살 수 있는가? 나 혼자만 행복한 삶은 원천적으로 불가능하다.

노동자들을 정규직과 비정규직으로 나누고, 비정규직 노동자들을 열악한 노동조건과 일상적 고용 불안에, 정규직 노동자들은 정리 해고 불안에 시달리게 하는 자본의 분할 지배 전략 아래서는 정규직이든, 비정규직이든 이 땅의 노동자들은 행복한 삶을 누릴 수 없다.

내 자식은 비정규직을 만들고 싶지 않다는 소박한 꿈은 비정규직 없는 세상을 만들겠다는 꿈으로 확장되어야 한다. 이제부터 이 땅의 가난한 다수의 노동자들에 대해서 이야기하고자 한다. '나 홀로 행복'의 불가능성을 알았다면 이제 우리는 나눔과 연대를 통해서 모든 노동자들이 행복한 삶을 살 수 있는 세상에 대한 꿈을 꾸어야 하지 않겠는가?

3장

대공장 노조는 왜 쇠락했나?

남성 중심·전략 부재·폐쇄적 정파 벗어나
수평적 네트워크로

대공장 노조는 왜 쇠락했나?
남성 중심·전략 부재·폐쇄적 정파 벗어나 수평적 네트워크로

남성주의: 권위와 비리의 뿌리

87년 이후 노동자의 힘은 '노동자 군대'라는 말로 표현될 수 있다. 87년 노동자 대투쟁은 대기업 중공업 사업장 남성 노동자들을 일거에 새로운 주체로 떠오르게 했다. 이들은 정주영으로 대표되는 폭압적인 자본과 '까라면 깐다'는 식의 군대식 노동 통제를 겪은 노동자들이고, 그 속에서 분노를 키워왔고, 짧은 시간 동안에 폭발적인 투쟁력과 강력한 조직력을 만들어 냈다. 새롭게 구성된 주체는 노동조합을 조직하고, 지도자를 중심으로 일치단결하여 투쟁하는 군대의 모습이다. 노동자들은 거대한 대열을 이루어 행진하고, 공장을 점거하면서 싸웠고, 정권과 자본은 이들의 투쟁을 진압하기 위해서 수천의 경찰을 투입해서 군사작전을 방불케 하는 진압 작전을 전개했다. 거대한 노동자 군대와 경찰과 구사대의 물리력이 충돌하는 모습이 90년대 초까지의 노동자 투쟁의 형상이었다. 거대한 노동자 군대 앞에서 사자후를 토해내면서 대중을 선동하는 지도자가 당시의 영웅의 모습이었다. 현대

엔진노조 위원장이면서 민주노총 사무총장까지 했던 권용목은 이러한 영웅의 전형이었다.

　노동자 군대는 힘과 규율을 숭상한다. 결연한 표정으로 머리띠를 질끈 동여매고 일사불란한 대열을 형성해서 구호를 외치며 깃발을 따라 행진하는 것이 노동자들의 단결된 투쟁 모습이었다. 이탈과 흐트러짐은 약함의 표현이다. 투쟁 시기가 되면 노동조합은 쟁의물품을 구입한다. 조끼, 머리띠, 리본, 깃발 등등. 모두 단일한 통일성을 강조하기 위한 물품들이다.

　촛불 광장에 민주노총을 중심으로 노동조합 조합원이 조직적으로 참여했다. 광장과 거리는 노동자들의 조직된 행렬과 대중의 자발적 흐름이 뒤엉키면서 거대한 힘을 만들어 낸다. 나도 한국GM 노동조합 대열에 속해서 행진했다. 그러다가 그 행진에서 빠져나와 다양한 대중의 흐름 속에 섞이기도 했다. 나중에 촛불에 참여했던 조합원들에게 인상에 남는 것이 무엇인지를 물었다. 이런 대답이 돌아왔다.

　"일사불란하게 행진하는 우리 노동자들의 모습이 자랑스러웠다."

　하지만 우리 조합원들은 촛불 핑킹을 채었던 정말 다양하고 역동적인 대중의 모습을 느끼지 못한 채 '우리만의 대열'에 있다가 뒤풀이를 위해 술집으로 흩어진다. 투쟁을 위해서 힘을 응집시키는 규율은 필요하다. 하지만 일사불란하고 규율 잡힌 투쟁의 모습이 밑에서부터 노동자들의 자발성과 역동성에 의해 떠받쳐지고 있을 때는 강한 힘으로 작동하지만, 자발성과 역동성이 떨어지면 타성화된 형식만 남게 된다. 그래서 규율 자체보다는 대중의 주체적인 자발성과 역동성을 상실한 위계화되고 형식화된 규율이 문제가 된다.

　노동조합에서 주도한 집회는 정해진 틀에 따라서 정해진 숙제를 하러 모였다가 흩어지는 느낌을 받는다. 집회 참여는 의무이자 숙제처럼 느껴지고,

그 의무와 숙제는 조합원들이 아닌 간부들이 대신한다. 반면에 희망버스나 촛불 광장처럼 자발성에 근거해서 만들어진 투쟁 현장은 이와는 다른 역동성이 느껴진다. 한마디로 노동조합이 주도하는 투쟁은 재미가 없다. 특히 여성과 청년의 감수성과는 한참 어긋난다. 그래서 노동조합은 재미없는 조직으로 비쳐지고, 노동조합 활동은 재미없는 활동이 된다. 투쟁과 집회를 준비하는 사람들도 그걸 안다. 그래서 노래 공연도 배치하고 여러 이벤트를 결합하지만 재미없는 것은 여전하다. 규율과 일사불란함으로 특징 지워지는 노동자 군대의 투쟁 방식이 이제 자발성과 역동성을 억누르는 역작용을 하고 있다.

노동자 군대는 일사불란해야 한다. 자본과 싸우려면 지부장(또는 위원장)을 중심으로 일치 단결된 모습을 보여야 한다. 지부장에게 모든 힘과 권한과 위신이 집중돼야 한다. 그는 사장과 '맞짱'을 뜨는 우리의 지도자이기 때문이다. 그 지도자를 중심으로 노동조합은 사다리형 위계 구조를 형성한다. 지부장이 정점에 서고 그 밑으로 임원, 실장, 실무부장들로 호칭과 역할, 그리고 자리가 위계적으로 배치된다. 노동조합과 회사는 비슷한 모양의 위계적인 구조를 가지면서, 그 급에 맞게 대화 파트너가 정해진다. 자본의 힘에 맞서 싸우면서 자본과 닮아간다. 자본에 맞서기 위해서 자본이 갖고 있는 힘의 형식, 즉 권력 관계, 위계와 질서, 효율성의 사고방식을 모방한다. 나는 11대부터 25대까지의 노조 선거를 치르면서, 15명의 위원장과 지부장을 지켜보거나 함께 집행 간부로서 활동을 했다. 위원장들 간에는 좀 더 민주적인 리더십을 발휘하느냐, 권위적인 리더십을 발휘하느냐의 차이는 있다. 민주적 성향의 집행부는 민주적 리더십을, 보수적 성향의 집행부는 권위적 리더십을 행사하는 경향이 강하다. 하지만 그러한 개인적 차이 말고 노동조합 내의 위계적 질서는 본질적으로 같고, 이러한 현상은 점점 더 강화되는 경향이 있다. 노동조합 활동의 역동성이 점점 떨어지고, 현장 조합원들의 참여도가 낮아질수록, 노동조합 집행부가 회사를 상대로 교섭을 통해서 문제를 해결하는 비율이 점점 높아질수록, 노동조합 대표인 지부장의 역할은 점점 더 커진다. 각종 회의 기구가 있기는 하지만 지부장은 동등한 위상의 회의 참석자가 아니라, 초월적인 위치에서 판단하고 결정하는 자가 된다. 담판을 짓는 자, 결단하는 자, 우리를 이끄는 수장인 자다. 이러한 위계적인 리더십과 각종 회의 구조의 형식화는 노동조합의 민주성을 약화시킬 뿐만 아니라 취업, 납품 비리 등에 쉽게 연루될 수 있는 조건을 만든다. 회사는 회의 구조의 구속을 받지 않고 노동조합의 모든 힘을 움켜쥐고 있는 힘을 가진 사람을 매수하려 들고, 사람들이 이권을 노리거나, 자식 취업을 목적으로 돈다발을 싸들고 찾아오는 것은 당연한 것이 아닌가? 당연히 회사 역시 똑같은 위계적 리더십 속에서 회사 부사장이, 상무가 실무자들에게 부당한 납품 지시와 채용 지시를 내리면서, 노사 간 담합에 의한 비리 사건이 터지게 된다. 이는 회사와 노동조합의 위계적인 조직 틀과 조직 원리가 비슷하고, 싸우면서 서로 닮아졌다는 사실을 보여준다.[16] 문제는 이러한 위계적인 리더십에 대해 대중들은 '지부장은 그래야만 한다'면서 전적으로 동의해 준다는 점이다. 노동조합 집행부만 그런 것이 아니다. 민주노총이든, 산별이든, 진보정당이든 한 명의 지도자를 중심으로 힘 있게 움직이는 일사불란한 조직을 꿈꾼다. 과거에 변혁을 꿈꾸는 활동가들은 레닌을 꿈꿨고, 지도자를 중심으로 철의 규율을 가진 조직을 꿈꿨다. 오래전에는 학생운동을 하는 대학생들이 학생회장을 '옹립'한다는 표현을 쓰지 않았던가?

    87년 이후 30년 동안 지속되어 온 남성 노동자 중심성, 남성적 힘과 규율의 숭상, 위계화된 리더십에 의해 움직이는 운동 원리를 '남성주의 운동 원리'라고 부르자. 이 남성주의 운동 원리는 뿌리가 깊고 관성의 힘이 끈질기다.

　남성주의 운동 원리는 남성 중심의 가부장적 자본주의의 소산이기도 하다. 한국의 남성, 특히 87년 이후부터 대공장 정규직 노동조합의 중심 세대였던 50대의 남성 노동자들은 남성 중심의 가부장성에서 자유롭지 못하다. 그리고 남성주의 운동 원리는 여성, 청년 노동자가 중심이 되는 배제된 노동자들의 조직화, 주체화를 가로막는다. 남성 노동자는 힘이 있고 조직의 중심이고, 여성 노동자는 부차적이라고 생각하는 사고방식은 지금도 여전하고, 나이든 경험 있는 선배 노동자들이 젊은 청년 노동자들을 이끌고 지도해야 한다고 생각한다.

　지금 사회는 탈권위와 수평적 소통이 중심이 되는 방향으로 바뀌고 있는데, 과연 단위 노동조합, 민주노총, 진보운동은 어떠한가? 정권과 자본과의 싸움에만 집중했지, 내부를 민주화시키려는 노력을 게을리 한 것은 아닌가? 위계 없는 조직이 어디에 있냐고, 조직을 운영하려면 그런 위계는 필수가 아니냐고 반문할지도 모른다. 그런데 세상을 좀 더 평평하게 만들겠다는, 차별을 극복하겠다는 노동조합과 진보운동의 조직은 세상의 변화를 막는 보수적인 조직과는 달라야 하지 않는가?

　둥근 원은 중심이 없다. 동학혁명 주모자들이 우두머리가 누구인지 알 수 없게 하기 위해 사발 모양으로 둥글게 서명한 것을 '사발통문'이라고 한다. 한 사람의 리더십을 중심으로 위계적으로 형성된 조직 구조를 사다리형 조직 구조라고 부르고, 위계적으로 형성되어 있지 않은 경우를 원탁형 조직 구조라 부른다. 어려운 술자리에 가면 좌석 배치를 고민한다. 대장이 어디에 앉아야 하고, 그가 앉은 자리를 중심으로 위계적으로 좌석이 배치된다. 사각형이면 사각형의 한 변의 중심에 대장이 앉는다. 하지만 원탁이면 그러한 고민을 할 필요가 없다. 그래도 지도자는 필요한 것 아닌가? 물론 필요하다. 새로운 사고방식을 가진, 원탁형 사고방식을 갖고 조직의 민주화를 실천하는 지도자가 필요하다. 우리는 머리가 없는 조직, 아니 지도자가 대중의 한 사람이고, 다수의 한 사람인 그런 조직을 꿈꾸어야 한다.[17]

독이 든 선물: 권력화된 노동조합

이미 말했듯이 나는 위원장 선거를 15번 경험했다. 처음에는 모든 것을 바칠 수 있을 정도로 절절한 염원을 가지고 위원장 선거 운동에 참여했다. 민주적이고 투쟁적인 노동조합을 만드는 것은 나의 가장 중요한 활동 목표였다. 나뿐만 아니라 대기업 활동가들은 노조민주화를 가장 중요한 과제로 생각하였고, '노조 민주화 추진위원회' 같은 조직을 만들어 노조 민주화 과제를 중심으로 단결했다. 노동자들이 밀집되어 있는 대공장에 민주노조가 하나하나 들어서면 노동해방의 그날이 앞당겨질 수 있다고 생각했다. 그리고 정권과 자본도 대공장의 민주노조 건설을 두려워했다. 1991년 당시 노태우 정권에 의해서 자행된 대기업 연대회의에 대한 탄압은 속속들이 들어서기 시작한 대기업 민주노조에 대한 정권과 자본의 거부감과 두려움이 표출된 사건이었다. 그래서 대기업의 활동가들은 온 힘을 다해서 민주노조를 세우고 지키기 위해 싸웠고 이 과정에서 수많은 노동자들이 구속되고 해고되었다. 이때 구속, 해고된 노동자들은 조합원들에게 희생하고 헌신하는 사람으로 받아들여졌고 조합원들은 이들에게 존경심을 가졌다. 자연스레 이들은 노동운동의 지도력으로 떠올랐고, 이후 노동조합의 중심 간부들이 되었다. 한국GM의 지부장 다수가 구속, 해고의 경험을 갖고 있다.

현장에서 조합원들을 위해 헌신하고 현장 조합원들의 고충을 해결하기 위해서 싸우는 대의원들은 '민주파 대의원'이라 불렸다. 이들은 자본의 회유와 협박에 굴하지 않았다. 회사의 노무 담당자나 관리자들과의 술자리를 경계했다. 그렇게 민주노조가 세워지고, 민주적인 간부들이 늘어나면서 그 힘으로 87년 이후 대기업 노동조합 운동은 힘을 가지고 성장했다.

하지만 어느 순간부터 노동조합은 권력이 되어 갔고 권력 자원을 둘러싼 경쟁이 치열해지기 시작했다. 노동조합의 리더십이 위계화되면 될수록 그 권력을 둘러싼 경쟁은 격화된다. 정리 해고나 구조조정 등 노사 간 첨예한 대결 상황이 아니면 대기업에서 노동조합 활동을 한다고 구속되거나 해고될 위험도 없다. 자본은 구속과 해고라는 칼날이 노동조합을 통제하는 데 큰 힘을 발휘하지 못하자 회유와 매수라는 달콤한 독을 풀기 시작한다. 회사는 간부 활동을 했던 사람들을 '편한 부서'로 옮겨 준다. 과거에는 돈으로 매수하는 경우도 있었고, 각종 특혜를 제공하고, 비싼 술집에서 술을 사줬다. 상집 간부나 대의원이 되면 회사 관리자들의 태도가 달라진다. 이전에는 눈길 한 번 주지 않던 회사 간부들이 전화하고, 술을 사준다. 형님이라고 부르는가 하면, 형 동생하자고 한다. 반면에 조합원들은 날이 갈수록 간부들을 불편하게 한다. 그래서 노조 간부들이 회사 노무팀과 친해지고 조합원들과 멀어지는 모습이 나타난다. 그래서 나는 항상 간부가 된다는 것은 '독약 든 물 항아리에 목을 내놓고 있는 형국'이라고 말한다. 권력의 독에 취하면 죽는다. 내가 상집 간부가 되어 현장을 비울 때마다 조합원들은 말한다.

"높은 데 올라갔다고 우리 모른 척하지 마."

"2년 동안 푹 쉬다 와."

조금은 서운하고 억울한 심정이 들 때도 있지만 이것이 조합원들이 바라보는 노동조합 간부의 모습이다. 현장 조합원들은 노동조합 활동을 하는 사람들을 희생과 헌신하는 자로 바라보는 것이 아니라 권력을 쫓는 자로 바라본다. 어찌 보면 30년이라는 투쟁을 거치면서 우리는 권력화된 노동조합이라는 독이 든 선물을 받은 것인지도 모른다.

어떤 현장 조직에 가입한 한 젊은 조합원에게 가입 이유를 물었다.

"빚진 게 있어서요."

'원한은 물에 새기고, 은혜는 바위에 새겨라.' 정말 아름다운 말이다. 하지만 곰곰이 생각하면 정말 징그러운 말이다. 은혜를 베풀고 은혜를 갚는 것은 정말 아름다운 일이다. 하지만 그 은혜가 계산된 은혜라면? 은혜를 베푼 자가 어느 순간에 와서 그 빚을 갚으라는 빚쟁이가 되어서 나타난다면? 이렇게 빚을 갚으라는 독촉장은 회사가 먼저 써먹기 시작한다. 어떤 조합원의 취업에 도움을 주거나 편한 부서로 옮기는 데 도움을 준 사람들이 있다. 조합원이 집회나 파업에 참여하면 '그 고마운 사람'이 회사의 부탁으로 전화를 한다. 집회나 파업에 참여하지 말라고, 대의원 지부장 선거에서 누구를 찍으라고, 그것으로 은혜를 갚으라고 한다. 그런데 이제 빚쟁이 역할을 현장 조직이나 노동조합 간부들도 한다. 은혜를 입었으니 현장 조직에 가입하라고, 지부장이나 대의원은 누구를 찍으라고 한다. 그리고 이 빚쟁이 역할을 잘하는 사람이 유능한 조직가가 된다.

노동조합 권력을 놓고 경쟁하는 현장 조직들은 조직원 숫자를 늘리기 위해 노력한다. 선거에서 승리하기 위해서는 쪽수가 필요하다. 얼마나 활동적인 사람들이 모였는가는 중요하지 않다. 어차피 표는 공평하니까 말이다. 그런데 조직 확대 수단이 현장 조직 각자가 표방하는 원칙이나 활동 방향을 제시하고 설득하는 방식이 아니라 발탁 채용, 부서 이동 등의 '이해관계'가 주된 수단이 되기도 한다.

언제부터인가 나는 선거 때만 되면 딱히 이유를 알 수 없는 짜증과 서글픔의 감정에 사로잡혔다. 민주노조 건설에 모든 것을 바치겠다던 내가 이제 2년마다 똑같이 반복되는 선거와 선거를 중심으로 도는 노동조합 활동의 상투적인 모습이 지겨워지기 시작했다. 그래서 노동조합 활동을 하는 동료들을 만나 다른 이야기를 하기 시작했다. 하지만 이야기할 때마다 뭔가 말이 맴돌고 있다는 답답함을 느낀다. 대기업 노동운동의 문제점도 이야기하고, 활동가의 자세도 이야기하고, 연대의 문제도 이야기한다. 하지만 별 관심이 없다. 누군가 헤어지면서 한마디 내뱉는다.

"그러니까, 잘 살자는 이야기지요?"

단지 개인적 삶의 태도로만 받아들여지나 보다. 이런 반응도 있다.

"다 맞는 말인데 현실과 동떨어진 것 같네요."

그런데 그 현실은 무엇인가? 선거를 어떻게 치러야 하고, 후보는 누가 되어야 하고, 소위 '선거판'은 어떻게 만들어야 한다든지 하는 이런 이야기가 '생산적이고 현실적인' 것인가? 나는 그 현실에 시비를 걸고 있는 것인데 말이다.

그런데 민주적 선거를 통해서 노동조합 지도부를 뽑는 것이 무엇이 문제인가? 권력을 중심으로 도는 것이 과연 노동조합만인가? 진보정당도 국회의원 의석 수, 지지율에 목을 매고 있지 않은가? 내가 사는 아파트의 입주자 대표회의도 선거에서 치열한 경쟁을 하고 서로 패를 지어 갈등과 반목을 반복하고 있지 않은가? 민주적이고, 자본으로부터 자주적인 노동조합의 건설이라는 과제는 여전히 중요하지 않은가? 제대로 된 대의원 하나 만드는 것은 또한 얼마나 중요한가? 맞는 이야기다. 문제는 선거를 중심에 둔 활동에만 힘이 집중된다는 것이고, 선거를 둘러싼 권력 경쟁이 모든 관심과 역량을 빨아들이는 '블랙홀' 역할을 한다는 것이다. 노동조합 선거를 둘러싼 경쟁은 자연스러운 것일 수도 있지만 너무나 많은 에너지가 낭비된다. 선거를 위해서 사람들을 만나면서 마신 술병 개수와 술값만 해도 엄청날 것이다. 또 이 과정에서 관계의 파괴와 감정의 소모와 낭비는 또 어느 정도일까? 이러한 에너지와 노력의 단 몇 분의 일이라도 연대의 실천과 학습에 쏟는다면 커다란 변화가 만들어지지 않을까? 선거는 중요하다. 하지만 그것은 좀 더 작아져야 하고 가벼워져야 한다. 그리고 권력은 독이다. 그래서 정말 조심스럽게 다루어야할 물건이다. 끌고 다닐 만큼만, 휘둘리지 않을 만큼만.

 이전의 노조 민주화 투쟁은 제대로 된 민주노조를 세우고, 이를 기반으로 노동운동의 힘을 키우고 세상을 바꾸는 힘을 만들기 위해서였다. 말하자면 제대로 활동하고 운동하기 위한 수단으로 집행 권력도 필요하고 대의원도 필요했던 것이지 그 역은 아니었다. 그런데 지금 그것이 거꾸로 뒤집혀 있다. 속된 말로 '꽝 판다'는 말이 있다. 어떤 활동의 성과를 선거에 활용하기 위한, 또는 자기 조직 이미지를 높이기 위한 수단으로 과장해서 활용한다는 말이다. 지부장 선거가 가까워지면 모든 현장 조직의 홍보물이 쏟아져 나오기 시작한다. 조합원들을 상대로 현장에서 일상적으로 발생하는 문제들을 지적하고, 노동운동의 제반 이슈를 제기하고 홍보하는 것이 현장 조직 유인물의 역할이건만, 평소에는 침묵을 지키고 있다가 지부장 선거가 가까워지면 자신을 부각시키기 위한 선거 목적의 홍보물 발행이 급증하는 거다. 투쟁이니, 연대니 하는 말들 역시 조직이나 후보의 이미지를 높이는 한낱 수사로 전락하기도 한다. 이처럼 정파 조직은 노동운동의 원래 목적을 상실하고 노동조합 권력을 잡고 유지하는 수단이 됐다. 이러한 현상을 '목적과 수단의 전도'라고 부르자. 새로운 운동은 바로 이 뒤집혀진 목적과 수단을 바로잡는 것이 되어야 할 것이다.

노동조합이라는 조직이 있는 이상 누군가는 역할을 맡아야 한다. 그리고 그 역할을 잘 해낼 사람을 뽑는 것은 중요한 일이다. 하지만 권력과 특혜가 간부들의 조끼에 덕지덕지 붙어 버리면 '역할'이 아니라 '자리'가 된다. 그래서 겸손한 마음으로 역할을 맡기보다는 그 자리를 격하게 탐한다. 그리고 자리에 군림한 간부는 표를 던져 준 조합원과 불통하고 자신의 역할을 방기한다. 또한 회사는 노동조합의 간부가 갖는 권력과 특권이라는 자리를 이용해서 끊임없이 노동조합을 회유하고 매수하려고 한다. 이러한 자본의 공작을 막기 위해서라도 노동조합 간부는 스스로 특권을 포기하고, 회사 관리자와 같이 밥 먹는 것도 조심스러워하는 '건강한 거리두기'가 필요하다. 그리고 노사 간 김영란법에 준하는 협약을 맺을 필요도 있다.

대공장에서 노동조합 활동을 하는 사람들은 한 번쯤은 위원장 되는 것을 꿈꾼다. 그리고 많은 현장 조직들은 노동조합 집행부를 장악하는 것을 꿈꾼다. 선거 승리의 순간 이긴 쪽의 분위기는 들뜬다. 패배한 조직들은 칼을 간다. 그렇다고 노동조합을 장악해서 얻는 권력이라는 것이 뭐 그리 크고 대단한 것도 아니다. 그에 비해서 여기에 투여되는 에너지와 열정과 활동력은 너무 과도하다. 그 집요한 집착은 어디에서 나오는 것일까? 혹시 꺾여 버린 활동력, 꿈과 지향의 왜곡된 투사가 아닐까? 한국 사회 대중들의 사회 변화에 대한 욕망이 노사모 등처럼 특정 정치인들에 대한 열광적인 지지로 왜곡되어 분출되는 것처럼, 제대로 발현되지 못한 노동조합 활동가들의 활동 지향성이 출구를 찾지 못하고 내부 권력 경쟁으로 분출되고 있는 것은 아닌가? 어찌 보면 선거를 통한 권력 경쟁이 대기업 노동조합의 활동가들의 잃어버린 꿈, 그래서 텅 비어 버린 공간을 채우는 대리물 역할을 하고 있는 것은 아닐까? 보다 인간다운 삶을 만들기 위해 일상적으로 실천하고 연대하는 그런 활동의 비어버림의 대체물은 아닐까?

시야는 좁아지고 정신은 마비되고

오래전에 대우자동차 시절 위원장 선거를 앞두고 지역에서 영향력 있던 한 노동운동 활동가가 이런 말을 했다.

"모든 것은 권력의 문제다."

권력이 변하면 많은 것이 변한다. 촛불로 박근혜를 권좌에서 끌어내리고 문재인을 대통령으로 만들고 나서 하루하루의 변화를 실감하고 있지 않은가? 이 맛을 느끼기 위해서 10년 동안 이명박 퇴진, 박근혜 퇴진을 외친 것이 아니던가?

나도 한국GM 현장에서 홍보물을 통해서, 피케팅을 하면서, 목이 쉬어라 떠들어도 해결되지 않던 문제가 노동조합 집행 간부가 되니 회사에 전화 한 통화로 해결되는 것을 경험하면서, '아니 이렇게 쉬웠던 것을' 하고 느꼈던 적이 한두 번이 아니다. 권력은 생각만 하던 것, 바라기만 하던 것을 실제로 이루게 하는 힘을 준다. 민주노총은 다른가? 민주노총 문제는 지도부 문제이고, 올바른 노선을 가진 정파니 그룹이 선거에서 이기면 문제가 해결된다고 생각해 오지 않았던가? 진보정당은 어떠한가? 진보정당은 국회의원, 시의원을 한 명이라도 더 당선시켜서 그 힘으로 국회에서, 시의회에서 영향력을 키우겠다고 생각하고, 득표율과 지지율에 일희일비하고 있지는 않은가?

지금은 대기업 정규직 노동조합운동의 역할과 비중이 상당히 평가 절하되고 있지만, '노동운동의 힘과 동력이 수천, 수만의 남성 노동자들이 밀집되어 있는 대공장에 있고, 그 대공장 노동조합이 어떤 성격과 방향을 갖느냐에 따라 노동운동의 방향이 바뀐다'고 생각하던 때가 있었다. 그래서 노동운동의 모든 정파들은 대공장에 활동 기반을 만들려고 노력했다. 단위 사업장에 현장 조직이 만들어지고, 이 현장 조직들의 전국적 네트워크가 만들어진다. 이러한 연결의 힘은 단위 사업장의 노동조합 권력, 산별노조와 민주노총 권력을 잡는 데 활용된다.

내가 한국GM 활동가들에게 노동조합 활동에 대한 문제의식을 한참 이야기하면 돌아오는 대답은 이거다.

"그러니까 제대로 할 수 있는 사람이 노동조합을 잡아야지요."

지역의 한 활동가와도 현장 활동가들의 소통과 자발성에 근거한 운동의 필요성에 대해서 강조한 적이 있다. 이에 대한 그의 대답이다.

"활동가 몇 명이 뭘 할 수 있겠어요? 어느 세월에."

권력의 단맛을 쫓는 사람들의 목소리가 아니다. 대공장 노동조합이 제대로 의미 있는 활동을 하기 바라는 신실한 활동가들의 목소리다. 이들은 권력 자원을 갖고 있지 않으면 할 수 있는 일이 별로 없다는 무력감을 느낀다. 나도 노동조합 간부로 있다가 현장에 돌아와 평조합원이 되고나서 내가 할 수 있는 일이 별로 없다는 걸 알고 무력감을 느끼곤 한다. 지부장과 소수의 노동조합 간부에 힘과 권한을 위임하고, 다수 조합원들은 단지 표로서만 자신의 의견을 표명하는 대리주의 조직 원리가 강하게 지배하고 있기 때문이다. 그래서 권력을 갖지 않은 자들은 무력감에 빠지고 현재의 집행 권력을 지지하든지, 비판하든지, 아니면 다음 선거를 열심히 준비하든지, 세 가지의 태도 이상을 보이지 못한다.

그런데 한국GM의 현장 조직원 숫자는 어마어마하다. 물론 이 현장 조직원들을 모두 활동가라고 부르기는 힘들지만 상당수는 활동가나 활동가 지향성을 가진 사람들일 것이다. 현장 조직은 흩어져 있는 현장의 활동가들을 묶어 내고, 현장 투쟁을 수행하고, 교육과 조직화 프로그램도 진행하고, 일상적인 선전과 홍보를 진행하는 긍정적인 역할을 해왔다. 하지만 이 현장 조직들이 권력 경쟁에 과도하게 매몰되면서 그 활동력을 스스로 사장시켜 왔다.

만일 현장 조직들이 자신을 학습 조직, 토론 조직, 실천 조직으로 변화시키면서 활동가 역량을 키우는 데 집중하고, 배제된 노동자들과의 연대를 일상적으로 실천하고, 사회정치적 과제에 눈을 돌리면서, 노동조합이 협소한 이해관계에 갇히지 않도록 끊임없이 사회와 연결시키는 활동을 수행한다면 엄청난 변화를 만들어 낼 수 있을 것이다. 한국GM의 한 활동가가 나에게 묻는다.

"형은 누구예요? 잘 모르겠어요."

나는 답한다.

"나는 나의 생각을 공개적으로 끊임없이 이야기하고, 나의 생각을 현장에서 실천해 왔는데 그게 나지, 뭘 모른다는 거야?"

하지만 나는 안다. 그 활동가의 질문이 무슨 의미인지.

"너는 어느 정파에 속해 있냐? 좌파냐, 우파냐? NL이냐, PD냐?"

나는 특성 정파와 관계는 없지만 그렇다고 정파를 부정적으로 생각하지 않는다. 노동조합이 공장 안의 한계, 협소한 경제적 이해에 갇히지 않도록 외부를 향해 끊임없이 열려 있는 정파 활동가들이 없었다면 노동조합 운동은 진작 조합주의의 수렁에 빠졌을지도 모른다.

정파는 두 가지 모습으로 우리에게 다가온다. 첫째는 대중적 정치 사업과 활동가 양성을 하는 정파의 모습이다. 정파는 노동조합, 특히 대공장 노동조합이 갖는 한계에 대한 내재적 비판자의 역할, 즉 외부자의 역할을 수행한다. 두 번째는 노동조합 권력을 통해서 자신의 영향력을 확대하려는 정파의 모습이다.

정파가 내재적 비판자의 역할보다는 노동조합 권력을 잡기 위해 대중에

영합하거나 경쟁 상대를 공격하면서 분열과 갈등을 확대시키는 데 주력하기도 한다. 만일 정파들이 공장을 넘어서는 사회변혁의 전망 공유하고, 배제된 노동자와 연대를 위해 헌신적으로 실천하는 활동가를 키워 내는 본연의 역할에 집중한다면, 노동운동은 커다란 진전을 이루어 낼 수 있을 것이다.

이렇게 우리는 권력의 힘을 쫓으면서 권력의 함정에 빠진다. 우리가 갖고 있는 엄청난 힘과 에너지가 사장되고 낭비된다. 뭔가를 하기 위해 권력의 힘을 쫓다가 그 뭔가를 잃어버리고 권력 그 자체가 목적이 되는 경우는 허다하다. 그러면서 활동가들의 시야는 좁아지고, 정신은 마비된다.

그래서 노동조합을 지배하는 대리주의 원리를 극복할 수 있는 운동의 사유 방식, 조직 방식, 활동 방식을 창안해야 한다. 이는 대중이 활동의 주체로 서게 만들고, 활동가들의 밑으로부터의 실천을 중심에 놓는 방식일 것이다. 어렵다면 어려운 일이지만 쉽다면 쉬운 문제다. 활동가들의 발상의 전환, 그리고 현장 조직이든, 정파든 갖고 있는 힘을 배치하는 데 변화만 주면 가능한 일이기 때문이다.

우선 의미 있는 무언가를 하려면 힘이 필요하고, 힘을 얻으려면 권력을 잡아야 하고, 지금 해야 할 일은 권력을 잡는 데 힘을 집중하는 것이라는 사고 방식에서 벗어나야 한다. '권력을 잡아야 무엇이라도 할 수 있다'가 아니라, 미래를 위해서 현재의 실천을 유보하는 것이 아니라, 지금-여기에서 충만한 실천과 관계를 만들어야 한다. 충만해야 할 것은 미래가 아니라 바로 지금-여기다. 바로 지금-여기가 중심이고, 지금-여기에서 변화를 위한 태풍의 눈을 만들어야 한다.

논쟁·소통 사라지고 오로지 선거 승리만

나는 노동운동에 바친 지나온 삶에 대해서 후회해 본 적은 없다. 아내와 나는 둘이 저녁에 술을 마실 때마다 이야기한다.

"내가 선택한 노동운동의 삶을 일관되고 부끄럽지 않게 살아서 참 다행이야."

하지만 나이가 들면서 쌓이는 회한은 깊어 간다. 왜 사람들과 관계와 만남이 세월의 무게가 쌓여 갈수록 넓어지고, 깊어지고, 농익어 가기는커녕, 점점 터놓고 이야기할 수 있는 만남의 폭은 협소해지고, 그냥 스쳐가는 냉랭한 관계가 늘어가기만 하는 것인가? 현장에서 밥 먹으러 갈 때나, 출퇴근 때 스치는 동료들이 있다. 반갑게 인사하는 동료들도 있지만, 차갑게 지나치는 동료들, 아예 얼굴을 돌리는 동료들도 있다.

그때마다 나와 저 동료들이 구속과 해고의 아픔을 함께 겪었고, 함께 뜨겁게 투쟁하고, 밤이면 진하게 소주잔을 나누며 기나긴 이야기를 풀어나갔던 동료들이었다는 것을 기억한다. 반복되는 선거 과정에서 서로 상처를 주는 행위들이 반복되고, 갈등과 반목이 증폭되면서 과거의 뜨거운 기억들을 모두 증발시켜 버렸다. 그렇다면 나는, 그리고 우리는 운동을 제대로 못한 것이 아닐까? 만날수록 힘을 주고, 기쁨을 생산하지 못하고, 서로를 지치게 하고 상처 주는 일이 더 많다면, 소원한 만남이 늘어만 가고 서로에 대한 무관심과 냉소의 기운이 퍼져나간다면, 세상을 바꾸겠다는 우리의 운동은 이미 실패한 것이 아닌가? 하루하루의 관계가 덧셈이 아닌 뺄셈이 되고, 과거에 맺어진 믿음과 신뢰를 하루하루 갉아먹고 나면, 우리에게는 그야말로 껍데기만이 남지 않을까?

'논리로 안 되면 인신공격하라.'

로마의 철학자이자 정치가인 키케로의 말이다. 선거 과정에서 권력을 둘러싼 경쟁은 합리적인 토론과 상대를 이해하려는 노력보다는, 상대를 제압하기 위해서 감정적이고 비이성적인 논리와 자원을 동원하려는 충동에 빠지기 쉽다. 그래서 선거를 둘러싼 경쟁은 부정의 감정을 확산시키면서, 노동 현장을 사랑의 공동체가 아니라 경쟁과 분노가 만연한 싸움터로 만든다.

나는 술자리든 어디든 누구를 헐뜯고 비난하는 대화를 좋아하지 않는다. 나는 아무리 능력이 있는 사람이라고 해도 남의 비판이 대화의 주가 되는 사람은 그리 신뢰하지 않는다. 그런데 나는 노동조합 주변에서 이루어지는 대화 내용이나 방식에서 무언가 공통점을 찾게 되었다. '나는 무엇을 지향하는가? 나의 입장과 생각은 무엇인가'에 대해서 이야기하기보다는 누군가를 비난하고, 그러한 비난에 대한 공감에서 자신들의 정체성을 확인한다. 자기 입장의 제시가 아니라 상대에 대한 비난에서 일관성을 획득한다. 이를 '부정의 설득법'이라 불러보자. 자신이 갖고 있는 긍정의 내용이 아닌 경쟁 상대, 특히 가장 가까운 경쟁 상대를 비난하고, 그럼으로써 자기 세를 모으는 방식이다. 그렇게 소통의 흐름은 끊어지고, 소통은 단지 '우리끼리'의 고여 있는 웅덩이 속에서만 소용돌이칠 뿐이다. 이것이 과연 한국GM 현장만의 모습인가? 노동운동이든, 지역운동이든, 정당운동이든, 다들 느끼는 답답함은 관계와 소통이 닫혀 있고 끊어져 있다는 느낌 아니겠는가?

그 끊어진 소통의 자리를 표가 대신한다. 모든 것은 선거와 표결로 통한다. 논쟁도 사상 투쟁도 소통도 필요 없다. 따로따로 표만 모으면 된다. 운동 노선이나 활동 방식에 대한 차이와 대립은 철저하게 익명성의 차가운 표 딱지로 처리되어 버린다. 소통은 자기 조직 내부에 국한된다. 각 현장 조직 내부에서는 많은 대화와 교류가 있다. 내부 결속을 다지기 위한 다양한 행사도 진행한다. 하지만 조직을 넘어선 사람들과는 소통의 문을 닫아 버린다. 조합원들은 오직 표로만 보인다. 지부장 선거든 대의원 선거든 조합원들의 명부에 O, X, △를 치는 것은 일상이다. 자기 조직만 열심히 챙기고, 선거를 위해 조합원만 챙기면 된다. 조직이 다르면 힘들게 대화와 소통을 할 필요가 없다. 겉으로 살짝 웃으면서 인사만 하면 된다. 그런데 과연 이것이 일선 현장에서만의 문제인가? 민주노총, 진보정당의 경우는 어떠한가?

나는 남들보다 늦게 민주노동당에 입당했다. 진보정당 운동이 필요하고, 특히 대기업 정규직 노동자들에 대한 대중적인 정치 사업이 필요하다고 보았기 때문이다. 현장에서 당원 조직도 만들고, 이 당원들과 토론하고 함께 대중적인 정치 사업도 전개하는 그런 꿈을 꾸었다. 하지만 정작 한 일이라고는 투표한 것밖에 없다. 당내에 뭔 조직과 자리가 그렇게 많은지……

대중을 향한 사업이 아니라 내부 투쟁에 모든 역량을 쏟아 붓는 느낌이었다. 그러다가 민주노동당은 분열되었다. 그런데 민주노총이든, 진보정당이든 조직 내 민주주의의 확대를 투표 절차의 확대로 이해한다. 운동 위기의 해법을 직선제나, 회의 기구 확대에서 찾는다. 한참 논쟁을 하다가 누군가 외친다.

"다수결로 합시다."

주변 사람들이 화답한다.

"그래. 민주주의는 다수결이지."

다수결은 승자와 패자를 가른다. 소수자의 의견은 억압되고, 오직 다수자의 입장만 관철된다. 다수결은 소통의 모형이 아닌 대결의 모형이다. 싸움에서 이기기 위해 표를 모으는 것이 선거이고 다수의 힘으로 주장을 관철하는 것이 다수결이다. 고병권은 그래서 "다수결은 사람들이 서로 대화하고 토론해서 의견을 모아내지 못하는 무능력의 표현"이라고 이야기한다.

'12인의 성난 사람들'이라는 영화가 있다. 아버지를 살해한 혐의로 법정에선 18살 소년에 대해 배심원 12명이 평결을 진행한다. 소년이 아버지를 칼로 찔러 죽였다는 사실은 너무나 자명해 보였다. 두 명의 목격자가 있고, 증거물로 칼이 제시되었다. 소년은 알리바이를 입증하지 못했다. 배심원들은 '토론할 필요도 없이 유죄는 너무나 자명한 사실'로 생각하고 투표에 붙이자고 한다. 다들 '빨리 끝내고 가자'고 한다. 단 한 명의 배심원(헨리 폰다)이 무죄를 주장했다. 다들 물었다.

"왜?", "당신은 무죄라는 걸 확신하느냐?"

그는 대답했다.

"무죄를 확신하지는 않지만 우리가 유죄 평결을 내리면 소년은 사형 당한다. 토론이 필요하다. 그래서 무죄 주장을 했다."

배심원 평결은 만장일치여야 한다. 토론이 시작되었다. 토론이 진행되면서 소년이 아버지를 찔렀다는 '너무나 자명했던 사실'에 조금씩 금이 가기 시작한다. 소년이 유죄라는 배심원들의 굳건한 믿음이 하나둘 흔들리기 시작한다. 11 : 1에서 10 : 2 …… 6 : 6을 거쳐서 결국 만장일치 배심원 무죄 평결이 만들어진다. 나는 이 영화를 보면서 다수결의 맹점과 토론의 중요성을 실감했다. 마르크스는 사람 간의 관계가 사물 간의 관계로 현상하는 것을 물신화라고 불렀다.[18] 사람들 간, 조직들 간의 대화와 소통이 사라지고 오직 표를 얻기 위한 경쟁으로 전락할 때 나는 이를 '운동의 물신화' 또는 '관계의 물신화'로 부르고 싶다.

촛불에서 우리는 자발성에 근거한 소통과 네트워크 힘의 무한한 증식을 경험했다. 투쟁 방향도 SNS를 통한 수평적인 소통에 의해서 결정되고, 특정 조직과 지도부가 없더라도 모두가 대중 지성을 형성한다. 하지만 닫힌 조직과 소통의 끊김은 힘을 끊임없이 감소시키는 부정의 결과를 초래한다. 노동운동을 포함한 진보운동 진영은 촛불의 힘을 몸으로 겪으면서도 소통의 능력과 방식을 배우지 못하는가? 진보의 가치를 담겠다는 조직은 과연 자발성과 소통의 힘들을 담아 낼 능력과 품을 갖고 있는 그릇인가?

지금 필요한 것은 조직 간 벽을 허무는 것, 표를 위한 경쟁, 표에 의해서 물신화된 관계를 깨고 소통의 네트워크를 형성하는 것이다. 우리에게 가장 절실한 것은 올바른 소통의 방식, 형식을 만들어 내는 것이다. 이를 위해 필요한 것은 사람에 대해, 관계에 대해 열려 있는 태도일 것이다. 현장 조직이나 정파 내부에서만 소용돌이치면서 맴돌고 있는 운동의 주요한 의제와 문제의식에 대한 토론을 현장 조직 간, 정파 간의 열린 테이블에 올려놓는 것이 필요하다. 노동조합 조직화와 혁신의 방향이든, 진보정당 운동의 방향이든, 한국 사회의 성격에 대해서든 모든 정파들과 개별 활동가들이 참여하는 오프라인 상의 열린 포럼이 일상적으로 만들어 질 수 있을 것이다. 그리고 여기서 토론된 의제와 내용은 온라인 공간에서 누구나 참여할 수 있는 열린 토론의 공간으로 연결되고 확대될 수 있을 것이다. 일상적 소통 공간의 형성은 이로 인해 만들어지는 결과도 의미가 있지만 과정 자체가 운동의 혁신이다.

대공장 노조, 단기 경제적 이익에 매몰

대기업 정규직 노동조합은 매년 치러지는 단체교섭과 투쟁, 2년마다 치러지는 임원 선거 일정에 따라 거의 비슷한 패턴의 반복된 활동을 수행한다. 조합원들은 교섭과 파업 투쟁을 1년 농사에 비유한다. 봄은 씨를 뿌리는 준비 기간이다. 요구안을 만들고, 각종 회의를 열고, 조합원 교육을 진행하고, 투쟁의 전열을 가다듬는 시기이다. 여름은 열매를 키우는 시기다. 교섭을 하고 파업을 한다. 그리고 늦은 여름과 가을에는 수확을 한다. GM대우의 닉 라일리 전 사장은 매년 단체교섭을 하는 것에 강하게 불만을 표했지만 매년 치르는 교섭과 투쟁은 대기업 정규직 노동조합에 강한 활력과 역동성을 가져다준다.

　단체교섭에서 노사 교섭 대표들이 만들어 낸 잠정합의안을 조합원들이 최종적으로 승인하는 잠정 합의 찬반 투표는 노동조합의 중요한 제도적 장치다. 87년 노동자 대투쟁 이후 '단체교섭 체결권이 누구에게 있느냐'는 노사 간 첨예한 쟁점이었다. 자본은 끊임없이 위원장, 또는 교섭 대표에게 최종적인 체결권을 주어야 한다고 주장해 왔고, 노동자들은 최종적인 체결권은 조합원에게 있다고 주장해 왔다. 위원장이 독단적으로 단체협약 체결권을 행사하는 것을 '직권조인'이라고 불렀고, 이는 용납될 수 없는 행위였다. 잠정합의안에 대해 조합원 찬반 투표를 묻는 것은 대공장 정규직 노동조합의 민주성을 유지시키는 핵심적인 장치가 되었다. 그래서 잠정합의안 찬반 투표 통과는 교섭 테이블을 마주하고 있는 노사 대표 모두에게 공통의 과제가 된다. 교섭의 잠정합의 내용은 이것으로 과연 조합원 과반 이상이 찬성표를 던질 것인가 여부가 중요한 기준이 된다. 또한 잠정합의안 찬반 투표에는 '선거의 정치'가 개입된다. 잠정합의안에 대한 투표 결과는 그 집행부에 대한 중간평가적인 성격을 갖기 때문에 집행 권력을 놓고 경쟁 관계에 있는 세력들은 부결 투쟁을 통해서 집행부에 대한 타격을 입히려고 한다. 역으로 집행부는 가결될 수 있는 잠정합의안을 내오기 위해서 전력을 다한다. 이러한 견제와 압박의 구도가 단체교섭과 투쟁의 전반을 관통하고, 조합원들의 이해는 이 과정에서 최대한 관철된다. 잠정합의안 찬반 투표라는 제도적 장치는 해당 조합원들의 이해와 관심에 노사가 아주 민감하게 반응하도록 만든다.

임원 선거를 보자. 2년마다 진행되는 선거는 조합원들이 집행부를 선택하는 행위를 통해서 자신의 이해를 관철시키는 중요한 제도적 장치다. 대기업 정규직 노동조합의 구조는 전형적인 대의제이지만 조합원들이 강한 영향력과 통제력을 행사하는 '강한 대의제'라고 볼 수 있다. 선거는 노동조합 집행 권력을 놓고 경쟁하는 현장 조직들의 조직력 가동을 극대화시키고 조합원들의 노동조합에 대한 관심과 참여를 활성화시킨다. 현장 조직들은 2년마다 돌아오는 선거에서 조합원들의 지지를 획득하기 위해서 그에 걸맞은 활동을 해야 하고 이는 일정 정도 현장 조직 활동을 규율하는 역할을 한다. 즉 조합원들의 지지를 얻기 위해서는 회사와 일정 정도 대립적인 모습도 보여야 하고, 조합원들의 핵심적인 요구를 쟁취하려고 노력하는 모습을 보여야 한다. 그래서 2년 단위의 주기적 선거는 노사담합적인 구조에 깊숙이 빠지기 쉬운 대공장 정규직 노동조합이 최소한의 건강성을 유지하게 만드는 장치가 된다. 이러한 대기업 정규직 노동조합의 시스템은 87년 투쟁 이후 30여 년 동안 투쟁과 활동을 겪으면서 만들어졌고, 노동조합이 민주성과 역동성을 발휘하게 만드는 강점과 힘으로 작동한다. 하지만 강점과 힘이 있는 곳이 바로 한계의 지점이기도 하다.

대기업 정규직 중심의 노동운동은 조합원들의 단기적, 경제적 이해를 극대화시키는 방향으로 구조화되어 있다. 또는 이렇게 표현해도 되겠다. 대기업 정규직 노동조합은 해당 조합원들의 단기적, 경제적 이해를 지켜내는 데 최적의 구조를 가지고 있다. 하지만 단기적이고 경제적인 문제를 해결하는 데 강점과 힘을 가지지만 구조적, 장기적, 전략적인 이해를 만들어 내고 해결하는 데는 치명적인 약점을 드러낸다. 1년 단위로 반복되는 교섭, 2년 주기의 임원 선거는 대기업 정규직 노동운동에 나름 역동성을 가지게 하는 역할을 할지는 모르지만 1~2년 주기로 반복되는 순환에 갇히게 만들어 노동조합 간부와 활동가들을 구조적 근시안으로 만든다. 특히 선거를 둘러싼 치열한 경쟁은 노동조합 활동가들의 관심을 장기적 전망보다는 당장 조합원 지지를 얻을 수 있는 단기적 이해에 집중하게 만든다. 집행부의 주기적 교체 때문에 노동조합은 2년 이상의 시간을 필요로 하는 중장기적이고 연속성을 갖는 사업을 할 수가 없다. 그래서 끊임없이 다시 원점으로 되돌아오는 도돌이표가 반복된다. 뿐만 아니라 선거를 통한 경쟁 구도는 장기적이고 구조적인 문제에 대한 현장 조직 간, 조합원 사이 열린 토론도 합의도 만들지 못한다. 그래서 대기업 정규직 노동조합에는 전략이 없다. 그것이 장기적인 고용 안정을 위한 전략적 대응 방안이든, 노동시간 단축과 건강한 삶을 위한 방안이든, 비정규직 정규직화를 위한 전략이든 말이다.

그런데 단기적, 경제적 이해에 매몰되면 정규직의 이해와 비정규직의 이해는 충돌할 수밖에 없다. 자본의 전략에 말려들기 때문이다. 대기업 정규직 중심의 노동조합이 이기주의자라고 비판받는다. 그런데 이기적인 것이 나쁜 것인가? '利己', 자기의 몸을 이롭게 하는 것은 자연스러운 것이다. 나쁜 것은 남에게 피해를 주고 남의 것을 빼앗아 이로움을 취하는 것이다. 대기업 정규직 노동자들이 자기의 이익을 위해 단결하고 투쟁하는 것은 자연스러운 일이다. 하지만 자본이 대기업 정규직 노동조합에게 일정 정도 양보를 하면서 비정규직 노동자들의 임금을 깎고 하청 단가를 후려쳐서 부품사 노동자들에게 고통을 전가하는 구조에 눈감아서는 안 된다. 장기적이고 전략적인 사고를 할 때라야만 이러한 구조에 대응할 수 있는 노동의 전략, 진정한 연대의 전략을 세울 수 있다.

인천의 동광기연은 한국GM에 부품을 공급하는 업체다. 그런데 동광기연의 납품 물량이 다른 업체로 빠지면서 동광기연 노동자들은 정리 해고됐다. 핵심 부품 업체의 투쟁적인 노동조합을 파괴하려는 의도가 깔려 있을 것이다. 또한 한국GM은 지속적으로 비정규직 구조조정을 하려고 한다. 만일 한국GM 노동조합이 장기적 전략을 가지고 있다면 동광기연 노동자들에 대한 정리 해고, 비정규직 노동자들에 대한 구조조정에 맞서는 투쟁은 앞으로 정규직 노동자들 자신에게 닥칠 구조조정에 대한 선제적 대응으로 자리매김 할 수 있을 것이다.

지금 한국GM의 미래와 구성원들의 고용은 GM의 글로벌 전략 방향에 따라 커다란 위기가 올 수도 있는 상황이다. 집행부는 한정된 힘을 가지고 어떻게 대응해야 할지 머리가 터질 지경이겠지만, 나머지 현장 조직들은 집행부의 대처 능력에 대해 비판만 하고 있는 형국이다. 집행부는 현장의 다양한 힘을 모으려 하지 않고, 현장의 다양한 힘들도 서로 모이려고 하지 않는다. 권력을 둘러싼 경쟁, 닫힌 조직과 소통의 끊김은 노동조합이 동원할 수 있는 힘을 최소화한다. 노동조합이 어떤 일을 하려고 할 때 실제로 동원할 수 있는 힘은 그리 많지 않다. 모아지는 힘은 최소화되고 나머지는 부정적인 힘, 즉 견제력으로만 남으려고 하기 때문이다. 함께 힘을 모아 성공하길 바라는 것이 아니라, 자신의 경쟁 상대가 성공하지 않기를 바라기 때문이다.

나는 한국GM 노동조합에서 집행부가 바뀌면 이전 집행부가 만들어 낸 의미 있는 합의나 성과를 힘 있게 이어가지 않거나 심지어 무시하는 일들을 종종 보아왔다. 그 합의나 성과는 자신들의 합의나 성과가 아니기 때문이다. 또한 노동조합이 구조조정 문제나 회사의 발전 전망 등 중요한 문제를 다룰 때도 집행부는 현장 조직들의 힘을 모으거나 현장의 경험 많은 활동가들의 의견과 지혜를 모으기보다는 외부의 전문가나 단체의 도움을 받는 것을 선호한다. 반대로 현장 조직들 역시 구조조정이나 미래 발전 전망에 대한 현 집행부의 무능을 비난할 뿐 함께 문제를 해결하려는 노력을 하지 않는다. 집행부와 현장 조직들은 그렇게 서로를 불신하면서 서로에게 문을 열지 못한다. 그래서 노동조합의 활동이 단기적이고 경제적인 이해에만 집중되고, 힘이 모아져야 가능한 전략적이고 장기적인 과제를 푸는 데는 무능력하게 된다. 장기적이고 전략적인 대응은 열린 소통과 토론, 힘을 모을 수 있는 능력을 만들 때만 가능하다.

노동운동의 '공유지'를 넓히자

오랜 기간 노동운동을 하면서 계속 느껴왔던 의문과 아쉬움은 이런 것이다. 상당히 좋은 취지를 가진, 그리고 상당히 의욕을 가지고 추진이 되던 사업들이 왜 항상 왜소한 모습으로 귀결이 되는가? "시작은 미약하나 끝은 창대하리라"(욥기 8장 7절)가 아니라, 출발은 창대했으나 그 끝은 항상 미약해지는가?

비정규직을 포함한 배제된 노동자들의 조직화 사업을 어떤 정파가 주도해서 지역에 비정규센터를 만든다고 하자. 이 정파는 진정으로 이 비정규센터가 지역의 비정규직 사업의 구심이 되고, 다양한 힘이 모이기를 원한다. 하지만 주도성은 놓치고 싶지 않다. 비정규직 사업을 진행하는 다른 활동가들은 이 센터에 힘을 모아 주기를 꺼린다. 그래서 의도하지 않게 이 비정규센터는 그 정파의 외곽 조직으로 전락해 버린다. 교육 사업은 안 그런가? 한 정파가 지역에 교육 사업을 위한 공간을 연다. 하지만 주도한 정파의 입장과 다르다고 생각하는 지역의 활동가들은 이 공간을 이용하지 않는다. 그렇게 비정규직 노동자 조직화 사업, 노동자 교육 사업 등 대중적인 사업 영역들이 의도하지 않게 그 정파 구성원들만을 위한, 또는 그 정파의 조직 사업 수단으로 규정되고, 왜소해진다. 아마도 노동운동의 새로운 대중 사업 영역을 만들고, 최대한 활동의 외연을 넓힌다는 목적과 자기 정파의 주도성을 확보한다는 두 마리 토끼를 다 잡으려고 할 때마다 창대했던 목표와 출발은 항상 왜소한 모습으로 찌그러질 것이다.

전통적인 운동의 조직과 활동 방식은 이렇다. 우선 동일한 사상과 이념을 가진 사람들이 모여서 조직을 하고, 그 조직을 확장시킴으로써 힘을 키우고, 이 힘을 바탕으로 대중들에게 선전하고 대중들을 조직하고 투쟁함으로써 자신이 생각한 이미지로 세상을 바꾸려 하는 것이다. 자신과 다른 조직, 사상, 이념 체계들은 자신을 중심으로 한 위계적인 스펙트럼으로 배열한다. 그 스펙트럼에 따라 함께 할 수 있는 자들과 싸워야 할 자들이 분류된다.

그리고 운동은 조직 운동, 특히 조직 확대의 운동이고 활동가는 조직가로 규정되어 왔다. 한 지역의 활동가는 조직 사업을 복숭아에 비유하곤 했다. 단단한 복숭아씨를 만들고 그 주변에 달콤한 과육으로 감싸는 것이 조직 사업이다. 복숭아씨는 그 정파의 정치사상적 이념으로 무장한 핵심 역량이고 과육은 이 핵심 역량에 동의하고 함께하는 좀 느슨한 활동가들이거나 대중들이다. 그리고 그 단단한 복숭아씨의 중심에는 강인한 신념과 사상으로 무장되고 투쟁 속에서 단련된 카리스마 넘치는 지도자가 있다.

대우자동차의 해고 노동자로 활동하고 있을 때 같은 해고자였던 한 활동가가 나에게 말한다.

"활동가가 왜 이래요?"

아마도 그 친구가 보기에 나는 좀 '띨띨한' 활동가였던 것 같다. 한마디로 카리스마가 없다. 말도 잘 못하고 듣기를 좋아하고 권위도 없다. 지도적인 활동가는 항상 명확한 지침을 말하고, 상대의 부족함을 날카롭게 지적하고, 상황 판단이 분명해야 하는데 말이다. 그런데 그 카리스마 넘치는 지도적 활동가들 중에 상당수가 운동판을 떠나고, 정치판을 기웃거리고, 자신의 사상과 신념을 헌신짝처럼 내던진다. 그리고 이 지도적 활동가들을 따랐던 활동가들은 배신감을 느낀다. 물론 여전히 신실하게 활동하고 있는 모범적인 사람들도 많다. 떠날 사람은 떠나는 것이고 남는 사람은 남는 거다. 하지만 나는 이들 소위 지도적 활동가 중 몇몇의 조직 방식에서 결정적인 문제점을 보기 시작했다. 이들은 사람을 자신의 영향력 아래 가두는 것, 항상 자신에게 의존하게 만드는 것을 조직 활동이라고 생각했던 것 같다. 말하자면 '자기 사람'을 만드는 것이다.

나는 이처럼 하나의 중심에서 시작해서 동심원적으로 자기를 확대해 나가는 운동의 원리를 자기동일성 확장의 사유 원리, 조직 원리, 활동 원리라고 부르고 싶다. 정파든 현장 조직이든 내부 조직원들 간에는 끈끈한 관계가 형성된다. 과거 20~30년 전의 정파 활동에서 맺어진 관계는 지금도 끈끈하게 유지된다. 옛 동지들을 만나는 것은 정말 반갑다. 그 옛 동지들이 지금 어떤 삶을 살고 있든지 상관없이 과거의 경험담을 나누며 소주 한 잔 걸치는 것은 정말 즐겁다. 현장 조직의 인간관계도 선거를 둘러싸고 찢어지고 갈등하기도 하지만 같은 조직 내의 관계는 끈끈하다. 그런데 나는 끈끈하다는 느낌보다는 끈적거린다는 느낌을 지울 수 없다. 끈끈한 관계가 외부를 향해 열리지 않고 폐쇄적으로 된다면, 차이에 대해 배타적이 되면 끈적거림으로 변한다. 그래서 낯익은 사람들과 만나면 너무나 편하지만 낯선 사람들과의 만남은 항상 어색하고 경계심이 서고, 새로운 관계를 만들고 새로운 사람에게 마음을 여는 데는 너무나 인색하고 서툴다.

니체는 '먼 이웃을 사랑하라'고 했다. 동지애를 강조한다. 누가 동지인가? 바로 나의 곁에서 나와 뜻을 같이하는 사람이나 이해관계를 같이 하는 사람일 것이다. 그런데 나와 멀리 떨어져 있는 비정규직 노동자, 외국의 노동자들, 아니 자기 조직 밖의, 자기 팔 너머에 있는 활동가들에 대해서 어떤 감정을 느끼는가?

지금은 단단하고 끈끈한 조직을 만드는 능력보다는 열린 소통에 기반을 둔 네트워크를 만드는 능력이 더 많이 요구되는 시기다. 그러면 누군가는 이렇게 반문할지도 모른다.

"그러면 조직하지 말라는 거야?"

모든 활동은 조직 활동이고, 모든 관계는 조직적 관계라는 사실을 모르는 것도 아니다. 나는 헌신적으로 조직 활동을 하는 활동가들을 존경한다. 다만 자기동일성 확장의 원리에 갇혀 버린 조직, 소통과 네트워크를 만드는 능력을 갖지 못한 조직, 개인의 주체성과 자발성을 키우기보다는 의존적으로 만드는 그런 조직 원리에 대해서 문제를 제기해 보고 싶을 뿐이다.

자신의 이념과 사상이 올바르다는 신념을 갖는 것은 중요하다. 하지만 절대적으로 올바르지는 않다는 것, 자신만으로 완결된 옳음은 만들어지지 않는다는 것, 옳음은 무수한 다양한 생각들이 모여서 집합적으로 소통하고 토론하고 실천하는 과정 속에서 만들어진다는 것을 인정하는 것이 중요하다. 서로 다른 입장들이 끊임없이 부딪치고 서로 보완되어야만 건강한 올바름으로 나아갈 수 있는 것이 아닌가? 자신의 이념과 사상만이 옳다고 생각하고, 이것을 지배적인 것으로 만드는 동일성의 확장을 운동의 목표로 삼게 되면 서로 접속하고 보완하면서 운동의 풍요로움을 만들기보다는 서로 대립하고 갈등하면서 결국 각자 앙상한 결과만을 움켜쥐게 된다. 동일성의 확장, 이에 따른 대립과 갈등은 세상을 바꿀 수 있는 풍요로운 창조적 힘을 만들어 내지 못한다.

그렇다면 세상의 변화를 만들어 낼 조직적 힘은 어디에서 찾을 것인가? 나는 '공통적인 것'의 형성을 목적으로 하는 조직 원리와 활동을 대안으로 제시해보고자 한다.[19]

나는 '공통적인 것'을 '우리 운동의 공통적인 목표, 자산(힘), 활동'이라고 간단하게 정의를 해보겠다. '공통적인 것'은 우선 공통적인 목표를 가진다는 의미를 함축한다. 예를 들어 세상을 변화시킬 수 있는 힘, 즉 다수 노동 대중의 조직된 힘을 키우는 것을 공통의 목표로 삼을 수 있을 것이다. 다음으로 이러한 목표를 달성하기 위해서 각자 갖고 있는 조직적 능력, 정책적 역량과 지혜를 모아 공통의 조직, 공통의 자산(힘)을 구성할 수 있을 것이다. 그리고 이러한 토대 위에서 공통의 활동을 수행할 수 있다. 공통적인 것은 '공유지'라고 표현해도 무방할 듯한데, 공유지는 모든 사람에게 개방된 공통의 자산이다. 그런데 자본주의는 공통적인 것을 사유화하고, 공유지를 약탈한다. 마찬가지로 운동에서 공통적인 것 그리고 공유지는 누구에 의해서 사유화될 수 있는 것이 아니라, 함께 만들고 지켜야 할 대상이다. 공통적인 것(공유지)에 중심 가치를 놓지 않고, 이것을 각 정파의 자기 확장, 자기 노선의 관철 수단으로만 본다면 '공유지의 비극'이 생겨나게 된다.

……

머리에 하나둘 흰머리가 나도록 / 무기력과 낮잠과 권태와 싸웠네
이마에 깊은 주름살이 서도록 / 초조감과 조급성과 세월과 싸웠네
아무도 그 뜻을 헤아릴 수 없었네 / 그를 배치한 조직을 빼놓고는

백군에게 쫓겨 파국을 앞두게 된 / 홍군이 어느 날 그곳을 지났네
뗏목지기 나서 뗏목을 준비했네 / 5년도 넘게 10년도 넘게
흰머리가 나도록 준비했던 뗏목지기 / 뗏목 풀어 한꺼번에 대군을 살렸네

- 김형수 시, '뗏목지기는 조직원이었네' 중에서

아름다운 이야기다. 당을 위해, 홍군을 위해, 남이 알아주지 않아도 묵묵히 양자강 가에서 뗏목을 만드는 삶. 미래의 혁명을 위해서, 미래의 승리를 위해서 묵묵히 하루하루를 실천하고 살아가는 뗏목지기의 삶을 본받아야 한다고 생각했다. 그런데 옛날에 뜨거운 감동을 주었던 이 시는 지금 다시 읽으면 두 가지의 상반된 의미로 다가왔다.

첫 번째는 정파적 관점에서 읽을 수도 있겠다. 자기동일성 확장의 방식으로 세상을 변화시키겠다는 특정 정파는 비록 지금은 미미하지만 줄기차게 조직 확대와 투쟁을 지속하다 보면 언젠가는 자신의 영향력이 커지고, 대중들도 자신들을 알아줄 것이라는 신념을 가질 수 있을 것이다. 물론 굳건한 신념을 갖고 활동하는 것은 존경스러운 일이지만, 현재의 실패에서 교훈을 찾고 치열한 자기반성과 변화를 모색하기보다는 과거와 동일한 실천을 반복하는 완고함으로 나타날 수도 있다.

두 번째는 우리 운동의 공통 목표, 자산, 힘이라는 '공통적인 것'을 추구하면서, 그 장기적 과제에 대해 충실한 것, 그리고 눈앞의 성과에 일희일비하지 않고 긴 안목을 가지고 묵묵히 활동하면서 살아가는 활동가의 자세로도 받아들일 수 있겠다.

'우리는 항상 공통의 목표를 위해 단결해오지 않았는가?'라고 반문할지도 모른다. 박근혜 정권과 싸우기 위해서, 특정한 사안에 대응하기 위해서 수백 개의 단체들이 모여 대책위라는 이름의 전선체를 꾸리는 것은 일상적인 모습이다. 하지만 '공통적인 것'은 사안별, 시기별로 만들어졌다 흩어지는 전술적 과제를 말하는 것이 아니다. 운동에서 가장 필요하고 절실한 전략적 공통 과제를 말하는 것이다.

예를 들어 대기업 정규직 중심의 노동운동을 혁신할 수 있는 공통의 과제와 실천 방안이 있을 수도 있겠다. 또한 진보정당의 재구성 역시 공통 과제가 될 것이다. 자본주의 질서를 비판적으로 바라보고 이를 극복할 수 있는 대안적 실천과 삶을 조직하는 것도 공통적인 과제일 것이다. 지역에 '민중의 집' 형식이든, 배제된 노동자들을 위한 공간이든, 교육 사업들도 '공통적인 것'이 될 것이다. 그런데 이 책에서 나는 그 무엇보다도 배제된 노동자의 조직화, 주체화를 위해 우리가 갖고 있는 힘을 어떻게 조직할 것인가를 우리 운동의 핵심적인 '공통적인 것'으로 제시하고 싶다.

그런데 '공통적인 것'은 이해관계의 절충이나 소수 상층부의 절충과 담합으로는 만들 수 있는 것은 아니다. 무엇이 '공통적인 것'이냐에 대한 합의, '공통적인 것'을 어떻게 운영할 것인가에 대한 합의, '공통적인 것'을 만들기 위한 공통의 노력은 열린 소통과 네크워크 역량을 통해서만 가능하다. 그래서 가장 먼저 시작해야 할 일은 다양한 방식으로 '공통적인 것'을 형성하기 위한 열린 소통 네트워크를 만드는 일이다. 항상 모여서 토론하고, 논쟁하고, 힘을 모을 수 있는 방안을 찾고, 공통의 공간을 만드는 일상적인 실천의 반복 속에서 '공통적인 것'은 만들어질 수 있을 것이다. 만일 '공통적인 것'을 위한 대중적인 소통과 토론, 네트워크가 형성된다면 이미 절반은 성공한 셈이다.

4장

균열된 노동, 배제된 노동자

노조 바깥 90%,
노동운동의 새로운 지평 여는 주체

균열된 노동, 배제된 노동자
노조 바깥 90%, 노동운동의 새로운 지평 여는 주체

노동운동, 새로운 주체가 등장할 것인가?

87년 이후 몇 년간 노동자 투쟁을 상징하는 두 개의 이미지가 있다. 하나는 수만 명의 현대그룹 노동자들이 중장비를 앞세우고 행진하는 사진으로 대표되는 이미지다. 이는 긴 잠에서 깨어난 거대한 노동자 군대를 상징한다. 또 하나는 현대중공업의 골리앗 크레인 농성 사진으로 전투적이고 비타협적인 노동자 투쟁 의지를 상징한다.

  박정희가 군수산업 육성을 목적으로 의욕적으로 추진하다 80년대 초 과잉 중복 투자로 위기를 맞았던 중화학공업은 80년대 중후반 3저 호황을 맞아 폭발적으로 성장한다. 조선, 자동차, 기계 산업의 거대한 공장들마다 수천, 수만 명의 20~30대의 젊은 남성 노동자들을 빨아들였다. 이들 젊은 남성 노동자들이 87년 노동자 대투쟁의 동력이었고, 이들이 파업을 벌일 때마다 한국 사회 전체가 뒤흔들렸다. 대우자동차 역시 부평 공장에서 월드카르망이 생산되면서 86~87년 수천 명의 20대 남성 노동자들을 고용했다.

이들이 87년 투쟁과 이후 현장 투쟁의 주역이 되었다. 젊은 혈기, 피가 끓는다는 말은 빈말이 아니었다. 하나의 거대한 공장에서 집단화된 젊은 남성 노동자들의 투쟁은 강한 인화력과 폭발력을 가지고 있었다.

1991년 대우자동차 노동조합 위원장이 대기업 연대회의 사건으로 구속됐다.[20] 연일 집회와 시위가 이어졌다. 그리고 경찰은 노동조합 사무실에 난입해서 당시 직무대행을 맡고 있던 수석부위원장을 연행했다. 그 소식이 현장에 전해지자마자 공장 노동자들이 생산 라인을 일제히 멈추고 쏟아져 나오기 시작했다. 경비실이 부서지고 곧바로 경찰과의 투석전이 벌어졌다. 수천의 노동자들은 '어떻게 경찰이 노동조합 사무실에 난입해서 노조 지도자를 연행해 갈 수 있나?'라는 분노를 순식간에 응집시키고 폭발시켰다. 경찰이 공장에 투입되고, 수백 명의 노동자들이 연행됐다. 나는 가까스로 공장 담을 타고 도망쳐서 연행은 안 됐지만 아직도 당시 상황을 연상하면 가슴이 울렁거린다. 이처럼 87년 노동자 대투쟁은 대기업 중공업 사업장의 젊은 남성 노동자라는 새로운 주체를 탄생시켰다.

90년대 초까지만 해도 사회변혁을 꿈꾸던 많은 활동가, 정파 조직들은 대공장 사업장 남성 노동자들의 이러한 응집력과 폭발력에 한국 사회 노동운동의 힘, 그리고 사회를 변혁시킬 힘이 있다고 믿었다. 나 역시 그런 믿음을 안고 대우자동차에 입사한 사람 중 하나다. 나는 대우자동차 같은 대공장 하나하나에 노동조합이 공고하게 서고, 노동조합이 민주화되고, 그곳 하나하나가 굳건한 요새가 되어 세상을 바꿀 수 있다고 믿었다. 그래서 나는 대우자동차라는 대공장 하나만 제대로 세우면 활동가로서 내 역할을 다 하는 것이라고 생각했다. 그리고 옆도 돌아보지 않고 오로지 대우자동차 현장만을 생각하면서 활동해 왔다. 그런데 그 대공장 정규직 노동조합들이 하나둘 무너져 내리고 있다. 세상을 바꾸는 꿈과 희망으로 불리던 대공장 노동자들이 지금은 자신만의 이해를 지키는 데도 힘이 벅찰 지경이 됐고, 연대할 줄 모르고 자기 것만 챙기는 이기주의자로 불리고 있다.

　게다가 87년 투쟁의 주역들은 이제 늙은 노동자가 되어 공장에서 썰물처럼 빠져나가기 시작한다. 한국GM에서도 2~3년 후부터 1년마다 노동자 5백 명 이상이 정년으로 회사를 그만둔다. 이는 현대, 기아차를 비롯한 남성 대공장 사업장들의 공통된 현상이다. 뿐만 아니라 산업구조 변화로 인해 대기업 남성 노동자들은 더 이상 노동자 계급 구성의 중심이 되지 못한다. 대기업 중공업 사업장 남성 노동자들이 노동운동의 주체였던 87년과 30년이 지난 지금 2017년 사이에 산업구조와 노동자 계급 구성에 엄청난 변화가 있었다.[21]

　지난 30년 동안 노동자 수는 1,000만 명에서 1,900만 명으로 거의 두 배가 늘었다. 하지만 노동조합으로 조직된 노동자 수는 제자리걸음이다. 산업구조의 변화와 신자유주의의 흐름으로 한국 사회에서 새로운 분야의 노동자 수가 증가했지만, 이들을 노동조합이 담아내지 못하고 있다. 87년 노동자 대투쟁 이후 형성된 대기업 남성 노동자라는 노동자 주체들이 썰물처럼 빠져나가면 앞으로 그 빈자리를 채워 줄 새로운 주체가 만들어질 것인가? 아니면 노동운동이 텅 비고 황량한 빈 개펄로 남을 것인가?

　새로운 노동자 주체는 형성되고 있다. 잠재적으로는 형성되어 있지만 단지 조직화-주체화 힘이 미약하다. 이들의 분노가 촛불 광장의 바탕에 깔린 힘이었고, 이들은 지금도 일터에서, 학교에서, 삶의 현장 곳곳에서 새로운 감수성과 정서를 가지고 살아가고 있다. 어쩌면 우리가 경험했던 것과는 다른 방식으로 투쟁하고 분노를 쌓아가고 있을지도 모른다.

　그렇다면 이제 87년 노동자 대투쟁 이후 노동운동을 이끌어 왔던 대공장 남성 노동자들은 새로운 노동자 주체에 길을 내주어야 한다. 단지 길을 내주고 비켜 앉는 것이 아니라 새로운 노동자 주체들의 조직화를 자신의 과제로 삼으면서 이들과 함께 노동운동의 새로운 주체로 거듭나야 한다. 그리고 그 동안 단지 피해자의 형상으로만 인식되어 왔던 이 새로운 노동자 주체는 세상을 바꾸는 힘과 능력으로 인식되고 자리매김 되어야 한다.

배제된 노동자와 새로운 주체 사이

내가 다니는 한국GM에서 정규직 노동자와 비정규직 노동자 임금은 2배 이상 차이가 난다. 정규직 노동자인 나는 두 딸을 재수까지 시켜서 대학에 보냈지만, 회사가 대학 학자금을 지원해 줘서 등록금 부담이 없다. 오랜 기간 동안 병치레를 하시는 아버님 병원비도 회사 지원으로 부담을 덜었다. 내 집을 갖고 있고, 노후를 위해서 조금씩 저축도 한다. 비정규직 노동자인 나의 지인은 아이들 학비를 마련하기 위해서 아내와 죽을 둥 살 둥 맞벌이를 해야 하고, 아이들도 알바를 해서 자기 학비와 용돈을 마련해야 한다. 부모가 병이 들어도 제대로 도움도 주지 못하는 불효자 노릇을 해야 하고, 자신이나 가족이 병이 들면 그나마 있는 재산 다 까먹고 길거리로 나앉아야 할지도 모른다. 그래서 비정규직 노동자들에게 정규직 노동자의 삶은 꿈같은 삶이고, 정규직 노동자들은 자신의 자리에서 떨려 나가지 않기 위해 안간힘을 쓴다. 한국의 노동자 계급 내부에는 거대한 균열이 존재한다. 하나의 계급이라고 할 수 없을 정도의 균열이다.[22]

지금까지 이 균열을 정규직과 비정규직 간의 차별로 표현했다. 하지만 차별이라는 단어로 이 균열을 설명하기에는 너무 약하다는 느낌이다. 고용 안정성, 임금 수준의 차별을 넘어선, 한국 자본주의 체제에서 구조적으로 자신의 몫과 자리를 빼앗긴, 수적으로 다수임에도 잉여, 잔여로만 존재하는 상태를 표현하는 말을 찾고 싶었다. 그래서 이를 한국 자본주의 사회에서 구조적으로 형성된 '배제'라고 표현하고, 여기에 해당되는 노동자들을 '배제된 노동자'라고 표현하고자 한다.[23]

배제된 노동자라는 개념을 사용할 것을 제안하는 또 다른 이유는 그동안 일반적으로 사용해온 비정규직 노동자라는 개념이 협소하다는 판단 때문이다.

비정규직 문제를 보편적인 문제로 바라보아야 한다는 주장이 있다.[24] 97년 IMF 이후 비정규직 노동자의 급증은 보편화된 사회적 현상임에 분명하다. 하지만 단순히 고용의 안정성·불안정성만을 기준으로 삼는 비정규직 노동자 범주로는 새로운 주체를 포괄하지 못한다. 정규직 노동자도, 비정규직 노동자도 다양한 방식으로 위계화되고, 계층화되어 있다. 정규직이지만 비정규직보다 더 열악한 노동조건에서 일하는 경우도 많다. 현대, 기아의 비정규직 노동자들과 중소기업 정규직 노동자들의 생활수준이나 고용 안정성을 비교하면 과연 어디가 더 나을까? 비정규직 노동자라는 범주만으로는 중소기업·여성·청년·외국인 노동자들이 겪는 차별과 모순을 담아내지 못한다. 물론 중소기업 노동자, 여성 노동자, 청년 노동자, 외국인 노동자들이 대부분 비정규직 노동자이거나 비정규직과 다를 바 없는 노동조건에서 일하고 있다고 반문할지도 모른다. 하지만 정규직과 비정규직 간의 차별과 모순 못지않게, 남성과 여성, 대기업과 중소기업, 기성세대와 청년세대, 내국인과 외국인 간의 차별과 모순도 심각하다. 이 차별과 모순이 비정규직의 범주에 묻혀서 과소평가되어서는 안 된다. 비정규직·중소기업·여성·청년·외국인 노동자 범주는 서로 교차하고 중첩되면서 그 모순이 증폭되고, 힘을 증폭시킨다.[25] 그 배제의 극한에 이주 노동자들이 있다.[26]

다음으로 미조직 노동자라는 범주가 있을 수 있다. 민주노총은 비정규직 노동자 조직화와 미조직 노동자 조직화로 두 개의 범주를 혼용해서 쓰고 있다. 하지만 미조직 노동자는 조직노동자의 잔여적인 범주일 뿐이고, 조직되어야 한다는 과제를 전제한 개념이다. 미조직 노동자 속에는 가장 고통 받고 열악한 조건의 노동자들도 있을 수 있지만, 조직되지 않는 대기업 정규직 노동자들도 있다.

배제된 노동자들은 배제되었다는 공통의 특성을 갖고 있고 배제된 상태를 극복해야 하는 공통 과제를 갖고 있다. 그렇다면 그들은 무엇으로부터 배제되었는가?

첫째로 부의 몫(의 분배)에서 배제된다. 배제된 노동자들은 한국 사회의 부를 생산하는 데 절대적인 공헌자이지만 사회적으로 생산된 부의 몫을 분배하는 데서 배제된다. 한국의 자본은 조직돼 있고 투쟁력이 있는 일부 대기업 정규직 노동자들에게는 일정 정도의 부를 분배하면서 타협하고 포섭하려는 노력을 하지만 배제된 노동자들은 부의 분배에서 배제한다.

둘째로 노동자(노동자 됨)로부터 배제된다. 대한민국 헌법은 노동자들의 단결권·단체교섭권·단체행동권을 보장하고 있다. 하지만 이러한 헌법적 권리는 노동조합을 통해서만 실현되고 배제된 노동자 다수에게는 노동조합이 없다. 또한 배제된 노동자들은 근로기준법 등 노동 관계법의 보호도 제대로 못 받는다. 게다가 자본이 끊임없이 고용 관계로부터 벗어나려는 전략을 펼치면서 노동자이면서도 노동자성을 인정받지 못하는 노동자들이 늘어나고 있다.[27] 노동조합을 만들기 힘들 뿐만 아니라 설사 노동조합을 만들어 교섭을 하려고 해도 실제 권한이 있는 원청 자본가는 뒤에 숨어 있고 바지사장만이 나타날 뿐이다. 한편에서는 노동자성이 부정되고, 다른 한편에서는 원청 자본가의 사용자성이 부정된다. 배제된 노동자들은 노동자로서의 시민권이 없다. 그래서 배제된 노동자들은 스스로를 노동자로 부르지도 못하게 됐으며, 언제부터인가 노동자가 부러움의 대상이 됐다. 노동자가 노동자 됨, 노동자로 인정받음으로부터 배제된 것이다.

셋째로 생존(살 권리)으로부터 배제된다. 87년 노동자 대투쟁에서 가장 많이 외친 구호가 '인간답게 살아보자'였다. 하지만 30년이 지난 지금도 배제된 노동자들은 작업장에서의 일상적 차별과 인격적 모멸, 성희롱 등을 당하면서 인간답게 살지 못하고 있다. 또한 자본은 위험과 죽음을 외주화하면서 비정규직 노동자들을 죽음으로 내몰고 있다. 한국 사회의 노동현장은 87년 이전과 87년 이후가 공존하고 있다. 87년 이전에 조선 산업 노동자들은 산업재해로 수 없이 죽어 갔다. 87년 투쟁 이후 현대중공업, 대우조선 등 조선 산업 노동자들이 보여준 전투적인 투쟁의 모습은 아마도 죽어나가는 바로 옆 동료들을 보면서 싹튼 분노 때문인지도 모른다. 하지만 지금 조선 산업 정규직 노동자들은 거의 죽지 않는다. 죽을 자리에서는 일하지도 않는다. 비정규직 노동자들이 죽을 자리에서 일하고 보호 장치도 갖추지 못한 채 대신 죽어가고 있다.[28] 그렇게 배제된 노동자들은 생존에서, 살 권리에서 배제된다.

네 번째 자기 목소리(말할 권리)로부터 배제된다. 배제된 노동자들은 잘 보이지 않는다.(비가시화) 정규직 노동자가 정리 해고 되면 커다란 사회 문제가 된다. 하지만 비정규직은 해고되어도 사회적으로 크게 문제가 되지 않거나 조용히 지나가 버린다. 지난 2001년 대우자동차 정규직 1,750명에 대한 정리 해고는 엄청난 사회적 파장을 불러일으켰다. 하지만 당시 이보다 더 많은 수의 비정규직 노동자들이 소리 소문 없이 잘려 나간 사실은 아무도 기억하지 않는다. 마찬가지의 경우가 2008년 GM대우 시절 비정규직 노동자 대규모 해고와 2014~15년 군산공장의 비정규직 노동자 대규모 해고 역시 사회적인 관심과 파장은 크지 않았다. 또한 배제된 노동자들은 자신들의 삶의 고통을 이야기할 자기 목소리를 갖지 못한다. 지하철의 비정규직 노동자 죽음, 조선소의 하청노동자 죽음처럼 오직 죽음으로서만 자신의 존재를 드러내고, 처참한 자신의 현실을 말한다. 다른 누군가에 의해서 문제화돼야 문제가 된다. 그래서 배제된 노동자들은 자신의 문제를 사회 문제화시키고, 사회적 관심과 연대를 호소하기 위해서, 땅 위에서 농성하고, 단식하고, 하늘 높이 고공으로 오르고 심지어 목숨을 끊기까지 한다. 이렇게 배제된 노동자들은 자기 목소리를 가질 권리, 말할 권리로부터 배제된다.

이처럼 한국의 자본주의 체제는 이들 노동자들을 자신들의 몫과 자리에서 구조적으로 배제하는 체제다. 이러한 '배제의 체제'에 이의를 제기하고 맞서 싸우는 대중들이 새로운 노동자 주체가 될 것이다. 배제된 노동자들이 자신의 정당한 몫과 자리를 차지하는 것, 그것이 바로 우리가 바라는 새로운 세상의 모습이다.

두 개의 균열과 문턱

한국 사회에는 두 개의 균열과 문턱이 존재한다. 첫 번째 균열과 문턱은 자본과 권력을 독점하고 있는 소수의 특권층과 다수 민중 간에 형성된다. 소수 특권층 세계의 중심에는 정유라의 말과 재벌 세습 특혜를 맞바꾸는 자본과 권력의 결탁이 있다.

두 번째 균열과 문턱은 노동자 계급 내부에서 형성된다. 다수의 가난한 노동자들에게 특권층으로 진입은 불가능에 가까운 일이지만 노동자 내부를 가르는 이 균열과 문턱을 넘기 위해서는 치열하게 경쟁한다. 배제된 노동자들이 넘고 싶은 문턱은 대기업 정규직, 공무원과 교사 등 상대적으로 안정적인 고용과 수입이 있는 직업군으로 들어가는 입구에 있다. 뭔가 대단한 권력이나 부가 아니다. 단지 먹고 사는 정도, 결혼하고 자식 낳고, 자식 공부시키는 데 걱정하지 않을 정도의 고용 안정성과 임금 수준이다. 대단한 것은 아니면서 대단한 것이다. 연애·출산·결혼(3포), 인간관계·내 집(5포), 꿈·희망(7포)에 이어 모든 것을 포기해야 하는 n포 세대에게, 포기하지 않아도 되는 삶은 정말 대단한 것이고, 가난한 노동자들의 절실한 꿈이기 때문이다.

　이 문턱을 놓고 치열하게 경쟁하고 진입한 자와 진입하지 못한 자가 갈린다. 기업에 취업하는 것이 대학 들어가는 것보다 더 힘들다. 수많은 청년들이 공무원 시험 준비를 한다. 2016년 기준 취업 준비생 10명 중 4명이 공무원 시험을 준비하는 공시생이다. 수자로는 22만 명에 달하고, 9급 공무원은 54 대 1, 7급 공무원은 122 대 1의 경쟁률을 기록했다.[29] 지금은 상황이 바뀌었지만 이전에는 대기업 생산직의 경우 비정규직 노동자가 정규직 취업을 위해 수천만 원의 돈을 써야 했다. 상가에서 만난 한 선배 노동자가 "내 아들이 비정규직인데 내가 돈이 없어서 애비 노릇을 못한다"고 한탄하듯이 말했다. 오래전에 회사 그만두고 장사하면서 힘겹게 생활을 꾸려나가는 이 선배 노동자는 가까스로 아들을 한국GM 비정규직으로 취업은 시켰는데 정규직으로 만들 수 있는 돈을 마련하지 못하는 자신의 처지를 한탄한 것이다. 비정규직에서 정규직이 되는 것을 '로또 맞는다'고 표현한다. 기아, 현대에 이어 이번에 한국GM까지 회사 임원, 관리자들과 노동조합 간부가 연루된 취업 비리로 홍역을 치렀다. 취업 비리가 발생한 이후 노동조합과 회사는 재발하지 못하도록 투명한 채용 절차 등 제도적 장치를 만들기 위해 노력을 하고 있지만 한 번 입은 상처와 불신은 쉽게 아물기는 어려울 것 같다. 어떻게든 정규직이 되려는 욕망과 회사와 노동조합의 부패가 버무려지면 취업 비리가 발생한다.

그래서 취업 문제에 대해서는 정치적으로 민감하고 폭발적이다. 그리고 진입하지 못한 자들은 진입한 자들을 선망과 질시의 눈으로 바라보고, 진입한 자들은 진입하지 못한 자들에게 연대의 손길보다는 자신의 자리를 빼앗기지 않을까 하는 두려움과 경계의 시선으로 바라본다.

그러면 대기업 정규직 노동자들은 어떠한 위치에 있는가? 배제되어 있는가, 포함되어 있는가? 물론 배제된 노동자는 아니다. 일정 정도 생산된 부의 분배를 보장받고, 노동자로서의 권리도 인정받고 있다. 그렇다면 포함되어 있는가? 포함되어 있다고 볼 수 있지만 이는 '불안한 포함'이다. 대기업 정규직 노동자들은 자본의 적극적 포섭 전략에 의한 포함이라기보다는 끊임없는 투쟁을 통해서 그 포함의 위치를 확보했고, 자본에 의해서 끊임없이 밀려나갈 위험에 처해 있는 불안한 포함이다. 그래서 '강성' 투쟁을 일삼는 '노동귀족'이라고 끊임없이 대기업 정규직 노동자들을 공격하는 자본과 수구언론의 적대적 태도와 상대적으로 안정적인 고용 상태에도 불구하고, 고용 불안을 끊임없이 되뇌는 대기업 정규직 노동자들의 불안 심리가 서로 교차된다.

그렇다면 위에서 이야기한 두 개의 균열과 문턱 중 적대의 선이 어디에 그어져 있는가? 또는 어디에 그어져야 하는가? 당연히 적대의 선은 소수 특권층과 다수의 민중 사이에 그어져 있다. 한국 사회를 '헬조선'이라고 부르고, 금수저와 흙수저를 나누는 청년들의 분노는 바로 이 적대의 선을 향해 있다.[30] 미국에서 '1%에 저항하는 99%의 싸움'을 내건 '월가를 점령하라' 시위대 역시 이 소수 특권층에 대한 다수 민중의 분노를 표현한 것이다.

그래서 소수 특권층은 다수 민중의 분노가 첫 번째 균열과 문턱으로 향하는 것을 막기 위해 두 번째 균열과 문턱으로 적대의 선을 돌리려 한다. 자유한국당 대통령 후보로 나온 홍준표는 '강성 귀족노조 척결'을 주요 선거 공약으로 내걸었다. 박근혜 정권은 '노동 개혁으로 청년에게 좋은 일자리를' 이라는 구호를 전면에 내걸고 정규직 노동자의 기득권을 해체시켜야 청년의 일자리를 만들 수 있다고 주장했다. 물론 노동자 내부의 균열과 문턱에 적대의 선을 만들려는 자는 권력과 자본이지만 대기업 정규직 노동조합이 다양한 방식으로 빌미를 주고 있는 것도 사실이다. 비정규직과 연대를 거부하고, 자본이 수행하는 배제의 공모자 역할을 하고, 취업 비리 등 부패한 모습을 보여주는 것이 대표적 사례다. 이 점을 잊지 말아야 한다.

또한 배제된 노동자들의 진입 욕망은 대기업 정규직 노동자들에 대한 질시와 선망으로 나타난다. 미국의 비판적 학자 노암 촘스키는 이렇게 이야기한다. "지독히 학대받는 사람들은 바로 한 뼘 위에 있는 사람들에게 적대감을 쏟아 냅니다. 까마득히 위에 있는 지배층을 겨냥하지 않습니다."[31] 정리해고에 맞선 쌍용자동차 노동자들의 점거농성을 보면서 어떤 사람은 아고라에 이렇게 썼다. "니들은 파업이라도 할 수 있어서 좋겠다. 니들은 잘려도 목돈이라도 쥐고 나와서 좋겠다." 지킬 것도, 지키려고 싸울 조직적 수단도 없는 배제된 노동자들의 절망이 표현된 글이다. 이런 토양 속에서 정권과 자본의 충동질이 성공한다면 노동자 계급 내에 적대의 선이 만들어질 수도 있다. 자본은 노동자들 내부에 끊임없이 틈을 만들고 그 틈을 파고들어 분열시킴으로써만 노동자들을 안정적이고 지속적으로 지배할 수 있다.

우리의 과제는 분명하다. 첫 번째 균열과 문턱에 분명한 적대의 선을 긋되, 두 번째 균열과 문턱의 선에는 연대의 다리를 만들어 내야 한다. 그런데 연대의 다리를 놓기에는 이 균열과 문턱이 너무 깊고 높은 것은 아닌가? 단순히 연대해야 한다고 당위적으로 주장만 한다고 연대가 이루어질 수 있을까? 과연 대기업 정규직 노동자들이 연대의 손을 내밀 수 있을 것이며, 배제된 노동자들이 대기업 정규직 노동자들을 자기편이라고 생각할까? 가장 먼저 해야 할 일은 대기업 정규직 노동자들과 배제된 노동자들 사이의 균열과 문턱의 존재를 은폐하거나 변명하는 것이 아니라 솔직하게 인정하는 것이다. 그리고 이를 뛰어넘을 수 있는 연대의 전략을 치열하게 고민해야 한다.

보이지 않는 가난, 보이지 않는 노동자

옛날에 가난은 언덕을 가득 메운 판자촌에서, 노동자들이 밀집해서 살던 닭장 집에서, 대낮에 버젓이 스스로를 당당히 드러냈다. 가난한 사람들은 한 곳에 모여서 커다란 공동체를 이루었다. 예전에는 권력자들이 가난한 민초들의 모습을 외국인들에게 보여주기 부끄럽다고 숨겼다. 판잣집을 부수고 산동네를 철거하고 가난한 사람들을 저 멀리 변방으로 쫓아낸다. 하지만 지금은 가난한 사람들이 스스로 숨는다. 아파트와 빌딩 숲 사이로, 연립주택 지하방으로, 보이지 않는 틈으로 부끄러운 듯이 스며든다.

오래전 평일에 설악산을 가기 위해서 부평역에서 새벽 5시 2분에 출발하는 전철을 탄 적이 있다. 나는 텅 빈 전철을 예상했다. 예상은 보기 좋게 깨졌다. 자리는 이미 꽉 차 있었다. 기차가 역을 지나갈수록 사람들은 늘어 갔다. 무엇을 하는 사람들일까? 어디로 가는 사람들일까? 거의 40~50대의 중년 남녀, 가끔 학생도 눈에 띄지만 극소수였다. 그런데 지하철을 꽉 채웠던 사람들은 서초, 강남역 등을 통과하면서 썰물처럼 빠졌다. 어디로 가는 것일까? 낮에 강남을 돌아다녀 봐도 오늘 지하철에서 내린 이런 남루한 복장, 지친 표정의 사람들은 볼 수가 없는데, 이분들은 새벽에 강남으로 쏟아져 내려 어느 틈으로 흘러들어가 버린 것인가? 아마도 강남의 화려함과 세련됨을 유지하기 위해서, 부와 상품들의 틈바구니에서, 숨어서 일하고 있을 것이다. 어떤 이는 이들을 '투명인간'이라고 불렀다. 가난한 사람들은 자신의 가난이 마치 자신의 죄라도 되는 양 감추고 숨기려 한다. 젊은이들은 가난을 숨기려 애써 비싼 스마트폰을 사고, 값싼 옷일지라도 화려하게 치장하려 한다. 스스로 드러내지 못하고, 하나의 공동체를 이루지도 못하고, 가난은 그렇게 자본과 잘 사는 자들에 의해 끊임없이 추방당해 보이지 않는 틈으로 숨어들어간다. 가난한 사람들은 정말 많다. 하지만 잘 보이지 않는다. 이것을 '가난의 비가시성'이라고 불러 보자.

내가 한국GM의 비정규직 노동자들과 이야기할 때 느끼는 것은 자신의 가난을 숨긴다는 것이다. 같은 비정규직 동료들 간에도 서로의 가난을 감춘다. 아니면 '네가 나를 가난하다고 무시하냐?' 하는 강한 자기방어적인 자존심으로 무장한다.

가난한 노동자들은 자신의 존재를 정치적으로 드러내지 못한다. 심지어 자신을 억압하는 자들에게 표를 던지기도 한다.[32] 지난 17대 대선 당시, 여성노동자회에서 일하는 아내에게 들은 이야기다. 자활 후견 기관에서 일하는 아주머니들이 박근혜를 지지한다고 했다. 그래서 물었다.

"왜 박근혜를 지지하세요?"

"불쌍하잖아요. 어머니도 총 맞아 죽고, 아버지도 총 맞아 죽고, 얼마나 불쌍해요."

정말 가난하신 분들이다. 그렇게 가난한 사람들이 피와 땀으로 쌓아 올린 부를 독점하고, 가난한 자들을 고된 노동과 가난의 굴레에 빠지게 만든 재벌들과 부자들의 편만을 들어온 박근혜가 불쌍해서 한 표 찍어 줘서 대통령을 만들었다.

가난은 죄가 아니다. 그러나 가난한 사람은 죄인처럼 살아간다.[33] 가난한 사람들의 고통은 집단적인 분노로 확산되지 못하고, 개인의 절망어린 한숨으로 조각조각 끊겨져 간다.³⁴ 가난한 노동자들은 자신의 삶을 개선하고 인간답게 살고자 하는 강한 욕망이 있다. 그런데 이러한 욕망이 현실 속에서 좌절되면서 자신의 욕망을 부자들에 대한 부러움과 질시 속에 가두어 버린다. 부자들의 욕망에 자신의 욕망을 환상적으로 투사한다. 가난한 아이들은 아이돌이 돈을 많이 벌어 강남에 빌딩을 사는 것에 환호하고, 재벌의 자식들이 주인공으로 나오는 드라마에 빠져든다.

배제된 노동자들은 가난한 노동자들이다. 그리고 가난은 부끄러운 것이 아니다. 다만 화가 날 뿐이다. 배제된 노동자들의 조직화-주체화는 가난에 대한 적극적 긍정에서 시작된다. 서로의 가난을 서로에게 이야기하고 그 고통을 나눌 때 힘이 생긴다. 배제된 노동자들의 조직화-주체화는 부자들의 삶에 대한 부러움과 질시가 아닌, 풍요롭게 살고 싶어하는 자신의 욕망에 대한 적극적인 긍정이고, 가난한 자들이 이 땅의 주인임에 대한 자각이다. 이제 한발 더 나아가야 한다. 욕망은 분출되어 힘으로 조직돼야 한다. 끊겨진 분노의 선을 이어 집단적인 연대의 선으로 만들어야 한다.

'기업가적 개인'의 파산과 새로운 각성

그동안 한국의 지배계급은 다수 노동자들의 빈곤과 어려움을 개인 책임으로 돌려왔다. 특히 신자유주의 이데올로기는 사회를 파편화된 개인들이 무한 경쟁하는 정글로 묘사한다. 경쟁은 자연스러운 것이고 그 경쟁에서 지는 것은 개인의 나태함과 무능 때문이다.

그리고 한국 사회는 경쟁이 내면화된 사회다. 아이들은 태어나자마자 경쟁의 톱니바퀴에 던져진다. 초등학교 때부터 대학교까지 성적에 따라 한 줄로 세워진다. 자기경영, 1인 기업가(기업가적 개인)라는 표현이 있다. 여기서 1인 기업가는 자영업자를 지칭하는 말이 아니다. 1인 기업가로서 "자기를 계발하고 경영한다는 것은 문자 그대로 자기 삶을 기업으로 다루는 것이고, 또 자신을 사업가로서 정의하는 것이다."[35] 즉 개개인이 자기라는 기업을 경영하는 기업가이고, 각 개인은 스스로를 잘 경영해야 할 책임이 있다. 자기 관리를 잘 해서 경쟁에서 승리한 자와 나태하고 무능해서 경쟁에서 패배한 자로 나뉜다. 패배한 자는 이른바 '루저'라고 불린다. 이 사회에 필요 없는 존재, 즉 '잉여인간'이 된다. 패자가 사회 구조를 탓하는 것은 비겁한 일이다. 그래서 자신의 고통을 나누려 하지 않고 숨어서 흐느낀다. 그리고 진입한 자와 진입하지 못한 자로 갈리는 것은 오로지 개인에 달린 문제이고, 그렇게 만드는 구조에 대해서는 침묵하지만 공정성이 침해받았다고 생각되면 분노한다.

오래전에 언론사 취업에 연속 낙방한 스물다섯 살의 한 여성이 〈월간 잉여〉라는 잡지를 만든 소식을 들었다. 이 젊은 여성은 '그래 나는 잉여다'라고 외치며 일할 능력과 의지와 꿈을 갖고 있는 젊은이들을 '잉여'로 만들고 있는 이 체제를 고발하고 있다.[36]

취준생인 큰딸은 취업을 위해서 정말 열심히 준비를 한다. 하지만 계속 떨어지면서 두려운가 보다. 나는 말한다.

"괜찮아. 네 잘못이 아냐. 열심히 해도 안 되면 할 수 없는 거야."

아내도 거든다.

"괜찮아. 안 되면 수입이 적더라도 네가 하고 싶은 일을 하면서 살면 돼. 중요한 건 불안이 너를 잡아먹지 않도록 하는 거야."

큰딸은 씩씩하게 대답한다.

"내가 아는 친구가 그러는데, 젊은 부부가 외국에 나가 수입이 적은 점원 일하면서도 자기 하고 싶은 일을 하면서 행복하게 잘 살고 있대."

노오력? 우리 세대에게 '노력하면 된다'는 말이 틀리지 않았다. 신분 상승의 통로도 열려 있었고, 돈을 벌 수 있는 구멍도 많았다. 하지만 지금은 노력해도 안 된다. 노력보다는 세습된 부와 운이 더 큰 힘을 발휘한다.[37]

이처럼 1인 기업가가 총체적 파산 상태라는 것이 드러나고 있다. 아무리 투자하고 노력해도 그 성과가 나타나지 않는 구조라면, 열심히 안 해서가 아니라, 열심히 해도 안 되는 구조라면, 1인 기업가는 이미 파산한 것 아닌가?

나는 2013년 고대 주현우 학생이 촉발시킨 '안녕들 하십니까?'라는 대자보 운동이 한국 사회의 구조적 모순에 대한 청년들의 각성과 행동의 시발점이 된 사건이라고 본다. 2014년 1월에 시청 앞에서 300개 가까운 시민단체가 결성한 '국정원 시국회의'는 토크쇼 등이 포함된 집회를 주최한 적이 있다. 안녕 대자보 주역인 주현우 씨와 고대 동료 학생이 토크쇼에 참여했다. 사회자가 물었다.

"안녕 대자보에 대한 반응이 폭발적인 이유가 뭐라고 생각하나?"

그들은 답한다.

"철도 노동자 8,000명의 직위해제에 대한 분노다. 8,000개의 일자리, 8,000개의 가정을 단지 파업에 참가했다는 이유로 파괴할 수 있는가?"

여기서 그는 박근혜 정권의 야만적인 맨 얼굴을 본 거다. 그의 말이 이어진다.

"일자리와 장래에 대한 불안감이다. 이전에만 해도 고대 정도면 입사 1차 서류 심사에서는 대부분 합격을 했다. 그런데 작년부터는 1차 서류 심사조차 떨어지는 친구들이 많아졌다."

일자리에 대한 불안감이 소위 SKY까지 확대된 거다. 고용 문제의 심각성이 임계점을 넘어섰다는 것을 뜻한다. 그동안 청년들의 머릿속에 내면화되었던 공식, 일자리를 못 얻거나 비정규직으로 가는 자=경쟁에서 진 무능력자, 안정된 일자리를 얻는 자=경쟁에서 이긴 자라는 공식이 깨진 것이다.

청년들의 언어가 바뀌고 있다. '루저'와 '잉여'로 자신을 비하하면서 모든 것을 개인의 책임으로 돌리던 청년들이, '그래 나는 잉여다'라고 선언하는 당당함으로 바뀌고, '헬조선', '금수저와 흙수저', 'n포 세대'처럼 자신들이 겪는 어려움의 원인을 국가 책임, 사회구조적 문제, 집단적 문제로 인식하는 언어를 사용하기 시작했다. 이러한 청년들, 배제된 노동자들의 각성과 분노의 힘이 바로 촛불을 활활 타오르게 하는 밑불이 된 것이 아닐까?

'고용 없는 삶'의 가능성

대우자동차 시절까지 따진다면 한국GM의 비정규직 노동력 사용의 역사는 상당히 길다. 김우중의 대우그룹은 강력한 대우자동차 노동조합을 회피하기 위해 무노조 자동차 공장을 만들기 시작한다. 대우국민차라는 이름으로 1991년에 세워진 창원공장과 1997년에 세워진 군산공장은 무노조 공장이다. 이들 무노조 공장에서는 노동조합의 견제가 없었기 때문에 비정규직 노동자들을 마음껏 활용했다. 정규직 노동자보다 더 많은 비정규직 노동자들이 이 두 개 공장에서 일을 했다. 대우자동차의 무노조 전략과 비정규직 활용 전략은 긴밀히 결합돼 있었다. 정규직과 비정규직 간 임금이나 노동조건에는 차이가 있었겠지만 양쪽 다 무노조 상태에서 비인격적 대우와 살인적 노동 강도에 시달렸다. 2000년에 창원공장과 군산공장에 연이어 노동조합이 만들어지고 대우자동차 노동조합에 편입되었다. 그리고 곧이어 대우자동차 부평공장에서 1,750명의 정리 해고가 단행되었다. 그 전에 군산공장과 창원공장에서 일하던 비정규직 노동자들은 모두 해고되었다. 하지만 아무도 수천 명에 달하는 비정규직 노동자들의 해고에는 주목하지 않았다.

대우자동차 정규직 조합원의 정리 해고를 막기 위해 동분서주하고 있던 나는 당시 금속연맹의 한 간부에게 이런 말을 했다. "군산과 창원에 비정규직이 많으니까 정리 해고를 막을 수도 있지 않을까?" 금속연맹의 그 간부가 이런 말을 너무나 당연하게 내뱉는 나를 아주 심란한 표정으로 지켜보던 기억이 아직도 생생하다. 결국 모든 비정규직이 해고되고, 그리고 수천 명의 사무직 노동자들과 생산직 노동자들이 희망퇴직을 하고도 정규직 생산직 조합원 1,750명이 정리 해고되었다. 내가 비정규직 문제에 관심을 가지고 활동을 하게 된 것은 부평공장에서 일하기 시작한 비정규직 노동자들의 철저한 무권리 실태를 접하면서부터다. 나는 뒤늦게야 군산공장과 창원공장에서 소리 없이 잘려나간 수천 명의 비정규직 노동자들을 생각했다.

한국GM에서 비정규직의 정규직화는 아주 이율배반적인 모습으로 펼쳐진다. 2005~06년 창원공장에서 정규직 노동조합과 비정규직 노동조합이 함께 하는 불법파견 철폐 투쟁이 전개됐다. 보기 드문 연대의 모범 사례였지만 투쟁 방향과 방식을 둘러싼 창원공장 정규직과 비정규직, 정규직 내부의 갈등 때문에 연대의 힘이 모이지 못하면서 그 투쟁은 패배했다. 이때부터 한국GM(당시 GM대우) 자본은 비정규직 투쟁의 확산과 비정규직 노동자들의 노동조합 결집을 막기 위해서 '정규직 신규 채용 시 비정규직에서 발탁 채용을 원칙으로 한다'는 정책을 편다. 그 후 매년 많게는 수백 명에서 적게는 수십 명씩 비정규직 노동자들은 정규직 노동자가 되었다. 그때부터 지금까지 한국GM 비정규직 노동자들은 정규직으로 발탁 채용 때 회사에 의해 선택되기 위해서 노동조합에 가입하지 않을 뿐만 아니라, 열악한 근무 조건에 불평 한마디 내뱉지 못하고, 아파도 쉬지도 못하면서 일하고 있다. 몇 년을 무권리 상태로 시키면 시키는 대로 일을 하더라도 정규직만 되면 모든 것을 만회할 수 있다고 생각한다.

2007년 한국GM 부평공장에서 비정규직 노동조합 설립 시도가 있었다. 비정규직 활동가들이 치열하게 싸우고 현장의 정규직 활동가들이 연대했지만 노조 설립을 주도했던 비정규직 노동자들은 해고되어 공장 밖으로 밀려나고 노동조합에 가입했던 노동자들은 자본의 압박으로 대부분이 탈퇴하면서 비정규직 노동조합을 공장에 뿌리내리려는 시도는 실패로 끝났다. 이때 비정규직 활동가들은 발탁 채용 제도가 비정규직 노동자들을 노동조합으로 조직하는 데 가장 큰 장벽이라고 호소했다. 물론 근래 들어 부평과 창원에서 불법파견 소송 등의 과정을 거치면서 비정규직 노동자들의 노동조합 가입이 늘기도 했다. 비정규직의 정규직화를 내걸고 노동조합 조직화와 투쟁을 만들어 가는 노동자들의 노력과 비정규직 노동조합과 투쟁을 막기 위해 비정규직의 정규직화를 활용하는 자본의 노력이 서로 모순된 효과를 낳으면서 엉켜서 진행된다. 회사가 진행하는 발탁 채용 방식의 비정규직 정규직화는 비정규직 노동자들의 투쟁의 성과이지만, 그 성과가 비정규직 노동자들의 조직과 투쟁을 막는 장치가 되고 있는 역설적 상황이 펼쳐지고 있는 것이다.

그리고 비정규직 노동자들도 계층화되어 있다. 한국GM 비정규직 노동자는 원청과 직접 계약을 맺은 업체에 소속된 1차 비정규직과 이 업체와 재하청 계약을 맺은 업체에 고용된 비정규직으로 나뉜다. 임금과 노동조건, 고용안정성에 차이가 나고 2~3차 비정규직 노동자들의 경우는 정규직으로 될 수 있는 길도 닫혀 있다. 심지어 1차 비정규직 공정에 소위 알바라는 이름으로 단기 계약 비정규직 노동자들을 고용했다가, 원청의 필요에 의해 인원을 줄여야 할 경우 이 단기 계약 비정규직을 우선 해고하는 관행도 있었다.

나는 비정규직에서 발탁 채용된 정규직이 늘어나면서 정규직 노동자들 사이에서 비정규직 노동자와 연대 분위기가 높아질 것이라고 생각했지만 착각이었다. 비정규직 노동자들이 정규직이 되면 자신의 과거를 깨끗이 잊어버리고 정규직으로서의 이해관계에 신속히 편입되어 버린다. 정규직으로 전환된 비정규직 노동자들은 과거의 동료들과 쉽게 손을 잡으려 하지 않는다. 이들은 공장 안에서 피케팅을 하거나 농성을 하는 비정규직 노동자들의 투쟁에 애서 고개를 돌린다. 다만 회사의 발탁 채용 정보를 비정규직으로 있는 친한 동료들에게 알려주면서 친한 동료들이 정규직으로 빨리 전환되기를 기대할 뿐이다.

비정규직 노동자들이 정규직이 되고 싶어 하는 것은 자연스러운 일이다. 또한 비정규직이 정규직을 선망의 눈길로 바라보는 것 역시 자연스러운 것이다. 비정규직에서 정규직으로 된 동생들은 정규직이 된 그 순간의 감격을 술자리에서 몇 번이고 반복한다. 안정적으로 가정을 꾸릴 수 있고, 삶의 불안에서 벗어날 수 있었으니 정말 얼마나 큰일인가? 문제는 비정규직의 정규직화 과제를 비정규직을 양산하는 사회구조의 변화나 배제된 노동자의 조직화-주체화의 운동으로 바라보기보다는 신분 상승이나, 상층 질서로의 편입으로만 바라본다는 것이다.

또한 비정규직의 정규직화 가능성은 안정적인 고용을 유지하고 있는 정규직이 이미 존재하고 있고, 지불 능력을 갖고 있는 자본이나 국가기관을 전제로 한다. 아예 정규직/비정규직의 구분 자체가 무의미한 노동자들도 무수히 많다.

나는 한국GM의 비정규직 노동자들이 모두 정규직화되는 것을 바라고 이를 위해 함께 싸울 것이다. 하지만 비정규직 노동자, 배제된 노동자들의 과제가 비정규직의 정규직화에 멈춰서는 안 된다는 것은 분명하다. 또한 정규직 노동자만이 아니라 비정규직 노동자에게도 연대는 아래로 흐르는 것이라는 원칙은 적용이 되어야 한다. 1차 비정규직 노동자들은 2~3차 비정규직 노동자와 연대를, 배제된 노동자 전체와의 연대를 지향해야 한다.

그런 점에서 최저임금 1만 원과 가난한 사람들이 최소한의 인간적 존엄을 유지할 수 있을 정도의 복지 등 '밑을 끌어올리는 싸움'은 중요하다. 그리고 배제된 노동자들이 자신을 '조직할 수 있는 권리'를 법적, 제도적으로 확보하는 것도 중요하다.

다음으로 '고용' 즉 일자리의 전제를 뛰어넘는 요구와 투쟁이 필요하다. 2017년 대통령 선거에서 모든 후보들은 일자리 창출을 이야기했다. 문재인 대통령은 '일자리 대통령'임을 선언했다. 진보진영도 외친다. '일자리를 다오. 제대로 된 일자리를 다오!'

물론 일자리 창출이 중요하지만 지금의 자본주의는 끊임없이 고용을 줄이는 방향으로 나아가고 있다. 자본주의의 생산력 발전 수준은 점점 더 적은 노동을 필요로 한다. 케인스는 자본주의 생산력이 발전하면 모두 하루 세 시간만 노동해도 되는 아름다운 세상을 꿈꾸었다.[38] 케인스의 예언은 맞았다. 하루 세 시간만 노동해도 세상은 잘 돌아갈 것이다. 하지만 공평하게 하루 세 시간씩 노동하는 세상이 아니라, 누구는 휴일도 없이 하루에 열 시간 이상을 노동하고, 누구는 일자리가 없어 거리를 헤매야 하는 악몽이 우리 앞에 놓여 있다. 그래서 지젝은 다음과 같이 말한다.

"다가오는 세계 경제는 단지 20%의 노동력이 필요로 되는 모든 일을 해낼 수 있는 상태를 향해 갈 것이며 따라서 80%의 사람들은 기본적으로 무의미하고 쓸모없는 존재가 되고 그리하여 잠재적 실업상태에 처하게 될 것이다. 이 논리가 극단에 이르면 그것을 자기부정으로 이끄는 것이 합리적이지 않겠는가? 즉 80%의 사람들을 무의미하고 쓸모없게 만드는 체제는 그 자체가 무의미하고 쓸모없는 것이 아닌가?"[39]

모두에게 안정된 일자리를 제공하는 그런 좋은 자본주의는 환상이다. 그래서 일자리, 고용을 넘어선 요구가 만들어져야 한다. 우리는 모두 더 적게 일해야 한다. 즉 노동시간은 대폭 단축되어야 한다. 그리고 적게 일하면서도 최소한의 생활은 보장이 되어야 한다. 아니 고용되어 있지 않더라도 살아갈 수 있어야 한다. 이는 보편적인 사회복지와 기본소득의 요구로 이어진다.[40]

'일하지 않는 자는 먹지도 말라'는 낡은 구호는 이제 버려야 한다. 한국 사회 지배계급의 부는 거대한 불로소득으로 형성되어 있다. 노동에 대한 착취와 부동산 투기로 쌓은 이들의 부는 이 땅의 노동자들이 땀 흘려 만들어낸 부가 고스란히 이전된 것에 불과하다. 보편적인 사회복지와 기본소득은 노동자들이 생산한 부가 노동자들의 삶을 위해서 쓰여진다는 것을 의미한다. 물론 여기에서 멈추면 안 된다. 우리의 목적은 정규직 비정규직 분할을 포함해서 다수의 가난한 노동자들을 사회의 끝과 자리에서 배제하는 '배제의 체제'를 극복하는 것이다.

자기 목소리 없이 자기 권리 없다

오래전 일이긴 하지만 내가 현장 조직 홍보물에 비정규직 문제를 다루면서 '동일임금 동일 노동'에 대해 글을 쓴 적이 있다. 그때 누군가 나에게 항의를 했다. "동일임금 동일노동을 이야기하는 것은 비정규직을 인정하자는 말인가?" 비정규직 처우 개선을 이야기하면, 왜 비정규직 철폐를 외치지 않는가라는 항변도 나왔다. 어떠한 주장이 더 계급적인 입장에 충실한 것인가, 개량적인 것인가에 대한 논쟁은 흔히 있는 일이다.

내가 한국GM 지부 집행 간부로 있을 때 지부와 비정규직 지회가 공동으로 비정규직 작업 현장의 난방과 후생복지에 대한 실태조사를 하고 개선 대책을 회사에 요구하는 활동을 한 적이 있다. 작업 현장에서 만난 비정규직 노동자들은 우리들에게 열심히 자신들의 열악한 작업 환경을 이야기한다. "왜 이런 문제를 그동안 제기하지 않았느냐?"고 물으면 "우리가 뭔 힘이 있느냐?"고 반문한다. 우리 비정규직들은 힘이 없으니 힘 있는 정규직 노조에서 힘을 써달라는 말이다. 우리는 스스로 조직하고, 당사자의 목소리로 문제를 제기하고 싸우지 않으면 어떠한 문제도 해결될 수 없다고 강조하지만, 정작 비정규직 노동자 당사자들은 자기의 목소리는 감춘 채 개선된 후생복지라는 열매만을 기대한다. 그런데 이들 비정규직 노동자들이 자신의 목소리로 '추워서 일 못하겠다. 난방 대책을 세워라!'라고 말한다면, 판은 바뀌기 시작한다.

80년대 '식당 밥'은 노동자들의 투쟁을 촉발시키는 중요한 계기가 되곤 했다. "이게 개밥이지 사람 먹으라는 밥이냐?" 노동자들은 그렇게 식판을 뒤집으면서 분노를 표출하고 그 분노를 모아 노동조합을 조직하곤 했다. 노동자들의 쌓이고 쌓인 분노는 너무나 치졸하고 유치한 자본의 모습, 인간적 모욕감을 느끼게 만드는 작은 행위에서 폭발하곤 한다. 그렇게 노동자들은 분노를 자신의 목소리와 몸짓으로 드러내면서 노동자로 주체화되고 조직화된다. 어떠한 요구와 주장이 제기되는가보다 요구와 주장이 제기되는 위치가 더 중요하다. 배제된 노동자 당사자들이 자신의 목소리로, 자신들의 방식으로 문제를 제기할 때 대중적 파급력을 갖는다.

그런데 진보진영은 배제된 노동자들이 자신의 목소리를 내도록 하는 데 주력하기보다는 대신 싸우고 해결하려고 한다. 입법 활동도 하고, 여론 작업도 하고, 전문가들을 모아 정책 대안도 만들고, 정권을 상대로 열심히 싸운다. 그리고 지지를 받으려 한다. "우리는 비정규직을 위해 열심히 싸우는 민주노총이고 진보정당이다." 특히 진보정당은 우리가 배제된 노동자들을 더 잘 대리할 수 있으니 대리하는 자리를 교체하자고 주장한다. "우리를 국회로 보내 달라!" 민주노총이나 진보정당의 활동을 폄하하자는 것은 아니지만 이러한 활동들이 배제된 노동자 당사자들의 주체화−조직화 과제와 결합되지 못하고, 자기 목소리로 문제가 제기되지 않을 때, 배제된 노동자들의 문제는 사회적 약자에 대한 대책이나 사회 병리 현상의 대응 방안 수준으로 떨어져 버릴 수도 있다. 그래서 민주노총이나 진보정당의 활동은 배제된 노동자들이 자기 목소리를 낼 수 있도록 하는 활동이 중심이 되어야 한다. 그리고 노동자들의 자주적 단결권을 명시하고 있는 헌법 33조의 정신을 이 사회에 온전히 실현해 내고, 노조 결성에 적대적인 움직임을 사회적으로 응징하는 활동이 필요하다. 그런 면에서 정의당 심상정 의원이 주도하는 '국회 노동포럼, 헌법33조위원회'는 무엇보다도 노동자의 '노조 할 권리'를 중심적 과제로 잡았다는 점에서 방향은 잘 잡은 듯하다. 중요한 것은 내실 있는 활동이다.

오래전에 밖에서 들려오는 '비정규직 철폐' 구호를 듣고 한 비정규직 노동자가 물었다. "그럼 우리 일자리는 다 없애자는 건가요?" 당장은 좀 황당한 질문이라고 생각하고 이런 저런 설명을 해 주었는데 돌아서고 나서 여러 생각을 했다. 질문했던 비정규직 노동자에게는 지금 자신의 일자리도 소중한 일자리이다. 그런데 '비정규직 철폐' 구호를 듣고는 '비정규직' 일자리는 없어져야 할 '나쁜' 일자리이고 거기에서 일하는 나는 별 볼일 없는 '2류 인간'으로 규정된다고 생각할 수도 있다. 아무리 좋은 주장이라고 하더라도 당사자들이 자기 목소리로 말하지 않을 때 나타나는 현상의 하나다.

오래전에 주간지 〈한겨레21〉에서 연재된 노동 OTL 시리즈[41]를 꼼꼼하게 읽은 적이 있다. 기자가 노동 현장에 일하면서 고통스러운 현실을 직접 체험하면서 글을 쓴 것이다. 그 글을 읽으면서 나는 '왜 직접 일을 하는 노동자들은 자신의 고통을 자기의 목소리로 말하지 못하고 기자의 입을 통해서만 말해져야 하는 거지?'라는 의문이 들었다. 얼마 전에 어린이집 보육 교사의 어린이 폭행이 사회 문제가 된 적이 있다. 어린이에 대한 폭행 영상에 대해 모두 분노하고, 박근혜 정부는 모든 보육 교사를 잠재적 범죄자 취급하는 CCTV의 확대라는 대책을 내놓았다. 나는 이번 사태에서 학부모들의 목소리는 있는데 왜 열악한 환경에서 일하는 보육 교사들의 목소리는 들리지 않는지 안타까웠다.

2017년 대통령 선거에서 안철수 후보는 사립유치원 원장들이 모인 자리에서 국공립유치원 반대 입장을 표명했다가 커다란 역풍을 맞은 적이 있다. 사립유치원 원장들의 조직된 표와 영향력을 의식했기 때문일 것이다. 나는 이를 지켜보면서 '원장들은 이렇게 자신의 조직을 만들어 영향력을 행사하는데 몇 배나 숫자가 많은 유치원 교사들은 왜 스스로를 조직하고 자기 목소리를 내지 않을까?'라고 속으로 반문한 적이 있다.

촛불을 전후로 해서 배제된 노동자들의 자기 목소리가 커져 가고 있다. 최저임금 문제를 보자. 민주노총은 최저임금 인상을 줄기차게 요구해왔다. 하지만 그동안 큰 반향을 일으키지는 못했었다. 그런데 최저임금의 요구가 배제된 노동자들 자신의 절박한 목소리로 들려오기 시작했다. 민주노총의 주장에 배제된 노동자들이 화답하기 시작한 것이다. 그러자 대통령 선거에서 모든 후보들이 최저임금 인상을 들고 나왔고, 문제인 정부도 최저임금 인상에 상당한 무게를 싣고 있다. 대기업의 하청단가 후려치기와 갑질도 사회적으로 큰 문제로 부각되고 있다. 이 역시 대기업의 횡포에 대한 배제된 노동자들의 분노가 다양한 방식으로 표출되기 때문이다. 하지만 아직은 부족하다. 요구를 표출하되 누군가 대신해 줄 것을 기대하는 수준에 머물고 있기 때문이다. 배제된 노동자들이 주체화-조직화한다는 것은 자신의 몫과 자리를 뺏긴 자들이, '빼앗은 자들만의 잔치'에 쳐들어가는 것이고, 그것을 자신들의 목소리로 말할 때 시작될 수 있다.

5장

미완의 촛불,
노동의 꿈

제2의 87년 노동자 대투쟁을 만들기 위해

미완의 촛불, 노동의 꿈
제2의 87년 노동자 대투쟁을 만들기 위해

열린 촛불, 닫힌 촛불

감격스러운 순간이었다. 거대한 촛불 시민혁명은 박근혜를 탄핵시키고, 구속시켰다. 그리고 털끝 하나 건드리지 못할 것 같던 삼성 황태자 이재용을 구속시켰다. 촛불 이전에는 도저히 상상할 수 없던 기적과 같은 일이 일어났다. 그리고 문재인 정부가 탄생했다.

  이후 촛불 광장은 텅 비어 버렸고 한마음 한뜻으로 촛불을 들었던 시민들은 흩어지고 분화되고 서로 갈등하고 있다. 촛불의 임무는 박근혜를 몰아내고 새로운 정부를 구성한 것으로 완수된 것인가? 그게 아니라 촛불이 여기서 꺼져서는 안 되고 더 힘차게 불타올라야 한다고 믿는다면 감격과 도취가 아니라 한계를 직시하는 시선이 필요하다.

  2008년 광우병 촛불이 타올랐다. 그때 촛불을 타오르게 만든 주역은 여고생들이었다. "밥 좀 먹자, 잠 좀 자자." 여고생들은 광우병 소고기뿐만 아니라 한국의 교육 현실을 비판하고, 숨 막히는 교육 현장을 고발했다. 그런데 뒤이어 촛불을 들기 시작한 아빠, 엄마들은 촛불을 타오르게 만든 주역들의 절박한 외침을 무시하기 시작했다. "중요한 건, 명박이 끌어내리는 거야! 명박 퇴진! 나머지는 그 다음에!" 그렇게 여고생들의 학생 인권에 대한 절박한 요구는 유보되거나 억압됐다.

세월호 집회 때 경험이다. 젊은 학생들을 중심으로 '이윤보다 생명이다'라는 구호를 열심히 외치며 행진하고 있었다. 그때 나이든 아저씨가 뛰어들었다. "이제 그 구호 그만합시다!" 그리고 앞에서 외치기 시작했다. "박근혜는 퇴진하라!" 박근혜 정권이 물러나자, 세월호가 물 위로 올라왔다. 그런데 아직 올라오지 못한 것이 있다. 세월호는 잔잔하지만 바닥이 더러운 호수에 던져진 거대한 바윗덩어리와 같았다. 세월호가 가라앉으면서 일순간 호수 밑바닥에 감춰졌던 온갖 오물들이 수면 위로 떠올랐다. 생명과 안전보다 돈벌이를 더 중시하는 천박한 자본주의 사회의 민낯이, 권력과 자본의 추악한 결탁이, 비정규직 문제가 전면으로 드러났다. 그리고 과연 나는 책임이 없는가라는 자기 성찰의 필요성도 제기되었다. 하지만 '박근혜 먼저 끌어내리고, 다른 것은 나중에'라는 태도, 모든 것을 '박근혜 때문'으로 몰고 가는 맹목적인 환원주의는 세월호가 던져준 한국 사회의 구조적 문제에 대한 근본적인 성찰의 물음들을 덮어 버렸다. 세월호가 박근혜를 끌어내렸다. 박근혜가 물러나자 세월호가 뭍으로 올라왔다. 이제 우리 스스로가 바닷속에 던져 버린 세월호의 교훈과 과제를 다시 뭍으로 끌어 올려야 한다.[42]

촛불의 광장은 누구나 자발적으로 참여할 수 있고 모든 사람이 주체가 되는 열려 있는 공간이었다. 촛불의 힘은 소통-네트워크-자발성에서 나온다. 대중의 자발성에 근거한 소통 네트워크를 통해 힘을 결집해나가는 새로운 흐름, 새로운 운동 방식은 2008년 광우병 촛불에서 전면적으로 등장했다. 그리고 세월호 투쟁으로, 다시 박근혜 정권을 무너뜨린 거대한 촛불혁명으로 이어졌다.

하지만 촛불은 닫혀 있었다. 광장의 촛불은 '박근혜 퇴진'이라는 단일한 슬로건과 방향으로 힘을 응집시키려 한다. 그러다 보니 다양한 요구와 슬로건은 알게 모르게 억압되거나 주변화된다. 특히 가난한 노동자들은 광장에서 노동자로서의 자기 정체성을 드러내지도, 스스로의 요구를 표출시키지도 않는다. '일단 박근혜 퇴진부터.' 마치 박근혜만 몰아내면 우리의 삶이 확 바뀌게 되기라도 하는 것처럼 말이다.

물론 촛불도 진화한다. 여성에 대한 차별과 혐오에 대한 강한 문제 제기가 지속적으로 나왔다. 선거 국면에서는 동성애 문제가 선거판을 흔들 정도의 무게로 던져지기도 했다. 어찌 보면 누구도 건드릴 수 없었던 한국 사회의 성역인 재벌, 특히 삼성 후계자인 이재용의 구속이 더 극적이고, 촛불의 최대 성과일 수도 있다.

그럼에도 촛불은 열림의 힘과 닫힘의 힘이 공존하고 있고 열림은 아직 충분하지 못하다. '박근혜 먼저 몰아내고, 나머지는 나중에'라는 촛불의 닫힌 모습은 문재인 정부가 들어서고 나서 분출되는 대중들의 요구에 대해 '기다려라', '지켜보자'는 투쟁의 분출을 경계하고 억누르려는 경향으로도 나타나고 있다. 그렇기에 촛불은 멈춰서는 안 되고 열림의 힘과 역동성을 가진 촛불은 계속 되어야 한다.

정치 소비자에서 정치 생산자로

한국 사회는 정치 과잉 사회다. 정확하게 말하면 대의제적 의미에서 정치 과잉이다. 대중들은 누구에게 권력을 위임해야 하는지에 대해서, 위임된 권력을 지지할 것인지 비판할 것인지에 대해서는 정말 열심이고 서로 편을 갈라 치열하게 싸운다. 나의 정치적 입장을 놓고 싸우기보다는 'OOO가 좋다 싫다, OO당이 좋다 싫다' 문제를 놓고 싸운다.

우리는 열심히 정치를 소비한다. 정치의 소비는 위임된 권력에 대해서 비판하거나 지지하는 방식으로 이루어진다. 우리나라처럼 정치 문제를 다루는 언론 매체, 특히 팟캐스트가 많은 나라가 있을까? 언론 매체와 인기 있는 팟캐스트에서 다뤄지는 주인공은 긍정적이든 부정적이든 정치인들이다. 정치인들은 이 무대를 통해 매력적이고 감각적인 상품으로 만들어진다. 우리나라에서 정치는 대의제에 의해 선출된 자들이 노는 무대이고, 정치를 전문적으로 하는 자들의 특권화된 영역이다. 정치인들이 무대에 서고 일반 대중들은 관객일 뿐이다. 일상의 삶에서 겪는 노동 문제, 성차별 문제, 학생 인권 문제는 정치의 영역이 아니다. 이들 정치인들이 언급했을 때만 정치화된다.

문재인 정부 출범 이후 문재인 정부에 대한 태도를 놓고 촛불은 분화한다. 스스로 주류라고 생각하고 주류 질서에 편입되려고 노력하거나 문재인에 대해 맹목적 지지를 보내는 사람들과 문재인 정부를 비판하면서 차별성을 부각시키려 노력하는 사람들로 나뉜다.

문재인을 지지하는 사람들은 문재인에게 권력을 위임한 것으로 촛불의 역할을 끝내려 한다. 나쁜 대통령을 끌어내리고 좋은 대통령을 세웠다, 이제 좋은 대통령이 잘 할 수 있도록 도와주는 것이 우리의 임무다, 촛불의 힘은 그의 힘으로 되어야 한다, 라고 생각하면서 자신의 욕망을 위임된 권력에 투사한다. 그의 성공이 곧 나의 성공이고, 그의 행복이 나의 행복이 된다. 가난한 아이들이 자기가 좋아하는 아이돌 가수가 돈을 많이 벌어 빌딩을 사면 좋아하는 것처럼 말이다.

반면에 문재인을 비판하는 사람들은 더 급진적인 개혁에 대한 요구, 더 많은 투쟁으로 문재인 정부의 한계를 드러내야 한다고 생각한다. 그러면서 '문빠'들과 일상적으로 전투를 벌인다. 지금이야 문재인 대통령에 대한 지지도도 높고 좀 더 두고 보자는 유보적인 태도가 지배적이지만 문재인 정부의 한계가 드러나고, 대중적인 실망과 환멸이 나타나는 시기가 되면 비판 강도는 더욱더 높아져 갈 것이다. 문재인은 광화문 대통령이 되겠다고 한다. 촛불의 힘으로 당선됐고, 촛불 요구를 충실히 따르겠다는 뜻이다. 지금까지는 나름 충실하려 애쓰는 모습도 보인다. 하지만 곧이어 여의도 대통령의 모습과 겹쳐질 것이다. 여의도 정당들과 타협해야 하고, 자본 특히 재벌들의 눈치도 볼 것이다. 여기에 백악관과 월가의 대통령 모습이 가세를 할 것이다. 그래서 문재인이라는 이름 속에 광화문 대통령, 여의도 대통령, 재벌의 대통령, 백악관과 월가의 대통령 들이 끊임없이 싸울 것이다.

누군가에게 표를 던지고, 그 누군가가 뭔가를 해 주기를 기대하면서 정치를 소비만 하는 대의제 정치에서는 항상 기대와 환멸이 반복된다. 한창 기대로 가득 차 있는 문재인 정부 초기 시점에서 우리는 스스로에게 질문해야 한다. 왜 우리는 끊임없이 기대하고, 또 실망하고 짙은 환멸을 쌓아 가는가?

그리고 이참에 한껏 들떴던 기대와 참을 수 없는 환멸의 기억들을 다 끄집어내야 한다. 헛된 기대와 환멸의 반복이 우리를 더 이상 갉아먹지 못하도록. 김대중, 노무현 정권 때 사회가 양극화되고, 비정규직이 양산되는 신자유주의 흐름이 전면화됐다. 그러면서 김대중, 노무현 정권에 대한 기대는 급속히 환멸로 바뀌게 된다. 그리고 그 환멸은 낡은 수구반동 세력이 부활하는 데 좋은 토양이 됐다. 이명박, 박근혜 집권의 뿌리에는 김대중, 노무현 정권에 대한 깊은 환멸이 있다. 진보는 분노를 먹고 살고 보수는 환멸을 먹고 산다.[43]

문재인 지지자들이 '가만히 기다려라', '최소한 1년만 지켜봐 달라', '문재인 정부가 차근차근 해결을 해 줄 테니 너무 보채지 말라. 경거망동은 수구세력의 공격의 빌미만 줄 것이다'라는 식의 태도를 고수하면 환멸의 시기를 더욱 앞당길 수 있다. 진정으로 문재인 대통령을 사랑한다면 '촛불 대통령임을 잊지 말라'는 각성을 요구하는 목소리를 끊임없이 내야 한다.

대중적 환멸의 시기가 오면 문재인에 대한 비판의 목소리도 높아질 것이다. 비판해야 할 것은 분명히 비판해야 하지만 '반문'의 무차별적 뒤섞임을 경계해야 한다. 과거 노무현에 대한 태도에서 진보와 수구·보수가 상당히 유사성을 보였다. 술자리에서 여러 사람이 뒤섞여 노무현을 열심히 까면서 죽이 잘 맞았는데 알고 보니 한쪽은 민주노동당 지지자들이고, 다른 한쪽은 한나라당 지지자였다는 이야기도 있다. 〈조선일보〉를 보면 시원하다는 진보 활동가도 있었다. 나는 문재인 정부의 성공을 바란다. 문재인 정부가 자신에게 주어진 역할을 다 하기를 바라기 때문이다. 그것은 이명박근혜 10년 동안 쌓여온 적폐, 말하자면 쓰레기를 치우는 역할과 새로운 진보정치의 가능성을 열고, 가난한 다수 노동자들이 정치의 주체로 등장할 수 있는 조건을 만드는 역할이다. 더 이상 정권을 상대로 싸우는 데 진을 빼는 것이 아니라 정말 우리가 해야 할 일을 할 수 있는 여유와 조건이 만들어지기를 원하기 때문이다.

우리는 더 이상 정치를 위임된 권력에 대한 지지와 비판을 중심으로 바라보는 소비자에 머물러서는 안 된다. 정치 소비가 아닌 정치 생산에 힘을 쏟아야 한다. 촛불 광장에서 대중들은 정치의 주체였고, 정치의 생산자였다. 촛불의 거대한 정치적 생산력을 관리하고 통제하려는 청와대와 국회라는 위임된 권력들의 시도는 모두 실패했고, 다들 촛불의 움직임을 두려운 마음으로 지켜보면서 저 물살에 쓸려가지 않으려고 각자 제 살길 찾기에 바빴다. 선거가 시작되고 촛불 광장이 텅 비게 되면서 위임된 권력들은 다시 정치의 주인으로 회귀한다. 촛불 대중은 다시금 정치에서 수동적인 존재가 되고 정치의 소비자로 전락하게 된다. 문재인에 대한 맹목적 지지자들은 정치의 소비자로 명백히 퇴각했다. 그런데 과연 비판자들은 어떠한가? 문재인 정부의 행태를 따라다니면서 강박적인 비판만을 반복하는 것 역시 모든 것을 위임된 권력을 중심에 놓고 사고하는 '정치의 소비'에 갇혀 있는 것이 아닐까? 모든 것을 대통령이나 정부의 책임으로 몰고 가는 맹목적 환원주의는 구조적인 문제에 대한 비판을 무디게 만드는 '비판의 블랙홀'이 될 수도 있다.

정치 소비에 몰두할수록 일상 삶의 정치는 더욱 빈약해진다. 많은 사람들은 위임된 권력에 대해서 지지하든 비판하든 열심이지만 자기 직장에서 사장이 임금을 체불하고, 근로기준법을 위반해도 여기에 항의하고 싸우는 일상의 정치를 만들지 못한다. 정치의 생산이란 자신의 삶의 영역을 문제화하고 정치화하는 것이다. 정치는 청와대나 국회에만 있는 것이 아니라 바로 우리의 일터, 우리의 삶 속에 있다고 선언하는 것이다. 우리 스스로를 주체화-조직화하고, 우리의 요구를 정치적 의제로 만들어 내고 투쟁하는 '정치 생산의 양식'을 창안하는 데 주력해야 할 때다.

우리의 일상이 쉽게 정치화되지 못하는 이유는 무엇인가? 얼마 전에 알바 하는 작은딸과 이야기를 하다가 주휴 수당과 특근 수당을 못 받고 있다는 것을 알게 됐다. 아내와 나는 주휴 수당과 특근 수당을 달라고 사장한테 요구하라고 이야기를 했지만 작은딸은 머뭇거린다. 작은딸은 나중에 용기를 내서 사장한테 이야기해서 특근 수당을 받기는 했지만 많은 알바 노동자들이 그렇게 머뭇거리면서 자신의 당연한 권리를 포기하고 있을지 모른다.

그렇게 우리 일상의 삶 속에서 겪는 억압과 부조리는 속상해도 참고 감내해야 하는 '개인적인' 일이 되어 버린다. 우리가 일상적으로 겪는 억압과 부조리를 행하는 당사자는 직접 얼굴을 대면하고 있는 아주 가까운 사람일 경우가 대부분이다. 가정의 부모일 수도, 학교의 선생님일 수도, 직장의 사장이거나 상사일 수도, 학교의 선배이거나 동료일 수도 있다. 광장에서 촛불을 들거나 인터넷에 댓글을 쓸 때는 자신을 익명성 속에 감출 수 있지만 일상의 삶 속에서 가까이 마주하고 있는 억압하는 상대와의 싸움은 커다란 용기를 필요로 한다. 그래서 대부분 억압과 부조리에 맞서 싸우기보다는 감추고 감내하는 길을 택한다. 하지만 최근 미국에서 시작되어 전 세계로 확산되고 있는 '나도 성범죄 피해자'임을 드러내는 미투 Me Too 운동처럼 내가 겪는 억압과 부조리가 개인적인 것이 아닌 공통의 문제라는 것을 자각하고 드러내기 시작하면 엄청난 정치적 힘을 발휘하기 시작한다. 일상 공간에서 실천되는 이 같은 삶의 정치는 그 속에서 자행되는 억압과 부조리를 드러내고 공론화, 정치화시키는 과정에서 만들어진다. 이때 공감의 힘은 증폭된다.

진보정치는 무수한 대중들이 자신이 겪고 있는 억압과 부조리를 개인적인 것이 아니라 집단적이고 공통의 문제라는 것을 자각하게 하고, 드러내는 용기를 북돋아 주고, 이를 공감과 연대의 힘으로 키워나가는 증폭 장치를 만드는 것이 아닐까?

시민 또는 깃발 없는 노동자

나는 촛불을 들고 광장으로 향한다. 어떤 때는 노동조합 깃발 아래 동료들과 함께, 어떤 때는 가족과 함께, 그리고 어떤 때는 홀로 외롭게 촛불을 들었다. 거대한 대중의 흐름에 압도당한다. 외로움도 느낀다. 거대한 광장의 함성 속에서 느끼는 외로움이다. 그러면서 묻는다. 촛불을 들고 무섭게 모여드는 저들은 누구인가? 광장으로 촛불을 들고 나오지 못했다고 하더라도,

SNS 등을 통해서 박근혜, 최순실과 지배계급을 조롱하고 분노를 드러내고 있는 거대한 흐름 속의 대중들은 과연 누구인가? 누구라고 호명해야 하나? 대부분은 시민으로 부를 것이다. 박근혜를 권좌에서 끌어내린 위대한 시민의 힘! 물론 노동자로 불린 사람들도 있다. 민주노총 깃발, 금속노조 깃발, 각 단위노조 깃발을 중심으로 모인 조직된 노동자들이다. 그렇다면 시민과 노동자가 모인 것인가? 그런데 시민으로 불리는 사람들 중 다수는 조직되지 않는 노동자들이 아닐까? 노동조합 깃발을 앞세운 조직된 노동자만이 노동자가 아니다. 비정규직 노동자든, 알바 노동자든, 노동자가 될 준비를 하는 취준생이든, 시민으로 불리는 대중의 대부분이 노동자들이다. 그리고 촛불의 거대한 흐름의 뿌리에는 박근혜-최순실에 대한 분노만이 아니라 이명박, 박근혜 정권을 거치면서 더욱더 힘겨운 삶에 지친 노동자들의 분노가 깔려 있다.[44]

촛불을 든 광장의 시민들은 자부심을 느낀다. 그런데 시민으로서 자부심을 느끼면서도 애써 노동자로서의 자신의 모습은 감춘다. 노동자는 지워지고 시민만 남는다. 그렇다고 촛불혁명의 주체가 노동자라고 주장하려는 것은 아니다. 많은 가난한 노동자들은 시간도 없고, 노동에 지쳐 직접 광장으로 나오지 못했을 수도 있다. 촛불에 참여한 대중은 자신의 계급적 소속과 이해를 뛰어넘어 '박근혜 퇴진과 구속'이라는 공통의 슬로건 하에 모인 흐름으로서의 대중이다.

촛불광장의 주체가 87년 6월 항쟁의 주체와 비유된다면, 87년 7~9월 노동자 대투쟁의 주체에 비유될 수 있는 노동자들은 누구인가? 아니 그런 새로운 노동자 주체가 있는 것인가? 87년 6월 항쟁에서 거리의 시민, 학생들의 투쟁이 노동자 대투쟁의 기폭제가 된 것처럼, 촛불광장의 대중 투쟁이 새로운 노동자들의 투쟁과 조직화의 촉발자 역할을 할 수 있을 것인가? 물론 모든 정치적 변화가 노동자들의 각성과 주체화-조직화로 이어지는 것은 아니다. 87년 6월 항쟁은 대통령 직선제라는 형식적인 민주주의의 달성이라는 목표를 넘어서 노동자들의 거대한 분노와 투쟁의 분출로 이어지면서 노동조합을 통한 노동자들의 주체화-조직화라는 결과를 낳았다. 반면에 선거를 통해 수평적 정권 교체를 이룬 1997년 김대중 대통령의 당선과 이어진 노무현 대통령의 집권은 정치적인 민주화와 군사독재가 뿌려놓은 잔재를 청산하는 업적을 남겼음에도 노동자들에게는 87년과는 완전히 다른 의미로 다가왔다. 두 정권의 10년간 신자유주의 질서가 빠르고 효율적으로 이 사회에 뿌리내리기 시작했고, 일상적인 구조조정과 비정규직의 양산, 정리 해고의 합법화, 빈부 격차의 확대로 나타났다. 물론 IMF 국가 부도 사태와 지구적 규모의 신자유주의의 공세가 주된 원인이긴 하지만 김대중, 노무현 정권 스스로 신자유주의적 사고방식에 깊숙이 함몰되었다는 것을 부인할 수는 없다. 이후 자본주의적 경쟁 논리가 온 사회를 지배하고, 사회 전체가 자본의 이데올로기에 깊숙이 침윤되었다. 그 결과 김대중, 노무현 정권에 대한 노동자들의 기대는 급속히 환멸로 바뀌게 된다.

  김대중, 노무현 집권 시기는 신자유주의 광풍이 온 사회를 휘감았지만 지금은 신자유주의 흐름에 대한 대중적인 회의와 저항이 확산되는 시기다. 이전과는 다른 차이를 만들어 낼 수 있는 객관적인 조건은 조성되어 있다고 할 수 있다. 지금으로 봐서는 촛불광장의 투쟁이 새로운 노동자들의 투쟁과 조직화의 파고로 곧바로 이어지지는 않을 것 같다. 하지만 이번 촛불광장의 밑바탕에는 일상적 삶에서의 폭력과 억압을 더 이상 참을 수 없다는 대중의 각성과 감수성의 열림이 깔려 있다는 것에 주목해야 한다.

  군대 내 자살과 폭행 등의 사고 소식에 대해서 한 동료가 "요즘 군대는 군기가 빠져서 그렇다"고 주장한다. 결코 그렇지 않다. 소위 군기가 바짝 들었던 내가 군대 생활하던 시절에도 자살, 폭행, 탈영, 심지어 월북 사고까지 엄청나게 많았다. 다만 사건, 사고들이 군대라는 이름으로, 군사기밀이라는 이름으로 드러나지 않았을 뿐이다. 최근 여성에 대한 폭력, 가정폭력, 학교 내 성추행, 일터에서의 안전사고, 사장 등 임원들의 직원에 대한 폭행, 폭언, 대기업의 갑질 등 수많은 일들이 터져 나온다. 사회가 타락하면서 예전에는 없었던 일들이 갑자기 많아졌나? 그렇지 않다. 사안 하나 하나가 쉽게 묻히지 않고 문제화되기 때문에 많아진 것처럼 느끼는 것이다. 이전에는 숨죽이며 참고 묻어 왔던 일들이 이제는 더 이상 견딜 수 없는 문제로 느낄 정도로 대중들이 각성됐고 감수성이 열렸기 때문이다. 새로운 노동자들의 투쟁과 조직화는 바로 이러한 각성과 감수성의 열림에서 시작되어야 한다.

문재인 정부가 노동자를 위한 정책을 펼친다고는 하지만 곧 한계에 부딪칠 것이다. 과거 노무현 대통령은 '권력은 시장으로 넘어갔다'고 했다. 이는 자본이 이 사회를 지배하고 있고, 국가권력이 자본권력을 규율하는 데에는 한계가 있다는 말로 해석될 수 있을 것이다. 예를 들어 비정규직을 정규직화하는 과제와 관련해서 문재인 정부가 할 수 있는 일은 정부기관이나 공공기관의 울타리를 넘지 못하고 있다. 그래서 문재인 정부가 해야 할 일은 노동과 자본 간의 기울어진 운동장을 바로잡는 것, 특히 노동자들이 스스로 조직할 수 있는 법적 제도적 환경을 만드는 것이다. 나는 문재인 대통령에게 다음과 같은 솔직한 말을 기대한다. "내가 할 수 있는 것, 우리 정부가 할 수 있는 것은 한계가 있다. 스스로 조직하고, 스스로 싸우면서 해결할 수밖에 없다. 노조를 만들라. 그리고 싸워라.", "헌법 수호의 책임을 진 대통령으로서 내가 할 수 있는 일은 노동자들의 권리를 보장하고 있는 헌법 32조, 33조의 정신을 지키는 것이다. 노조 건설을 막고 부당노동행위를 하는 자본의 행태는 반헌법적 행위임을 분명히 선언하고 이러한 반헌법적 행위를 엄중하게 처벌할 수 있도록 법과 제도를 바꾸는 것이다."

  노동자가 스스로 조직하고, 주체적으로 실천하면서 일상 삶을 바꾸려는 노력을 하지 않고, 누군가에게 표를 던지고, 그 누군가가 뭔가를 해 주기를 기대하는 위임 정치에 머무는 한 항상 기대와 환멸은 반복된다. 문제는 노동자로서의 드러남이다. 드러남은 노동자로서 자신의 요구를 자신의 목소리로 외치는 것, 스스로를 주체화-조직화하는 것이다. 촛불은 정권의 변화에 그치는 것이 아니라 노동자들의 새로운 주체화-조직화의 공간을 열어 제치는 역할로 이어져야 한다. 노동자들이 스스로를 주체화-조직화한다는 것은 노동현장의 일상적 삶을 정치화시키는 정치 생산자로서의 역할을 한다는 것이고, 정치 생산의 진지를 만든다는 것을 말한다.

촛불, 일상에서 타올라야

촛불 이후 문제인 정부가 들어서고 나서 많은 변화가 있었다. 이명박, 박근혜 정권 10년 동안 쌓여 왔던 적폐들이 하나둘씩 드러나고, 그 중에서 많은 것들이 바로잡혀지고 있다. 인천공항 비정규직 노동자들의 정규직화 방침이 결정되고, 성과연봉제, 쉬운 해고 법제화 등 박근혜표 노동 개악이 폐기되고, 국정원의 정치공작이 드러나기 시작했다. 그래서 매일 신문을 볼 때마다 "그동안 그렇게 싸워도 안 되던 것이 정권이 바꾸니 이렇게 쉬운 것을……" 하고 혼자 말을 한다. 하지만 변하지 않는 것들이 있다. 인천에 있는 동광기연은 한국GM에 납품하는 하청업체다. 이 회사의 노동자들이 정리 해고되어 1년 가까이 투쟁하고 있다. 만도헬라는 비정규직 노동자들이 노동조합을 결성하자 노조 파괴 목적으로 비정규직 노동자들을 해고했고, 만도헬라 비정규직 노동자들은 이에 맞서 힘겨운 싸움을 하고 있다. 이들과 연대를 위해 찾아간 투쟁 현장에서 우리 일상의 삶, 특히 노동의 삶은 정권이 바뀌어도 하나도 변하지 않았다는 것을 체감했다.[45]

촛불이 활활 타오르고 1,000만 명을 훨씬 넘은 촛불에 자랑스러워하고 감격하고 있을 때 정희진은 "광장과 일상은 연속이어야 한다. 광장이 곧 민주주의는 아니다. 민주주의는 일상에서 추구되어야 한다"고 했다.[46] '민주주의는 공장 앞에서 멈춰 선다'는 말이 있다. 이 말은 '일터 앞에서 멈춰 선다'로 확장할 수 있다. 좀 더 일반화하면 '민주주의는 일상 삶의 문턱 앞에서 멈춰 선다.'

일상의 민주주의는 가정, 학교, 공장, 군대 등 위계적이고 권위적인 질서를 가진 훈육 장치들에 의해 통제되고 억압된다. 가정은 남성 중심의 가부장적 지배 양식을 끊임없이 재생산하고, 학교는 획일적인 경쟁을 강요하고 학생들의 인권과 존엄을 무시한다. 군대는 젊은이들에 대한 가혹한 통제와 함께 왜곡된 군사 문화를 전 사회적으로 확산시키는 역할을 하고 있다. 나는 특히 일터의 문제를 강조하고 싶다. 공장이 아니라 일터라고 표현하는 이유는 자본의 착취와 억압이 공장에만 국한되는 것이 아니라 다양한 방식으로 사회 전체에 확산되었기 때문이다. 일터에서는 해고라는 공포와 결합된 억압과 통제가 행해진다. 특히 노동조합이라는 최소한의 방어 장치가 없는 곳에서는 전제적인 통치가 자행된다. 고용주들은 노동자들이 열심히 일을 해서 회사가 유지된다고 생각하지 않고 자기가 노동자들을 고용해서 먹여 살린다는 시혜적인 생각을 여전히 갖고 있다. 노동자들의 최소한 권리를 보장하는 법적, 제도적 장치조차도 힘 있는 자본과 권력 앞에서는 무력화되기 일쑤다. 이렇게 자본 권력은 일터에서 일상 삶을 통제하고 관리하는 힘으로 여전히 작동하고 있다. 박근혜, 최순실이 구속되고 대통령 한 명 바뀐다고 이런 현실이 변하지 않는다.

다시 한 번 1987년 6월 항쟁과 7~9월 노동자 대투쟁을 상기해 보자. 87년 6월 항쟁이 대통령 직선제 수용을 주요 내용으로 하는 노태우의 6.29 선언에 의해 멈춰선 절반의 승리였다면, 노동자 7~9월 대투쟁은 6월 항쟁의 기운을 노동자들의 삶의 현장인 공장으로 밀고 들어가서 노동자의 일상 삶을 바꿔내는 방식으로 항쟁을 진전시켰다. 노동자 대투쟁이 없는 6월 항쟁을 상상해 보자. 6월 항쟁이 대통령 직선제라는 절차적 민주주의 쟁취에서 끝났다면, 노태우가 다시 대통령이 되는 꼴을 보는 것에 그쳤다면, 한국 사회 민주화는 훨씬 더 더뎠을 것이고, 군사독재로의 회귀 가능성도 상당히 높았을 것이다. 그나마 87년 7~9월 노동자 대투쟁으로 민주화의 기운이 공장으로, 노동자들의 삶의 현장으로 깊숙이 파고 들어감으로써, 노동자 대중이 사회 변화의 중심으로 우뚝 서게 되면서 민주화는 더욱 공고하게 된 것이다.

물론 30년 전과 지금 상황은 다르다. 노동자들의 분노와 욕망이 군사독재 정권의 병영적 통제에 의해 억눌려 있다가, 권력의 힘이 약화되고 균열된 틈을 비집고 폭발적인 투쟁력으로 솟아올라온 것이 87년 노동자 대투쟁의 상황이었다. 공장과 학교 등 일상의 삶의 현장까지 관리하고 통제하던 안기부(현 국정원), 보안사, 경찰 등의 억압 장치가 허물어지거나 약화되면서 노동자들의 주체화-조직화 공간, 투쟁 공간이 순식간에 열리게 된 것이다. 하지만 지금은 정권의 변화와 상관없이 자본의 힘은 여전히 강하고, 일상의 삶을 지배하는 권력의 통제력도 여전하다. 87년 당시에는 집중된 권력, 딱딱한 갑각류의 껍질 같은 권력이었다면 지금은 유동적이고 미시적인 권력이 사회를 지배한다. 이것이 세상을 변화시키려면 운동의 힘이 더 넓게 퍼져야 하고, 일상의 삶 속으로 깊숙이 들어가지 않으면 안 되는 이유다.

2017년 광장의 촛불은 박근혜 퇴진, 구속에 집중되기는 했지만 가난한 노동자들의 삶의 요구들, 남녀평등에 대한 요구, 동성애 문제, 군 인권 문제 등 좀 더 폭넓은 일상적 삶의 변화의 요구를 분출하기 시작했다. 하지만 요구의 분출에 그치지 않고 일상의 삶을 실제로 바꾸기 위해서는 조직된 힘과 지속적인 실천이 필요하다. 지난 해 촛불이 광장에 모여 '거대한 폭발'을 만들었다면, 이제 촛불은 일상의 삶 속에서 일상적으로 타올라야 한다.

그래서 나는 지금부터 촛불 승리의 감격을 되새김질 하는 것을 멈추고 분노와 패배와 답답함으로 범벅이 되어 있는 노동현장의 일상의 삶을 이야기 하려고 한다. 이제 촛불은 일터에서의 일상 삶, 노동의 삶을 향해 열려야 한다. 광장에서 시민인 우리가 박근혜를 향해 '너는 대통령이 아니야!'라고 외쳤고, 이제 그는 대통령이 아닌 한 사람의 죄수에 불과하다. 이제 우리는 노동자로서, 우리의 일터에서 다시 촛불을 들고 '이제 더 이상 이렇게 살 수는 없어'라고 외칠 때 우리 노동자의 삶에 커다란 변화를 가져오지 않겠는가?

6장

'만남의 조직학' 개론

엇갈림의 골목길에서 만남의 광장으로

'만남의 조직학' 개론
엇갈림의 골목길에서 만남의 광장으로

노동조합, 인간 존엄 지켜주는 무기

얼마 전에 한국GM 비정규직 지회 조합원이 나에게 말했다.

"정규직은 그렇지 않은데 비정규직에 대한 관리자들의 통제와 인격적인 모욕이 심하다."

나는 대답했다.

"그것은 정규직, 비정규직 차이가 아니라, 노동조합이 있고 없고 차이다."

그러면서 한국GM 창원공장과 군산공장 정규직 노동자들이 노동조합이 없던 시절에 겪었던 비인격적인 대우와 억압적 공장 분위기를 이야기해 주었다. 대우자동차 시절, 김우중 회장은 창원공장과 군산공장을 무노조 공장으로 운영하기 위해 편법 운영을 했다. 창원공장은 91년에 대우조선 국민차 사업부로 만들어졌는데 법인은 대우조선 소속, 직원들은 ㈜대우 소속으로 해서 강력한 노동조합이 있던 대우자동차와 연계를 차단했다. 군산공장도 대우중공업 소속으로 하고 무노조의 정책을 유지했다. 이것이 '김우중식 창의적 무노조 전략'이다. 창원공장 노동자들은 '무노조 10년의 한'이라는 표현을 자주 쓴다. 노동조합 없는 10년 기간 동안 회사와 관리자들에게 당했던 억압과 모멸감에 대한 분노의 표현이다. 부평공장 관리자들 중 무노조 군산공장에 지원해 간 경우가 많았다. 이때 군산에 간 한 관리자가 부평에 있는 관리자들에게 전화를 걸어서 이렇게 얘기했다.

"여기 내려와. 여기는 완전히 천국이야!"

관리자 한마디면 노동자들이 꼼짝 못하고, 노동자들을 폭행해도 되는 '관리자들의 천국'이었다. 사무직 노동자들 역시 노동조합이 없던 상황에서 내부 경쟁을 통한 통제와 억압에 시달려야 했다. 이러한 무노조의 한은 이후 군산, 창원, 사무직에서 노동조합이 만들어진 이후에 회사에 대한 불신과 적대의 근원으로 작용하고 있다.

87년 노동자 대투쟁 당시 '인간답게 살아보자'라는 구호는 임금이나 노동조건뿐만 아니라, 공장에서 일상적으로 겪었던 억압과 인격적 모멸감에서 벗어나, 인간으로서 자존감을 되찾으려는 의지의 표현이었다. 87년 투쟁 이전에 현대중공업 경우 경비들이 출입구에서 노동자들의 머리카락 길이를 재서 회사 규정보다 길면 그 자리에서 가위로 잘랐다고 한다. 노동자들이 퇴근할 때 수시로 몸수색을 당하곤 했다. 그래서 현대중공업에서 파업이 시작됐을 때, 노동자들은 제일 먼저 경비실을 부숴버렸다.[47]

대우자동차 입사 전에 문래동에 있는 '마찌꼬바'에 다닌 적이 있다. 그때 사장들은 "누가 만일 노조 만들면 내가 공장 때려 치고 말지 그 꼴은 못 본다"라고 떠들어댔다. 자기가 부리던 직원이 노조를 만들어 대등한 입장에서 교섭하자고 하는 꼴을 못 보겠다는 거다. 삼성의 이병철, 현대의 정주영이 "내 눈에 흙이 들어가도 노조를 인정하지 못 하겠다"는 것과 같은 태도이다. 그렇게 노동조합은 정권과 자본의 적대적 시선과 탄압에 일상적으로 노출되어 있었다.

과거에는 노동조합 하면 빨갱이였고, 해고와 구속을 각오해야만 했다. 말하자면 '신세 조지는' 일이다. 나도 두 번의 해고와 구속을 경험했다. 수많은 동료들이 구속되고 해고됐다. 정권과 자본은 '노동조합 활동을 하면 해고되고 구속돼서 신세 조진다'는 교훈을 심어 주기 위해 무던히도 애를 썼다. 하지만 당시 대우자동차노동조합을 포함해서 많은 노동조합은 해고되면 조합원들이 조합비를 걷어서 생계비를 지급하고, 구속되면 영치금도 넣어 주고, 임금, 단체교섭의 가장 중요한 요구로 해고자 복직을 내걸고 싸워서 기어코 복직시켰다. 그렇게 해서 해고, 구속이라는 정권과 자본의 주요 탄압 수단을 무력화시켰다.

나는 노동조합은 임금과 노동조건의 향상보다도 최소한의 '인간적 존엄성'을 지키게 해 주는 역할에 더 중요한 의미가 있다고 본다. 그리고 노동조합은 사장과 종업원이라는 위계적인 관계, 심하게 말하면 주종 관계에서 자본가와 노동자가 서로 대등한 위치에 마주 앉을 수 있게 만드는 제도적 장치로서 의미도 갖는다. 쌍용자동차 정리 해고 노동자들의 연이은 자살 원인은 생계의 고통도 있겠지만, 인간으로서 존엄과 인간관계가 무너진 것이 더 큰 이유일 수도 있다. 그래서 나는 고임금 무노조 삼성 기업과 임금은 낮지만 노조가 있어서 인격적인 대우를 받을 수 있는 기업 중 선택하라면 당연히 후자를 선택할 것이다.

대기업 정규직 노동자들은 노동조합의 필요성에 대한 의식과 충성도는 절대적이고 노동조합으로의 응집력이 강하다. 한국GM 노동조합은 유니온숍union shop도 클로우즈드숍closed shop도 아니기 때문에 노조 탈퇴의 자유가 있다. 하지만 이제껏 생산직에서는 노동조합을 탈퇴한 경우를 들어보지 못했다. 87년 이래 자신을 이만큼 살게 해 주고 고용을 지켜 준 게 노동조합이라고 생각하는데 어떻게 노동조합에 대한 부정적인 인식을 갖겠는가?

그렇기 때문에 우리는 당연히 배제된 노동자에게 노동조합으로 모여야 인간다운 삶을 살게 된다고 말한다. 그런데 대기업 정규직 노동자들이 생각하는 노동조합과 배제된 노동자들이 부딪치는 노동조합 현실은 확연히 다르다. 배제된 노동자들은 대기업 정규직 노동자들이 초기에 겪었던 자본의 적대적 시선과 탄압에 고스란히 노출되어 있다. 지금도 노동자들의 노동으로 자신의 회사가 유지될 수 있다는 생각은 털끝만큼도 하지 않고 '내가 고용을 해 줘서 네가 먹고 살 수 있다'라고 생각하는 자본가들이 얼마나 많은가?

2007년 한국GM(당시 GM대우) 비정규직 노동자들이 노동조합을 결성하고 가입을 확대하려고 선전전을 시작했다. 그러자 원청인 GM대우 노무팀과 하청업체 관리자들이 달려들어 무자비하게 폭력을 행사했다. 플래카드를 들고 선전전을 하면 그것을 빼앗고 비정규직 노동자들을 두들겨 팼다. 함께 연대하던 정규직 조합원들도 패기 시작하고, 폭력 장면을 촬영하면 끝까지 쫓아와서 사진기를 빼앗아갔다. 그때 플래카드를 들고 서 있던 나는 새까맣게 몰려오는 노무팀 직원들과 하청업체 관리자들의 모습에 공포감을 느꼈다. 정규직인 내가 그럴 정도인데 비정규직 노동자들이 느끼는 공포감이야 오죽 했겠는가? 결국 노조 설립을 주도했던 비정규직 노동조합의 간부 활동가들은 모두 해고되어 거리로 쫓겨나고 노조에 가입했던 비정규직 노동자들은 노조 탈퇴를 강요받았다. 자본은 무자비한 폭력을 통해서 '노동조합하면 해고되고 신세 조진다'는 분명한 교훈을 심어 주려고 했을 것이다. 해고된 비정규직 노동조합 간부 활동가들은 송신탑에, 한강 다리에 올라가고, 1,000일 넘게 천막 농성을 진행하고, 결국은 회사 정문 아치에 올라 추운 겨울날 장기간의 농성 투쟁과 지역 노동자들의 연대 투쟁으로 몇 년 만에 간신히 공장으로 돌아올 수 있었다. 한국GM 비정규직 노동자들이 그렇게 힘들게 노동조합을 만들고 지켜냈지만 교섭할 상대가 없다. 단체협약조차 없다. 사장이 아무런 힘이 없는 바지사장들이기 때문이다. 한국GM 비정규직 지회는 수시로 교섭을 한다. 교섭을 요구하고, 종이로 명패를 만들어 교섭 공간을 만들지만, 그곳에 노측 대표들만 앉아 있다가 증거 사진을 찍고, 헤어지곤 한다. 가끔 하청업체의 관리 직원들이 오기도 한다. 하지만 아무런 힘이 없다. 그냥 나는 해결해 줄 능력이 없다는 말만 반복하다가 돌아간다. 원청인 한국GM은 교섭 상대가 아니라고 주장하고, 바지사장들이라도 모여서 연합체를 구성해서 교섭하자고 해도 그럴 수 없다고 한다. 그래서 바지사장 한 사람 한 사람과 교섭을 한다. 당연히 교섭은 아무런 내용도 없다.

 한국GM 정규직 노동조합과 비정규직 노동조합이 공동으로 실시한 비정규직 실태 조사에서 비정규직 노동자들은 노동조합 필요성에 77.5%가 공감한다. 하지만 가입 의사는 32%에 불과하다. 물론 실제 가입 비율은 이보다 훨씬 더 적다. 그리고 노동조합에 가입하지 않는 이유로 83%가 해고나 계약 해지의 두려움을 꼽는다.[48] 교섭을 못하니 임금 등 노동조건을 향상시킬 수 없고, 노동조합에 가입하면 해고의 위험성이 더 커진다고 느끼니 노조 가입률이 높아지지 않는다.

 인천 지역에서 동광기연 노동자들이 정리 해고 철폐를 위한 싸움을 하고, 만도헬라 비정규직 노동자들이 계약 해지 철회 투쟁을 하고 있다. 한국GM은 납품업체인 동광기연의 납품 물량을 다른 회사로 옮겼고, 동광기연은 노동자들을 정리 해고 했다. 조직력과 투쟁력이 있는 동광기연 노동조합을 파괴하기 위한 것이 주된 목적일 것이다. 만도헬라 비정규직 노동자들 역시 노동조합을 만들고 투쟁을 벌이자, 만도헬라 자본은 업체와 계약 해지하고 노동자들을 거리로 내몰았다. 이 역시 노동조합을 파괴하기 위한 목적이다.

 이처럼 대기업 정규직 노동자들에게 노동조합이란 보금자리와 같은 존재지만, 배제된 노동자들에게 노동조합은 온통 가시밭길이다. 그래서 대기업 정규직 노동자들과 배제된 노동자들이 노동조합을 바라보는 시선은 엇갈린다.

노동조합은 종종 '자기 밥그릇만 챙기는 이기적인 조직'으로 매도당한다. 수구보수 언론과 관변학자들의 단골 메뉴이기는 하지만 배제된 노동자들도 노동조합에 대한 부정적 인식을 갖는 경우도 있다. 노동조합이 자신의 기회를 박탈하고, 공정한 경쟁을 가로막는다고 느끼고 조직된 노동자들의 기득권만을 보호한다고 생각하기도 한다.

배제된 노동자들의 이런 태도는 그들이 노동조합을 만들 권리에서 배제되고 있기 때문이다. 배제된 노동자들이 노동조합을 만들기도 힘들고, 노동조합을 만들려고 하면 자본의 적대적 시선과 탄압에 고스란히 노출된다. 자본가들이 노동조합을 만든다고 노동자들을 해고하고, 두들겨 패도 국가와 법은 이들을 처벌하지 않는다. 나는 민주당 예비 경선 대선 후보로 출마했던 이재명 후보가 "근로감독관을 5,000~1만 명 수준까지 확충해 노동현장 불법 행위를 철지히 통제하고 노동시간을 단축하겠다"는 공약에 상당히 공감이 갔었다. '노동조합을 하면 신세 조진다'는 학습 효과가 먹히는 것이 아니라 노동조합을 만들 수 있는 단결권 행사를 방해하면 사장은 반드시 처벌받는다'는 분명한 교훈을 세우는 것이 급선무다.

하지만 배제된 노동자들에게 노동조합이 멀게 느껴진다고 하더라도 '노동조합 자체'에 대해 무차별적으로 비판하는 것은 '물을 버리다가 아기까지 버리는' 어리석음을 범하는 것이다. 노동조합이 가장 절실한 사람들은 바로 노동자의 다수를 이루는 배제된 노동자들이고, 노동조합은 이들의 삶을 지키는 무기가 되어야 하기 때문이다. 문제는 어떻게 노동조합을 배제된 노동자들의 조직적 무기로 만드느냐'이다.

노동조합의 태생적 한계

1930년대 미국 대공황을 배경으로 하는 '신데렐라 맨'이라는 영화에서 복싱 선수인 짐 브래덕은 한 동료가 "정부가 우릴 버렸어요. 힘을 모아 싸워야 해요"라고 말하자 "뭐하고 싸우죠? 불운? 욕심? 가뭄? 보이지 않는 상대한테 주먹을 뻗을 순 없잖아요"라고 답한다.

그는 대공황을 불운, 욕심, 가뭄 같은 어쩔 수 없는 숙명으로 받아들이면서 싸워야 할 대상을 찾지 못하고 있는 것이다. 지금 배제된 노동자에게도 누구를 상대로 싸워야 할지 대상이 잘 보이지 않는다.

촛불을 들었던 광장의 대중들은 안다. 박근혜, 최순실 일당이 국정을 농단했고, 저들을 권좌에서 끌어내리고 감옥으로 처넣기 위해서 싸워야 한다는 사실을 안다. 하지만 배제된 노동자들이 '내가 가난하고 고통 받고 있는데 누구와 싸워야 하는지? 무엇을 해야 하는지?' 아는 것은 쉽지 않다. 자본은 직접적인 고용 관계를 회피하려고 하청에 재하청으로 자본 관계를 위계화시키면서 결국은 힘없는 바지사장만 남기고 스스로를 감춘다.

편의점 알바 노동자는 빚에 허덕이는 편의점 점주와 마주보고 있고, CJ자본은 편의점 점주 뒤로 모습을 감춘다. 대공장에서 일하는 비정규직 노동자는 불법 파견 업체 사장으로부터 월급을 받고 원청인 대기업 자본은 불법 파견 업체 사장 뒤에 숨는다. 소위 플랫폼 노동자들은 분명히 착취를 당하고는 있는데 착취하는 자는 스마트폰 앱에 뜨는 업무 지시 뒤에 감추어져 있다. 이전처럼 싸워야 할 대상인 '배불뚝이 사장'이 보이지 않는다. 싸울 상대를 찾지 못한 노동자들은 내가 겪는 가난과 고통을 내 탓, 나의 무능력, 나의 운 없음으로 돌린다. 스스로 '루저'라며 자신을 향해 손가락질한다.

박정희, 전두환 독재 시절에 어른들은 나에게 "다 쓸모없는 짓이야. 계란으로 바위치기야"라고 충고했다. 그러면 나는 "바위도 계속 두드리면 깨진 다"고 대꾸했다. 그때는 상대가 분명했다. 그리고 박정희, 전두환을 몰아내면, 노동자들의 투쟁을 억누르던 권력의 억압적인 구조에 균열이 나면, 노동자들은 반드시 그 틈을 비집고 나와 조직하고 싸웠다. 그러면서 노동자들의 삶은 확실히 나아져 갔다. 하지만 지금은 박근혜를 몰아냈다고 노동자 삶이 쉽게 바뀌지는 않을 것이다. 우리는 바위처럼 단단하지만, 계속 두드리면 부서지는 그런 상대와 싸우고 있지 않다. 우리가 상대하는 신자유주의적 자본주의 질서는 정말 유연하고, 교활하고, 그래서 힘이 있다. 배제된 노동자들이 스스로 조직하고, 투쟁하고 자신의 삶을 개선하는 것, 그것은 박근혜를 몰아내는 것보다 몇 배나 더 어려운 과제다.

배제된 노동자들에게는 싸워야 할 대상이 잘 보이지 않기에 노조를 만들어서 무엇을 해야 할지도 분명치 않다. 그래서 단순히 '노조를 조직해야 해'라고만 주장하거나, 노동조합 조직률을 높이는 것이 목표라고만 주장하는 것은 단순하고 순진한 발상일 수 있다. 노동조합은 만능 조직이 아니라 분명한 한계를 가진 조직이다. 배제된 노동자들이 노동조합을 자신의 조직적인 무기로 인식하기 어렵게 된 데는 노동조합의 명백한 한계 때문이다.

우선 노동조합은 노자 관계에 의존한다. 한국의 노동법도 노동자와 자본가의 관계가 분명한 곳에서만 작동이 가능하다. 자본이 힘이 있고 지불 능력이 있어야 노동조합도 힘이 있고, 노조로 단결할 필요성도 그만큼 커진다. 대부분의 노동조합은 그것이 대기업 자본이든 국가든, 지불 능력이 있는 힘 있는 자본이라는 맞상대가 있을 때, 안정적인 노동조합이 만들어진다.

87년 투쟁 이후 대우자동차 같은 대기업 노동조합과 많은 중소기업 노동조합들이 함께 싸우면서 노동운동의 길을 열어나갔다. 하지만 그 많던 투쟁적인 중소기업 노동조합들 중에 지금 남아 있는 곳은 거의 없다. 대기업 노동조합이 조직력이 강하고 활동을 더 잘해서일까? 어찌 보면 당시 중소기업 노동조합 조직력은 대기업보다 더 탄탄했고 더 모범적인 활동을 했다. 다른 것이 있다면 자본 크기의 차이다. 한쪽 자본은 노동조합에 일정 양보하면서 공장을 유지해 갔고, 다른 한쪽은 공장을 축소, 이전, 폐쇄하면서 노동조합 기반 자체가 허물어져 버렸다. 이처럼 노동조합 장래가 맞상대인 자본의 능력에 좌우되고 있는 것이다. 조합원들도 노동조합으로 단결해서 지킬 것이 있을 때 강하게 결집한다. 정말 열악한 노동조건에서 일하는 노동자는 불만이 있으면 그 사업장의 자본과 싸우기보다는 다른 일자리를 알아보는 것을 선호할 것이다. 그런데 노자 관계가 불분명하거나 자신을 고용하고 있는 자본이 허약한 곳에 고통 받는 배제된 노동자들이 집중되어 있다. 지금도 자본은 고용에 대한 책임에서 탈출하려고 끊임없이 노력하고 있기 때문에 이러한 현상은 더욱더 심해져 갈 것이다.[49]

다음으로 노동조합은 본성적으로 조직된 내부자의 이해를 중심으로 움직인다는 한계가 있다. 대기업의 기업별 노조 경우가 좀 더 심하겠지만 비정규직 노동조합도 자기 조합원들인 내부자의 이해를 중심으로 사고한다. 또한 한국수력원자력노조의 경우처럼 조합원인 내부자 고용 문제 등의 이해관계와 사회 전체의 이해관계나 환경, 생태의 요구와 충돌하는 경우도 생긴다. 많은 사람들은 노동조합이 밖으로 눈을 돌리지 않고 자신들의 경제적인 이해타산에만 몰두하는 것에 대해서 개탄을 한다. 많은 노동조합들은 실제로 이미 조직되어 있는 내부자 이해를 보호하는 데 활동을 집중하면서 다수 배제된 노동자들의 조직화나 이해를 대변하는 활동은 소홀히 한다. 그래서 산별노조가 필요하다고 말하는 사람도 있을 것이다. 물론 산별노조는 기업별 노동조합의 한계를 극복하는데 도움이 되겠지만, 유럽의 산별노조들이 유럼의 배제된 미조직 노동자 다수로부터 극심한 불신을 받고 있는 것을 보면 이 역시 한계는 있어 보인다.[50]

한국의 노동조합, 특히 대기업 정규직 노동조합은 민주적이고, 전투적인 노동조합을 지향해왔다. 민주적이라는 말은 조합원의 이해에 충실하다는 것이고, 전투적이라는 말은 조합원의 이해를 관철시키기 위해 자본과 정면으로 맞서 전투적 투쟁을 불사한다는 것이다.

더 많은 임금, 더 좋은 노동조건을 요구하며 투쟁했고, 자본과 적당히 타협하면 어용이고, 자본이 용인하는 선을 넘어서 투쟁으로 관철하면 민주라고 했다. 물론 그 투쟁의 정신이 노동조합을 이만큼 끌고 온 힘이었겠지만, 그 어용과 민주가 방향은 같고, 정도와 방법만이 달랐던 것은 아닌지 심각하게 되돌아볼 필요가 있다. 즉 똑같이 노동조합의 본성적 한계 속에서 사고하고 행동했다는 것이다. 과거 대기업 정규직 노동조합이 자신의 경제적 요구를 관철하기 위해 전투적으로 싸우는 모습에 박수와 환호를 보냈던 바로 그 사람들이, 지금은 대기업 정규직 노동조합들이 자기 것만 챙기고 연대를 거부한다고 손가락질하는 모습을 본다. 그런데 과연 전자의 노동조합과 후자의 노동조합은 같은가, 다른가? 지금의 대기업 정규직 노동조합의 모습을 비난을 하기 전에 과거에 환호했던 대기업 정규직 노동조합의 활동 방식과 투쟁 방향에 대한 비판적 반성부터 해야 하지 않을까?

노동조합의 본성적 한계를 강조하는 이유는 노동조합이 필요 없다는 말을 하려는 게 아니라, 노동조합이 배제된 노동자들의 조직적 무기가 되기 위해서는 한계를 인식하고, 그 한계를 뛰어넘으려는 치열한 노력이 필요하다는 것을 강조하기 위해서다.

먼저 기본적으로 노자 관계에 의존하고 있는 노동조합의 한계를 뛰어넘어, 노동조합이 배제된 노동자들의 조직적 무기가 되기 위해서는 기존의 노동조합 조직과 활동 방식을 뛰어넘는 새로운 조직 방식, 활동 방식이 창안돼야 한다. 마주보고 있는 힘없는 개별 자본이 아닌 배후에 숨어 있는 거대 자본과 직접 협상하고 투쟁하고, 국가와 직접 대결하고 투쟁하는 그러한 조직과 활동이 필요하지 않을까? 이를 위해 촛불에서 발현된 소통 능력과 네트워크, 그리고 자발성에 기반을 둔 조직화의 새로운 형식이 필요하지 않을까? 그리고 배제된 노동자들의 조직적인 무기가 꼭 노동조합일 필요는 없을 것이다. 무차별적이고 무정형적으로 흐르는 배제된 노동자들의 투쟁과 욕망의 흐름을 담을 수 있는 조직 형태가 창안되어야 하고, 조직의 모습을 띠지 않는 사이버 공간, 거리의 공간도 적극적으로 열려야 할 것이다.

다음으로 내부자 이해를 중심에 두는 노동조합의 한계를 극복하기 위해서 노동조합은 다양한 방식으로 외부를 향해 열려 있어야 한다. 진보정치 흐름과 결합하고, 사회운동 내용을 노동조합 활동에 담아내야 하고, 연대의 실천이 일상화되고, 많은 사회적 책임을 떠안아야 한다. 그리고 노동조합이 노동자들의 협소한 경제적인 욕망만을 담아내는 것이 아니라 삶의 총체적 행복의 실현이라는 욕망을 담아내는 그릇이 되어야 한다.

노동조합도 노동조합 나름이라고 반문할 것이다. 물론 맞는 이야기다. 하지만 노동조합은 노자 관계에 의존하고 내부자의 이해, 특히 경제적 이해를 대변하는 조직이라는 그 본성에 스스로를 가두려는 강한 경향성을 가진 조직이다. 신생 노조들이 노동조합 활동이 안정화되면서 노조 결성 초기에 보였던 역동성이 약화되고 내부자의 경제적 이해에 치중하는 모습에 빠지는 것은 이러한 경향성 때문이다. 그래서 노동조합에는 자신의 본성과 한계를 뛰어넘으려는, 물길을 거슬러 올라가는 연어와 같은 힘이 필요하다. 특히 아래를 바라보는 시선과 연대 실천의 지향을 강화하려면 상당히 의식적인 노력이 필요하다.

두 개의 민주노총이 있다

한국의 노동운동을 걱정하는 사람들은 누구나 노동조합 조직률 10%의 한계를 걱정한다. 그리고 노동조합의 조직률이 지금보다 배 이상으로 높아지는 것, 특히 민주노총 조직의 대폭확대를 꿈꾼다. 그리고 민주노총은 노동조합 조직률을 높이기 위해서, 배제된 노동자들을 조직하기 위해서 많은 노력을 기울여왔다. 2016년 기준 민주노총 조합원 73만 명 중에서 18만 명이 비정규직이다. 여전히 대기업 정규직 중심의 노동조합이 중심이긴 하지만 이나마 비정규직 노동자 비율이 높아진 것은 민주노총 조직화 사업의 성과라고 볼 수 있다. 하지만 민주노총이 10년 넘게 '비정규 미조직 노동자에 대한 전략조직화 사업'을 진행한 것 치고는 결과는 여전히 부족하다.

2017년 6월 30일 민주노총은 '최저임금 만원, 비정규직 철폐, 노조할 권리'를 내걸고 비정규직 노동조합이 중심이 된 총파업을 벌였다. 한국GM 정규직인 나는 동료들과 함께 월차를 쓰고 집회에 참석했다. 그때 동료들은 "정규직이 총파업을 했다면 언론에서 엄청 두들겼을 텐데"라고 말했다. 그만큼 '귀족노조의 배부른 투쟁'이라는 공격에 예민해져 있는 거다. 비정규직 파업이기 때문에 사회적 지지와 우호적 여론이 형성되었다는 판단을 한 것이다.

비정규직 총파업은 비정규직 노동자들이 투쟁 중심에 서야 하고, 민주노총의 중심이 되어야 한다는 선언으로서 중요한 의미를 갖는다. 하지만 대기업 정규직 노동조합들이 비정규직 노동자 요구를 중심에 내걸고 파업의 대열에 함께 하지 못한 한계는 있다.

한국 사회 노동자 사이에 균열과 문턱이 있기 때문에 민주노총 내부에도 균열은 존재한다. 심하게 이야기하면 두 개의 민주노총이 있다고 볼 수 있다. 대기업 정규직 노동자 중심의 민주노총이 있다. 이를 민주노총1이라 부르자. 비정규직, 여성, 청년, 외국인 노동자 등 배제된 노동자들이 중심이 된 민주노총이 있다. 이를 민주노총2라 부르자. 민주노총2는 수적으로 적지만 민주노총 조직화의 과제, 투쟁의 과제, 사회적 의제의 중심이다. 그렇다면 대기업 정규직 중심의 민주노총1의 힘이 배제된 노동자가 중심이 된 민주노총2의 힘을 강화하는 방향으로 연대의 흐름을 형성하면서, 민주노총2가 배제된 노동자 조직 사업의 첨병 역할을 맡도록 하는 것이 중요한 과제가 될 것이다. 그런데 대기업 정규직 연대를 강조하고, 이를 위해 민주노총이 조직적인 노력만 하면 10% 조직률의 벽을 넘는 도약이 가능하고, 노동조합이 배제된 노동자들을 향해 열리게 될까?

여기서 하나의 질문을 던져보자. 민주노총에 조직되어 있는 비정규직 노동조합들도 지난 30년의 경험 속에 고착돼 버린 대기업 정규직 중심의 사유 방식, 조직 방식, 활동 방식을 답습하고 있는 것은 아닌가? 민주노총이 한계에 부딪친 것은 단지 노력이 부족해서가 아니라 민주노총의 사유 방식, 조직 방식, 활동 방식의 한계 때문이고 이에 대한 근본적인 전환이 필요한 것은 아닌가?

나이든 선배 노동자인 나는 젊은 후배 노동자들과 만나면 종종 옛날이야기를 한다. 최루가스와 돌과 화염병, 그리고 끊임없이 쏟아져 나오는 시위 군중으로 가득 찼던 87년 6월의 거리를 이야기하고, 87년 노동자 대투쟁의 감격은 물론이고 대우자동차의 역사적인 투쟁 순간들을 이야기하곤 한다. 그러면서 20~30대 파릇파릇한 청년이었던 내가 겪었던, 청년의 가슴과 열정을 가졌던 그 역동적인 투쟁을 자랑스럽게 회고한다. 그런데 여기서 그쳐야 한다. "그런데 말이야. 우리 때는 모든 걸 희생하면서 싸웠는데 요즘 젊은 애들은 개인주의라 자기 것만 알아"라든가 "다들 노동조합이 거저 생긴 줄 알지. 싸우지도 않고 날로 먹으려 해"라고 말하는 순간 꼰대가 된다.

현재의 활동, 그리고 앞으로의 활동에 대한 치열한 고민과 노력 없이 자신의 과거 경험을 끄집어내 현재를 안일하게 평가하고 재단하는 것을 회고주의라고 부르자. 회고주의는 뜨거웠던 과거와 빈약한 현재를 비교한다. 뜨거웠던 과거의 주인공으로서 우월감과 현재의 주역인 젊은이들에 대한 냉소가 겹쳐진다. 사유는 끊임없이 뒤로 돌아간다. 과거를 기념하고, 과거의 연줄에 근거한 조직과 관계는 넘쳐난다. 열심히 과거를 팔아서 현재의 권력을 얻으려는 정치인들이 좀 많은가?

현재 자신이 처한 활동에 대한 고민을 나누고 도움을 얻기 위해 선배 노동자들을 찾는 젊은 노동자들은 이들의 반복되는 낡은 레코드 같은 자기 자랑과 어설픈 훈계에 금세 식상해 버린다. 그래서 이야기를 들으려고 하지 않고, 지도하고 가르쳐야 한다는 강박에 빠진 선배들과 소위 왕년의 지도자들에게 등을 돌린다. 젊은 후배 말을 귀담아 듣고, 이들의 정서와 감수성을 이해하려고 노력하고, 함께 고민하고 작은 것이라도 함께 실천을 할 때만 꼰대가 아닌 신선한 선배 노동사가 될 수 있지 않을까?

문제는 지금-여기다. 지금-여기를 풍요롭게 하고, 앞으로 나아가기 위해서 과거를 회고하고 평가하는 것이지 그 반대는 아니다. 그래서 회고주의에 빠진 자는 새로운 주체 형성을 가로막는다. 찬란한 과거를 내세우면서 현재의 중심에 여전히 서 있으려 하고, 비켜설 줄 모른다. 현재의 한국 노동운동의 위기 원인은 어디에 있는가? 87년 노동자 대투쟁 정신의 쇠퇴 때문인가? 그렇지 않다. 87년 투쟁의 정신은 최대한 발휘되었다. 다만 거기에 머무르고 뛰어넘지 못했을 뿐이다. 찬란한 과거일수록, 승리의 기억이 강할수록 기존의 관성에 고착시키는 힘은 더 강할 수 있다. 우리보다 더 길고 더 깊은 거대한 변화를 만들어 낸 서구 노동운동이 깊숙한 수렁에 빠져 있는 것도 이와 비슷한 이유가 아닐까? 그러면 우리를 사로잡고 있는 관성적인 사유 방식, 조직 방식, 활동 방식은 무엇인가?

먼저 민주노총은 한국 사회의 노동자들을 대표해야 한다고 생각한다. 그리고 조직 사업이란 90%의 미조직 노동자를 민주노총으로 조직하는 것이다. 조직화는 이미 조직된 주체가 조직되지 못한 미조직 노동자를 조직하는 것이다. 민주노총이 조직 사업 주체가 되고, 다수 노동자들은 대상이 된다. 조직화 주체는 준비가 된 우월한 위치이고, 조직화 대상은 아직 경험이 적어 미숙하고 개인으로 나뉘어져 열등한 위치에 있다. 그래서 조직화 대상이 되는 노동자들을 선전, 홍보, 교육이라는 수단을 통해 알게 하고 조직하고자 한다. 자기를 중심으로 자기를 복제하듯이 동심원을 그리며 확대하는 것을 조직 사업이라고 생각하고, 그래서 이미 조직된 노동조합과 가까운 곳, 노동자들이 밀집해 있어 조직이 상대적으로 쉬운 곳부터 진행한다. 바구니에 하나하나 담듯이 민주노총이라는 그릇에 편입시키고자 한다. 이를 자기동일성 확장의 사유 방식, 조직 방식, 활동 방식이라고 부를 수 있을 것이다.

하지만 촛불에서 보여준 소통, 네트워크, 자발성을 기초로 한 대중 역량은 민주노총의 조직된 역량보다 열등하지 않고 오히려 민주노총이 배워야 할 점이 많다. 그리고 대중은 스스로 조직하고 투쟁한다. 87년 대투쟁 때 노동조합 조직의 대폭발을 누가 예상했던가? 끈질기고 목적의식적으로 활동했던 소수의 노동자 활동가들은 거대한 인화 물질에 불을 붙이는 역할을 한 것이지 모든 것을 만들어 낸 것은 아니다. 스스로 조직하고 투쟁하면서 성장해 가는 노동자 대중들과 목적의식적으로 끈질기게 조직 사업을 진행했던 노동자들 간의 대화와 만남 속에서 이후 노동운동은 뚜벅뚜벅 성장해 갔다.

다음으로 87년 이후 노동운동은 공장이든 사무실이든 노동자들이 밀집되어 있는 고정된 거점에 노동조합을 하나둘 건설하고, 민주화시키는 투쟁의 연속이었고 어느 정도 성공을 거두었다. 하지만 거점 중심의 노동운동에 대한 자본의 반격이 시작됐다. 자본은 해외로 탈출하고, 고용 관계에서 탈출하고, 공장에서 탈출한다. 비정규직 노동자, 정보·서비스 노동자들이 정규직 공장 노동자들을 대체한다. 노동의 흐름은 점점 더 유동적이 되어 간다.

그렇지만 민주노총은 여전히 밀집되고 고정되어 있는 노동자, 특히 공장을 중심으로 사고한다. 물론 노동자들이 다양한 모습으로 존재한다는 것은 인정한다. 하지만 알게 모르게 노동자들 사이에 위계를 만들고 있는 것은 아닌가? 공장에서 푸른 작업복을 입고 쇠를 다루는 남성 노동자는 진짜 노동자 같다. 한번 싸우면 정말 대차게 싸울 것 같다. 하지만 마트에서 물건을 팔거나 어린이집에서 아이들을 돌보는 여성 노동자들은 노동자라는 느낌이 확 다가오지 않는다. 그래서 노동자들을 조직하기 위해서 여전히 공단으로 가자고 외치지만, 정작 우리 일상의 삶 속에서 부딪치는 무수한 노동자들은 스쳐 지나간다. 이를 공장 모델의 사유 방식, 조직 방식, 활동 방식이라고 부를 수 있을 것이다.

한군데 모여 있는 것이 꼭 좋은 것은 아니다. 공장의 정규직 노동자들은 뭐랄까, 지나치게 응고되어 있고, 고여 있다고도 할 수 있다. 공장의 벽에 갇혀서 밖으로 잘 흐르지 않는다. 공장의 정규직 노동자들은 흘러야 한다. 공장의 벽에 조금씩 균열을 내면서 연대의 바다로, 지역으로, 힘을 나누기 위해 흘러야 한다. 배제된 노동자들은 쉽게 모이지 않는다. 모이더라도 금세 흩어져 버린다. 한 곳에서 다른 곳으로 끊임없이 옮겨 다닌다. 공장의 정규직 노동자들은 너무 응고되어 있어서 문제고, 배제된 노동자들은 너무 흘러서 문제다. 배제된 노동자들의 흐름을 담아 낼 그릇이 필요하다. 그런데 그 그릇은 공장 모델이 아닌 다른 어떤 것이 아닐까?

세 번째로 87년 투쟁, 그리고 민주노총이 건설되기까지 우리는 수많은 활동가들의 초인적인 자기 헌신과 열정에 많은 것을 빚지고 있다. 훌륭한 활동가들 중에는 생계 고통은 물론이고 자기 몸 돌보지 못하고 일하다가 젊은 나이에 아깝게 쓰려져간 사람도 적지 않다. 그런데 나름 조직이 안정되고, 민주노총 각급 조직 단위 간부들은 급여를 받아 생활을 유지하고, 대공장 노동조합 간부들은 더 이상 해고와 구속의 어려움을 겪지 않아도 된다. 그러면서 나타나는 모습은 활동가, 간부, 조직가보다는 실무자의 모습에 더 가깝다. 조직의 밖에 있는 배제된 노동자들에 눈을 돌리고 이들과 함께 호흡하면서 조직 사업에 헌신하는 활동가들은 소수이고, 대부분은 자신이 속한 조직을 관리하고 자신이 속한 조직원의 이해관계를 챙기는 데 힘을 쏟고 있다. 이를 대리주의에 기초한 관료적 사유 방식, 조직 방식, 활동 방식이라고 부르자.

내가 한국GM의 노동조합 집행 간부로 있을 때 전 세계 GM 사업장 노동조합 대표들이 모이는 GM 노동조합 글로벌 네트워크 회의에 참석한 적이 있다. 그때 만난 전미자동차 노조(UAW)나 유럽 노동조합 간부들은 신사답고 똑똑하고 능력 있는 관료의 인상이었다. 어쩌면 기업의 고위 임원들과 비슷해 보였다. 미국과 유럽 노동조합 간부들은 공장에서 볼트 한 번 조여 보지 않고 유명 대학을 나와 노조 간부로 채용된 경우가 많다고 한다. 민주노총의 간부들 중 상당수는 이 사회를 변화시키기 위한 의지와 열정을 가진 활동가들이기 때문에 이들과는 확연히 다르다. 하지만 시간이 흐를수록 헌신과 열정이 무뎌지면서 관성과 타성에 빠지기 쉬울 것이다. 노동조합 활동가의 안정적 수입 보장은 필수적이고 노동운동의 큰 성과임이 분명하고, 과거로 돌아가는 것은 바람직하지도 가능하지도 않다. 하지만 단지 기존 조직을 유지하는 것을 넘어서 배제된 노동자들을 노동조합의 주체로 세우는 것이 목적이라면 헌신과 열정의 활동성을 어떻게 다시 살려낼 것인가를 치열하게 고민하지 않으면 안 된다. 이제 87년을 넘어설 때가 되었다. 87년 투쟁 이후 30여 년간 지배해 온 관성적인 사유 방식, 조직 방식, 활동 방식이 민주노총을 중심으로 한 노동운동을 여전히 지배하고 있다. 우리는 너무나 당연하고 옳다고 생각하는 신념 체계, 우리 몸 깊숙이 새겨있을지도 모르는 관성적 사유에 대해 한번 회의를 품고 들여다보아야 한다.

만남의 조직론

촛불 광장에서 민주노총 위원장 직무대행이 마이크를 잡았다. 그는 "박근혜를 무너뜨린 촛불의 힘은 그동안 박근혜에 맞서 끈질기게 투쟁해 온 노동자들의 투쟁, 특히 민주노총의 투쟁의 힘 이었다"고 역설한다. 일면 타당한 말이다. 촛불 광장을 여는 데는 민주노총 등 조직의 역할이 작지 않았다. 어려운 시기에 굽히지 않고 싸워나가는 소수의 끈질긴 투쟁이 거대한 촛불의 광장을 여는 힘이 되었다는 것은 분명하다. 하지만 그의 말은 비마 맞고 반은 틀리다. 촛불 광장은 민주노총이 만들지도 않았고, 주도하지도 않았고, 이러한 흐름이 만들어질 것이라고 예상도 못했다. '민주노총이 앞장서서 세상을 바꾸자'고 한다. 앞장서겠다는 말에 '내 뒤를 따르라'는 고압적인 분위기도 풍긴다. 하지만 따르는 사람이 없으면 세상을 바꾸기 힘들 것이다. 아마도 이 구호는 이렇게 바뀌어야 맞을 것이다. '배제된 노동자들이 중심에 서야 세상이 바뀐다.'

민주노총이 현실화된 힘이라면 조직되지 않은 배제된 노동자는 잠재적인 힘이다. 이 잠재적 힘이 현실화될 때 세상은 바뀐다. 잠재적 힘은 조직되지 못한 채 그냥 흩어져 있는 무기력한 힘이 아니다. 비록 드러나지 않고 노동조합으로 조직되어 있지는 않지만, 배제된 노동자들은 다양하게 소통하면서 나름의 방식으로 투쟁하고 있을 것이다. 박근혜를 권좌에서 끌어낸 촛불의 뿌리에는 이명박, 박근혜 정권을 거치면서 더욱더 힘겨워진 삶에 지친 노동 대중의 분노가 있다. 배제된 노동자들은 촛불에서 자발성과 소통, 네트워크의 힘을 보여줬고, 노동자로서의 각성과 자기 삶을 개선하겠다는 적극적인 의지를 보여주었다. 우리는 쉽게 드러나지는 않지만 흐름으로서 자신을 조직하고 있는 대중의 움직임을 느낄 수 있어야 한다. 그래서 배제된 노동자의 조직화, 주체화는 더 우월하고 조직되어 있는 편에서, 준비가 되어 있지 않고 힘이 약한 개인들을 자기의 편으로 끌어들이는 것이 아니다. 어긋남 속에서 서로 강점과 약점을 가지고 있는 두 개의 흐름이 서로의 강점을 배우고, 약점을 보완해 주면서 힘을 증폭시키는 과정이다.

이것을 자기동일성을 확장하는 조직화 방식과 구별되는 '만남의 조직화' 방식이라고 부르자. 대기업 정규직 노동조합의 투쟁이 대중적인 지지나 공감을 불러일으키는 경우는 근래 들어와서는 상당히 드물다. 그런데 2013년 철도노조의 파업은 상당한 대중적 공감과 지지를 불러일으켰다. 특히 '안녕하십니까?' 대자보 운동이 대대적으로 벌어졌다. 철도 민영화가 사회 공공성을 파괴할 것이라는 우려, 코레일이 대규모 직위 해제로 수천 가족의 생계를 파괴한 것에 대한 분노, 이런 상황을 만든 박근혜 정권에 대한 분노가 대자보에 표현되었다. 하지만 대자보 운동의 밑바닥에는 극심한 취업난으로 표현되는 청년 세대의 분노와 저항 의지가 깔려 있다. 철도노조, 아니 민주노총과 청년 세대의 극적인 만남이 만들어지는 순간이었다.

2017년 대선에서 주요 후보들은 모두 최저임금 1만 원을 공약으로 내걸었다. 심지어 홍준표까지도. 다수의 배제된 노동자들, 특히 청년 노동자들이 최저임금 1만 원을 절박하고 중요한 요구로 제기했기 때문이다. 처음 알바노조에서 제기하고, 민주노총이 지속적인 홍보를 하고, 이에 대해 배제된 노동자들이 적극적으로 화답한 결과이다. 그렇게 드러나지 않는 방식으로 배제된 노동자들과 민주노총과의 만남은 이루어진다.

만남은 열림이다. 잠재적인 힘을 느끼고 알아볼 수 있는 능력이 있을 때 만남은 열린다. 그런데 과연 민주노총은 배제된 노동자의 잠재적인 힘을 느낄 수 있는 감수성을 갖고 있는가? 고정된 거점을 가진 공장 중심 조직 활동을 해온 민주노총이 유동적으로 흐르는 배제된 노동자들의 노동과 삶의 방식을 이해할 수 있는가? 민주노총과 대기업 정규직 노동조합의 40~50대 남성 활동가들이 청년, 여성 노동자들과 감성적 소통을 할 수 있는가? 부모가 자녀들의 감성을 이해하지 못하고, 공통의 대화의 소재가 없으면 아무리 좋은 말을 하더라도 잔소리나 훈계로밖에 들리지 않는다. 그래서 대부분 아이들이 크면 부모와 함께 여행도 하지 않으려 한다. 이러한 감성적인 열림을 위해서라도 나는 민주노총에 청년사업부나 여성사업부가 필요하다고 본다. 대학 학생회와도 일상적인 사업을 하고, 여성 페미니즘 운동에 대한 이해도 높이면서, 청년 노동자와 여성 노동자들과 감성적 연결과 조직화의 노력을 기울이기 위해서 필요한 일이다. 이를 위해 민주노총만이 아닌 다양한 진보 정당, 사회단체들과 배제된 노동자들의 조직화, 주체화를 위한 공동 사업이 진행돼야 한다.

만남은 상호 이해와 상호 변화를 전제로 한다. 남녀 간에 사랑을 할 때 남자가 돈 좀 있다고 여자에게 일방적으로 자기 말을 들으라고 하면 사랑은 이뤄지지 않는다. 서로의 감성을 이해할 수 있는 능력, 서로 평등한 관계를 만드는 능력, 대화하는 능력을 갖춰야 진정한 사랑을 할 수 있다. 혹시 민주노총이나 대기업 정규직 노동조합이 매력은 별로면서 돈 좀 있다고 거들먹거리는 남자 꼴이 아닌지 반성해 볼 일이다. 촛불과 일련의 정치사회적 경험을 거치면서 배제된 노동자의 힘과 감수성이 폭발적으로 성장하고 있다. 민주노총이 이를 더욱 가속화시키고 촉발시키는 역할을 하려면 스스로 변화하려는 피나는 노력을 해야 한다.

이제 배제된 노동자의 입장에서 만남의 가능성을 살펴보자. 배제된 노동자들의 눈에는 과연 민주노총이, 특히 대기업 정규직 노동조합들이 믿을 만한가? 배제된 노동자의 주체화, 조직화가 필요하더라도 민주노총에 기댈 것이 아니라 별개의 노력이 필요한 것이 아닌가? 한국에서는 그런 흐름이 강하지 않지만 일본과 서구에서는 이런 요구가 강하다. 특히 일본은 기존 기업별 노조의 틀과는 다른 새로운 유니온운동이 활발하게 일어나고 있다. 한국에서도 전국여성노조나 청년유니온, 알바노조의 실험이 있다. 하지만 민주노총과 대기업 정규직 노동자들이 갖고 있는 축적된 경험과 힘, 조직력과 자금력의 도움 없이 배제된 노동자 중심의 새로운 노동자 주체 구성은 너무나 더디고 힘들 것이다. 그래서 민주노총, 대기업 정규직 중심 노동운동의 힘은 배제된 노동자의 조직화, 주체화를 위해 제대로 쓰여야 한다.

지금 전체 노동운동은 악순환 회로와 선순환 회로의 기로에 서 있다. 만남이 이루어지지 않으면 민주노총과 대기업 정규직 노동자들의 조직과 정신은 서서히 허물어져 갈 것이고, 다수의 배제된 노동자들의 삶도 허물어져 갈 것이다. 그뿐만 아니라 배제된 노동자들은 허물어져 가는 절망 앞에서 대기업 정규직 노동자들에 대한 적대감을 키울 수도 있고, 외국인이나 여성 혐오와 같은 왜곡된 방향으로 분노가 분출이 될 수도 있다. 이것이 악순환의 회로다.

반면에 민주노총과 대기업 정규직 노동자들이 갖고 있는 경험과 힘, 그리고 활동가들의 헌신이, 배제된 노동자들의 자기조직화의 과정과 힘 있는 만남이 이루어지면, 배제된 노동자들은 자신의 삶을 개선시킬 수 있는 힘과 희망을 갖게 되고, 민주노총과 대기업 정규직 노동자들은 조직과 노동자 정신을 회복시킬 수 있는 힘을 얻게 될 것이다. 이것이 선순환의 회로다.

7장

'만남의 조직학' 각론

만남을 통한 새로운 주체 만들기:
조직화 방식에 대한 제안

'만남의 조직학' 각론
만남을 통한 새로운 주체 만들기: 조직화 방식에 대한 제안

가난, 공감과 당당함

작은딸이 고3 때 학교까지 차로 데려다 주면서 짧은 대화를 나눴다. 나는 인천 서구 청라지구에 산다. 작은딸이 말했다.

"아빠 우리 학교 애들한테 청라는 서울 대치동 같은 데래. 청라 산다고 하면 넘 부러워해. 집이 철거돼 쫓겨난 애들도 많대."

오래전에 큰딸이 중학생이었을 때 친구 집에 놀러갔다가 깜짝 놀란 이야기를 했다. '다들 자기가 사는 정도는 살겠거니' 했는데 가난하다는 것이 무엇인가를 보고 온 것이다. 그리고 큰딸에게는 어머니가 없어 집안 살림과 동생들을 챙기는 친한 친구가 있었다. 그 친구는 함께 지하상가에 놀러 가면 옷보다는 밥주걱 같은 생활용품을 챙긴다고 했다. 큰딸은 그 친구가 실업계 고등학교에 갔다가 대학에 진학했다는 소식을 전하면서 정말 기뻐했다. 잘 산다고 뻐기는 친구들보다 가난한 친구들과 더 사이좋게 지내는 우리 두 딸의 마음이 예뻤다. 그런데 정작 노동운동을 한다는 아빠는 청라가 살기 좋

다고 좋아만 했지, 가난한 노동자들, 청라를 부러워하는 딸들을 가슴 아프게 바라보는 가난한 노동자 아빠, 엄마들의 시선에는 둔감했다.

과거에는 대기업 정규직 노동자든 중소기업 노동자든 모두 똑같이 가난했다. 하지만 지금은 대기업 정규직 노동자들과 배제된 노동자들 사이에는 절벽을 두고 갈라진 것 같은 단절이 있다. 그래서 대기업 정규직 노동자들에게 가난은 부모들이 보릿고개를 추억처럼 이야기하듯이 머나먼 옛 이야기다.

물론 대기업 정규직 노동자들은 배제된 노동자들의 삶이 얼마나 힘든지 볼 수는 있다. 가까운 친구들과 친척들도 가난한 노동자들이다. 맞벌이하는 아내의 월급봉투를 보면서 여성 노동자들이 겪고 있는 차별을 본다. 취업을 못하고 있는 자식들, 비정규직으로 일하는 조카들을 보면서 청년 실업 문제, 비정규직 문제가 얼마나 심각한지 알고 있다. 그래서 어떻게든 자식들을 정규직으로 만들어 보려고 노력하고, 결혼할 때 전셋돈이라도 마련해 주려고 애를 쓴다. 하지만 가난에 대한 시선은 '저렇지 않아서 다행이야'라는 읊조림과 함께 자기 가족의 울타리에 갇힌다.

내가 노동조합 간부였을 때 비정규직 노동조합과 비정규직 실태 공동 조사를 하면서 그들이 사는 현실을 있는 그대로 드러내고 공유하는 것이 중요하다는 것을 깨달았다. 정규직 동료들은 한국GM 비정규직이면 다른 중소기업 노동자들보다 낫고 살만하다고 생각한다. 그런데 비정규직의 임금 수준을 이야기하면 깜짝 놀란다. 그리고 말한다. "그것밖에 안 돼?"

한국GM 비정규직 노동자들의 난방 실태를 포함한 작업환경, 후생복지 실태 조사를 하고 그 열악한 현실을 언론에도 알리고, 홍보물을 통해 회사 내부 구성원들에게 반복해서 알렸다. 우리는 회사 측에 개선책을 강하게 요구했다. 이러한 사실을 접한 정규직 노동자들 사이에서 "어떻게 그럴 수 있어?" 하는 공분이 확산됐다. 하지만 공분은 그리 오래 가지 않는다.

안다는 것과 공감한다는 것은 다르다. 비정규직 출신 정규직들은 비정규직 노동자들의 실태를 너무 잘 알 것이다. 그런데 정규직으로 전환된 지 몇 달이 지나지 않은 한 후배 노동자가 비정규직 노동자들을 가리키면서 이런 말을 던진다.

"쟤들 참 불쌍해요."

자신은 비정규직에서 빠져나와 정규직이 되었고, 그래서 그들의 삶은 남의 문제가 되어 버린 것이다. 다른 사람에 대한 공감은 다른 사람의 삶이 나에게 들어와 나의 가슴을 아프게 찢어 놓는 것이다.

오래전에 내가 걸어서 출퇴근을 할 때 개천 위에 걸쳐진 낡은 판잣집을 마주쳤었다. 가끔 한 여학생이 문을 살그머니 열고 주변을 열심히 살핀 후에 급하게 나와 걸어가는 모습을 몇 번 보았다. 갑자기 어떤 아이의 모습이 떠올랐다. 초등학교 통학 길에 접해 있는 한 허름한 집에 살던 그 아이는 집에 들어갈 때나 집에서 나올 때 항상 주변을 돌아보곤 했다. 그리고 집에서 나오다 아는 친구를 만났을 때 부끄러워서 어딘가 숨고 싶어 했다. 바로 나의 어릴 때 모습이다. 가난이 부끄러운 그 여학생의 심정이 나의 가슴 속으로 아프게 파고 들어왔다.

대우자동차가 1,750명을 정리 해고했을 때 전국의 수많은 노동자, 시민들의 연대가 있었다. 그 연대의 감정 밑바닥에는 1,750개의 가정이 파괴되고, 가족들이 겪을 고통에 대한 공감이 깔려 있었을 것이다. 침몰된 세월호는 박근혜를 침몰시켰다. 그런데 세월호의 힘은 '공감의 힘'이다. 차가운 바닷속 깊이 빠져 들어가면서 몸부림치는 아이들의 고통을 자신의 가슴을 찢는 아픔으로 느끼는 힘이다.

몇 년 전 가동률이 확 떨어진 군산공장이 2교대에서 1교대로 전환하면서 비정규직 공정에 정규직을 배치하고 1,000명 가까운 비정규직 노동자들을 해고했다. 이때 회사는 1교대로 전환하면 가동률이 높아져 잔업 특근도 할 수 있다고 정규직 노동자들에게 속삭였고 일부 조합원들이 여기에 동조했다고 한다. 어떻게 해고로 인해 한 사람의 인생과 가정이 파산되는 것과 '잔업 특근 더 하는 것'과 무게를 비교할 수가 있는가? 이는 해고되어 떠나가는 노동자와 그 가족이 겪을 삶의 고통에 대한 공감 능력이 없기 때문에 나타나는 현상이다.

대기업 정규직 노동자들은 공장 담벼락을 사이에 두고 안과 밖을 구분한다. 내가 일하고 있는 공장 안과 정글과 같은 밖이 있다. 그러면서 "내가 저러지 않아서 다행이야"라는 안도감과 해고돼서 저 지옥 같은 밖으로 떨려나가는 것에 대한 두려움을 함께 안고 산다. 한국GM 조합원들 속에서 쌍용자동차 정리 해고를 바라보는 두 개의 시선을 느꼈다. '해고는 살인이다'라는 외침에 먼저 분노하고 공감하는 시선이 있다. 그리고 '내가 쌍용자동차에 다니고 있지 않아서 다행이야' 또는 '나도 저렇게 될 지도 모른다'는 안도와 두려움의 시선이 있다. 그렇게 두려움은 공감 능력을 감퇴시킨다.

가난한 자들은 가난을 애써 감춘다. 가난은 부끄러운 것이 아니다. 다만 화가 날 뿐이다. 가난한 자의 분노는 정당하고 당당한 분노다. 가난은 드러나야 한다. 고통스러우면 '고통스럽다'고, 아픈 것은 '아프다'고 외쳐야 한다. 문제를 문제라고 말하고 문제화시켜야 한다. 가난과 고통의 문제가 주체적으로 제기되지 않을 때는 가난한 사람들은 자칫 연민과 시혜의 대상으로만 머물게 된다. 그래서 가난을 개인의 책임으로만 떠넘기면서 부끄러운 것으로 만드는 이 사회의 차별과 배제의 구조와 시선에 맞서서 싸워야 한다. 그래서 만남을 통해 두려움에서 벗어나 공감의 능력을 키우는 것과 부끄러움에서 벗어나서 당당해지는 것을 함께 만들어 가야 한다. 그리고 이러한 만남은 일상적인 어울림으로 이어져야 한다. 그리고 대기업 정규직 노동자들과 배제된 노동자들이 거리를 둔 낯선 존재가 아닌 친밀하게 어울리는 관계가 될 때 연대의 힘은 커져 나갈 것이다.

일상의 연대: 소비자인 노동자, 노동자인 소비자

큰딸과 함께 마트에 갔다. 나는 물건을 사면서 나이 어린 여성 알바 노동자에게 무심코 반말을 했다. 우리 딸이 "왜 반말을 하냐?"며 화를 낸다. 자신이 알바를 하면서 나이 먹은 아저씨들이 반말해 대는 것이 정말 싫었던 거다. 나이 먹은 남자들은 나이 어린 여성 노동자들에게 반말을 하고 성희롱까지 하는 경우도 있다. 그러면서 '딸 같아서 그랬다'고 변명한다. 그런데 자기 딸이 그러한 행위로 상처받고 모욕감을 느낀다는 것을 안다면 과연 그렇게 할까? 나는 그 뒤로는 아무리 어려 보여도 절대로 반말을 하지 않는다. 딸이 나에게 준 소중한 가르침이다.

핸드폰 수리비 때문에 삼성전자 서비스센터에서 수리 기사 노동자에게 언성을 높인 적이 있다. 수리한 지 얼마 되지 않아서 다시 고장이 나서 화가 난 것도 있지만, 수리비를 깎아 보려는 속셈으로 일부러 화를 더 냈다. 그 후 삼성전자 서비스 노동자들이 노동조합을 결성하고 삼성전자 본사 앞에서 농성 투쟁을 했다. 연대를 위해 그 현장에 가서 삼성전자 서비스 노동자들과 이야기를 나눌 시간이 있었다. 내가 삼성 서비스센터에서 갑질한 이야기를 하고 이에 대해 반성하는 이야기를 하자 "맞다. 그럴 때 너무 힘들다"라면서 모두 격하게 반응했다. 나는 삼성 서비스 노동자들에게서 자신들이 극심한 감정노동에 시달리고 있고, 진상 고객을 만나도 '고객 평가' 제도 때문에 일방적으로 당할 수밖에 없다는 이야기를 들었다. 대한항공의 조현아만 갑질하는 것이 아니다. 우리 노동자들도 일상적으로 갑질을 한다. 그것도 서로에게.

　나는 노동자이면서 소비자다. 자본은 끊임없이 '소비자가 왕'이라면서, 서비스 산업, 감정노동에 종사하는 노동자들에게 친절과 웃음을 강요한다. 또한 노동자들은 노동자로서의 자기규정보다는 소비자로서 자기를 규정하는 것을 더 좋아한다. 공장에서 일할 때보다 내 지갑에 있는 돈으로 뭔가를 살 때 '자기 존재감'을 더 느낀다. 그래서 '나는 소비한다. 고로 존재 한다'라는 말까지 나온다. 왜 일하냐고 묻는다면 대부분 사람들은 소비할 돈을 벌기 위해 일한다고 대답할 것이다.

　우리나라 항공사의 서비스가 좋다고 한다. 비행기에서 승객이 승무원을 호출하면 그 승무원은 무릎을 꿇고 승객 말을 듣는다. 간혹 고급 레스토랑에 가도 직원이 무릎을 꿇고 고객의 주문을 받아 적는다. 고객을 위에서 내려다보는 것은 예의가 아니란다. 백화점 직원은 아무리 기분 나쁜 일이 있어도 항상 활짝 웃으면서 배꼽에 손을 모으고 인사를 해야 하고, 아침마다 인사 연습을 한다. 외국 항공사 비행기를 타면 여승무원의 복장과 머리 스타일은 다 제각각이고 승객을 대하는 태도는 너무나 자연스럽다. 우리나라 방식으로 하면 소비자가 왕이 될지 모르지만 노동자는 종이 된다. 자본가는 항상 왕 노릇만 할지 모르지만 노동자는 소비자인 왕과 노동자인 종의 역할을 번갈아가면서 한다. 소비자로서 갑질을 하고 노동자로서 갑질을 당한다.

　우리는 일상 속에서 많은 사람들을 만난다. 그 대부분은 노동자들이다. 술집이나 음식점에 가면 서빙을 하는 알바 노동자들을 만난다. 택시 기사 노동자가 모는 택시를 타고, 간혹 대리 기사 노동자에게 나의 차를 맡긴다. 고장 난 핸드폰은 수리 기사 노동자가 고쳐 준다. 콜센터 노동자들의 전화에 짜증을 내기도 하고, 서비스센터의 상담 노동자에게 화풀이를 한다.

우리가 일상에서 소비자의 입장에서 접하게 되는 노동자들은 대부분 감정 노동, 서비스 노동, 돌봄 노동, 판매 노동에 종사하는 배제된 노동자들이다. 연대는 투쟁의 현장에서만 필요한 것이 아니다. 일상의 삶 속에서 만나는 노동자들 간에 연대도 뿌리 깊은 연대일 수 있다. 민주노총이나 산별노조에서 조합원들에게 이런 일상적 연대의 중요성을 강조하고, 구체적 삶 속에서 실천하도록 지속적으로 교육하는 것도 검토해 볼 만하다.

소비자인 노동자와 노동자인 소비자는 일상적으로 만난다. 일상에서 매일 부딪치는 노동자들을 같은 노동자로서 느끼게 될 때, 그리고 따뜻한 인사를 나누게 될 때 노동자들 사이의 연대와 공감의 감정은 사회 깊숙이 뿌리내리게 될 것이다.

한 걸음 더 나아가 보자. 내가 소비하는 모든 물건들과 서비스는 노동의 산물이다. 하지만 상품 속에서 감추어져 있는 노동의 모습을 느끼기는 쉽지는 않다. 물론 내가 타고 있는 승용차에서 나는 동료들의 노동을 느낄 수 있다. 나는 지금 타는 라세티 이전에 르망을 14년간 탔다. 차가 오래 되니까 곳곳에 녹이 슬어 부식된다. 그때 나는 동료들에게 "내 차 네가 작업했지? 네가 엉성하게 작업하니까 내 차가 녹이 슬고 물이 새잖아"라고 농담을 하곤 했다. 하지만 다른 상품에서 그런 노동의 숨결을 직접적으로 느낄 수는 없다.

내가 지금은 삼성 핸드폰을 쓰지만 그전에는 아이폰을 썼다. 그때 아이폰을 만드는 폭스콘 중국 공장에서 노동자들이 연이어 자살하는 사건이 발생했다. 저임금과 장시간 노동에 인격적인 모욕을 당하는 노예 같은 삶에 극단적 저항을 한 것이다. 이때 나는 내가 쓰는 아이폰에서 피 냄새를 느꼈다. 대표적인 아웃도어인 노스페이스는 영원무역이라는 회사에서 OEM 방식으로 납품한다. 영원무역은 방글라데시에 의류 공장을 가지고 있고 3만 명을 고용하고 있었다. 영원무역의 방글라데시 노동자들은 임금 인상을 요구하며 시위를 벌였고, 이 시위를 진압하는 과정에서 3명의 숨지고 수백 명이 다쳤다. 우리가 입고 있는 옷에는 잔인하게 착취당하는 제3세계 노동자들의 피와 땀 냄새가 배어 있다. 우리가 소비하는 상품에서 노동자의 삶과 고통을 느낄 수 있다면 우리의 연대와 공감의 감정은 한국 사회를 넘어 전 세계로 확산될 수 있을 것이다.

이를 위해 소비는 정치화되어야 하고, 소비자도 정치적 존재가 되어야 한다. 그래야 자본주의가 소비와 욕망의 덫을 놓고 우리의 몸과 마음을 지배하는 것을 피할 수 있다. 그리고 소비의 영역을 중요한 실천의 영역으로 만들어야 한다. 소비의 영역은 자본주의적 규범과 질서에 깊숙이 빠져 있는 영역이다. 하지만 나로부터, 개인의 결단으로 실천할 수 있는 영역이고, 자본주의적 질서에 맞서 싸울 수 있는 영역이기도 하다. 깨어 있는 소비와 깨어있는 소비자가 절실하다.[51]

만남의 공간 1: 지역

인천 지역 활동가들은 한국GM을 지날 때마다 "저 놈의 담벼락"이라고 말한다고 들었다. 대공장을 둘러싸고 있는 담은 지역과 대공장 노동자 사이를 높게 가로지른다. 지역 활동가들은 한국GM 안에 어떤 활동가들이 있는지 모르고, 한국GM 활동가들도 마찬가지다. 한국GM의 노동조합 간부나 활동가들은 공장 울타리 안에 갇혀 우물 안 개구리처럼 서로 싸우고 지지고 볶으며 활동하고 있다.

지역은 노동하는 일터와 가정을 꾸리고 소비하는 일상 삶의 영역이 교차

하는 지점이다. 소비자인 노동자와 노동자인 소비자가 부딪치는 공간이다. 그리고 민주노총으로 조직된 노동자들과 배제된 노동자들의 흐름이 만나는 공간이다. 또한 지역은 노동운동, 환경운동, 여성운동, 시민운동, 장애인운동, 그리고 소수자 운동 등 다양한 운동의 흐름이 접속하는 공간이다. 노동운동은 이러한 다양한 운동과 접속을 통해 풍부해져야 한다.

내가 지역에 주목하는 이유는 배제된 노동자의 조직화, 주체화 공간이 바로 지역이기 때문이다. 자본은 끊임없이 직접적인 고용 관계에서 벗어나려 하고, 노동자들이 조직되어 있거나 조직되기 쉬운 노동자들이 밀집되어 있는 공장에서 탈출하려 하면서 노동의 양상은 점점 더 분산되고 불안해지고 유동적으로 흐른다. 어느 특정한 곳에 장기간 안정적으로 고용되어 응집되어 있는 것이 아니라, 불안정한 단기간 고용 관계로 인해 끊임없는 흐름으로 존재하는 것은 배제된 노동자들의 특성이다. 하지만 배제된 노동자들이 끊임없이 일터에서 밀려나고 들어가는 것을 반복해도 지역을 쉽사리 떠나지는 않는다.

그동안 민주노총의 조직화 방식은 고정된 점과 점을 선으로 연결하고 선과 선을 잇는 방식이었다. 노동자들이 공장이든 사무실이든 집합적으로 모여 있었기 때문이다. 하지만 이러한 조직 방식으로는 유동적인 흐름으로 존재하는 배제된 노동자들을 담아내기 힘들다. 배제된 노동자들이 흐르고 있는 면에 거점을 만들고, 흐름을 담을 수 있는 그릇을 만드는 조직 방식이 필요하다. 노동자들이 찾아오기를 기다리는 조직이 아니라, 그들의 삶의 흐름이 있는 곳으로 찾아가는 조직 방식이 필요하다.

87년 노동자 대투쟁 이전에는 대부분이 조직되지 않은 노동자들이었다. 공장에는 노동조합이 없고, 노동조합이 있다 해도 어용노조로 노동자 자주적 조직은 아니었다. 하지만 그때는 지역 곳곳에 노동자들을 위한 열린 공간이 많았다. 그리고 노동자들을 만나고 조직하려는 열정적인 활동가들이 넘쳐났다. 교회가, 성당이, 지역 단체가 지역에서 흐르는 노동 대중들을 위해 상담하고, 따듯한 사랑방을 제공했다. 그리고 다양한 방식의 야학은 노동 대중의 의식화에 기여했다. 물론 과거로 돌아갈 수는 없고, 과거의 방식을 그대로 따라서도 안 된다. 하지만 자신을 지킬 수 있는 조직을 갖지 못한 배제된 노동자들의 수는 87년 이전보다 훨씬 더 많아졌고, 삶의 조건 역시 87년 이전 만큼이나 열악하다. 어찌 보면 지금은 87년 이전에 공장 주변 곳곳에 산재해 있었던 상담소, 사랑방, 민중교회 등과 같은 포근한 사랑방이 더 필요한지도 모른다. 최저임금을 못 받은 알바 노동자가 찾아오고, 노동조합을 만들 방법을 찾고 싶은 중소기업 노동자들이 찾아오고, 노조 준비모임도 하고, 아주머니 노동자들이 모여 온갖 얘기를 나누면서 노동의 고통을 달랠 수 있는 그런 열린 공간들 말이다.

그리고 이러한 열린 공간을 만드는 데 대기업 정규직 노동자들의 힘이 쓰이고, 이곳에서 대기업 정규직 노동자들과 배제된 노동자들이 만나야 한다. 대공장 정규직 노동자들도 지역에서 새로운 만남을 다시 시작할 필요가 있을지도 모른다. 공장 안에서만 만나면 노동조합 권력을 둘러싼 경쟁으로 갈등이 증폭된다. 반면에 공장 밖 지역에서, 연대의 실천을 통해서 만나면 서로를 할퀴었던 갈등의 상처를 치유하면서 동지애를 회복할 수 있을지도 모른다.

인천에는 '노동자 권리 찾기 사업단'이 비정규직 조직화 사업을 꾸준히 해왔고, 조금씩 조직 성과로 이어지고 있다. 하지만 이러한 활동이 소수 활동가들의 열정에만 의존하고 있다. 87년 이후 누적된 경험과 힘을 가진 대기업 정규직 노동조합과 그 안의 활동가, 정당·단체 등에서 활동하는 지역에 산재해 있는 활동가들이 열린 공간 속에서 배제된 노동자들의 흐름과 만나야 한다. 금속노조는 대기업 정규직 중심의 기업지부를 해소하고 지역지부를 중심으로 조직을 재편하려 하지만 기업지부의 저항 등으로 현실적인 어려움에 부딪쳐 있다. 아마도 단기간에 기업지부를 지역지부로 개편하는 것은 힘들 수 있다.

그렇다면 조직 개편 이전에 실천 내용을 우선 재편하는 방식은 어떤가? 예를 들어 지금 부분적으로 시행되고 있는 금속노조 기업지부와 지역지부 간의 공동사업을 체계적으로 확대하는 방안도 있을 것이다. 공동사업 기금도 확대하고, 공동사업을 위해 기업지부에서 공식적으로 인원을 파견도 할 수 있을 것이다. 그런데 단지 노동조합 공식 조직 체계상의 활동에 멈춘다면 형식화된 사업에 그칠 가능성이 크다. 그래서 대기업 정규직 노동조합과 지역의 자발적 활동가들의 힘과 열정을 조직적인 실천으로 연결시킬 방안이 필요할 것이다. 그렇게 지역은 배제된 노동자들의 흐름을 담아내는 그릇이 되어야 하고, 대기업 정규직 노동자들과 배제된 노동자들이 만나는 공간이 되어야 한다.

이러한 만남의 공간이 그 동안은 투쟁 사업장의 집회에 정규직 노동자들이 연대를 위해 참여하든지, 일일주점 등의 행사에 참여하는 일시적이고 간헐적인 것에 그쳤다. 이제 그 만남의 공간은 상시적인 공동의 투쟁 사업, 토론의 공간, 나눔의 공간이 되어야 할 것이다.

만남의 공간 2: 대학

재벌그룹 두산이 소유하고 있는 중앙대학교가 재단의 학과 구조조정에 반대하는 활동을 벌인 재학생들을 퇴학시켰다. 학생들은 "두산그룹에 인수된 대학이 이제 학생들도 기업식으로 잘라낸다"며 반발했다. 그 순간 떠오르는 사람이 있었다. 배달호 열사. 두산중공업 노동자였던 그는 두산 자본에 의해 해고 구속되고, 재산과 임금을 가압류 당하고, 감시당하고, 노동조합 활동 포기각서를 강요당하자 이에 분개하여 분신했다. 해고와 구속, 손해 배상 가압류, 감시와 통제는 자본 독재가 공장이라는 공간에서 지배를 관철시키는 방식 아닌가? 이러한 자본 독재 방식이 대학이라는 공간에서 공장과 똑같은 방식으로 복제되고 있었다. 자본은 공장을 끊임없이 구조조정한다. 마찬가지로 자본은 대학을 구조조정한다. 순수학문과 기초학문은 없애고 경영학과는 대폭 증설한다. 말하자면 대학을 취업 준비학원으로, 두산이 필요로 하는 기술을 제공하는 두산의 기술연구소로 만들겠다는 것이다.

 자본의 탄압에 맞서 노동자들은 저항한다. 노동자들이 파업과 시위 등 정상적인 방식의 투쟁에 한계에 부딪치면 어디론가 올라간다. 비정규직 노동자들은 한강 다리로 올라가고, 공사장의 타워크레인에 올라간다. 중앙대 학생들도 지항했다. 학교 안에서 나양한 방식으로 투쟁하고 여론에 호소하지만 두산 자본은 꿈적도 하지 않는다. 결국 학생들이 한강대교로 올라가고 공사장의 타워크레인에 올라갔다. 자본이 저항하는 노동자들을 해고시킨 것처럼 두산 자본은 저항하는 학생들을 퇴학시켰다. 이전 군사독재 정권하에서도 학생들을 학교 밖으로 내쫓았지만 이때는 정치권력의 시녀가 된 대학이 국가 권력의 압박을 받고 대학생들을 내쫓은 것이다. 지금은 자본의 직접적 소유물이 된 대학이, 자본의 방식으로 학생을 퇴학, 아니 해고시킨다. 두산중공업 배달호 열사의 목숨을 앗아간 원흉이 바로 손배가압류다. 두산 자본도 공사판의 타워크레인에 올라간 대학생에게 공사에 손해를 끼쳤다고 2,500만 원의 손해배상을 검토했다고 통보했다. 공장과 학교는 똑같아지고 있다. 그런데 노동자는 공장에서 노동하면서 돈을 받지만 대학생은 자본의 노동력 상품으로 키워지면서 돈을 내고 다닌다. 돈을 받는 노예? 돈을 내는 노예? 공장보다 학교가 더 웃긴다.[52]

70~80년대 대학생들은 자신의 기득권을 포기하고 공장에 들어갔다. 이를 현장 투신, 또는 '존재 이전'이라고 불렀다. 이때까지만 해도 대학은 소수만이 갈 수 있고, 대학을 나오면 안정된 직장이 보장이 되고, 세칭 일류대학에 가면 특권층으로 신분 상승도 할 수 있었기에, 기득권을 포기한 현장 투신, 존재 이전이라고 표현하는 것이 틀린 말은 아니다. 이러한 대학생들의 헌신적 실천이 한국 사회 민주화와 노동운동 성장에 큰 밑거름이 되었고, 수많은 활동가층을 형성하는 기반이 되었다.

이제 다시금 대학생들은 노동자들 속으로 들어가야 한다. 예전에는 학생들이 자신의 기득권을 버리고 노동 대중을 만나기 위해서 공장으로 들어갔지만 지금은 그럴 필요가 없다. 바로 대학생 자신이 노동 대중이기 때문이다. 단지 예비 노동자라는 의미가 아니다. 대학은 지금도 최저임금을 받는 수십만 알바 노동자 공급소가 되었다. 대학생들이 노동자 속으로 들어간다는 것은 노동자로서의 자신의 존재를 자각하고, 자기 존재에 충실한 삶의 태도를 가진다는 의미이다. 90년대 초까지 변혁의 주체, 선봉대를 자임하면서 세상을 구원하고자 했던 학생회는 이제 청년 학생 자신들을 구원하는 조직으로 다시 자리매김 되어야 한다.[53]

또한 대학 내에는 청년 학생만이 아니라 비정규 교수 노동자, 그리고 청소 노동자들이 있다. 대학은 정교수-비정규 교수-조교-대학원생들 간의 차별과 위계의 공간이고, 청소 노동자들은 낮은 임금과 인격적인 멸시로 고통 받고 있다. 그렇다면 대학에서 청년 학생, 비정규 교수, 청소 노동자 간의 연대 공동체가 만들어질 필요가 있다. 여기에 깨어 있는 교수들이 결합할 수도 있을 것이다.

하지만 대학은 치열한 경쟁 원리가 지배하고 있는 장소다. 대학은 학교별로 서열화되어 있고, 같은 대학 안에서도 과별로 위계화되어 있다. 대학생들은 학교생활 내내 학점 경쟁과 취업 경쟁에 시달린다. 하지만 그 경쟁은 부모의 재력에 따라 이미 결과가 상당 부분 결정되어 있는 불공정한 경쟁이다. 대학교에는 학비와 용돈 걱정 없이 수시로 어학연수를 나가고 착실히 스펙을 쌓는 학생들이 있는 반면 학비를 벌기 위해 알바 하느라 공부할 시간을 내지 못하고, 등록금 마련을 위해 휴학을 반복하는 학생들도 있다. 이러한 대학에서 경쟁보다 평등, 연대의 원리를 확립하는 것은 쉽지 않다. 그럼에도 대학은 배움과 학문의 공간이다. 자본이 필요로 하는 유능한 노동력을 키우기 위한 지식이 주로 생산, 유통되고 있지만 사회의 구조적 모순을 파헤치는 비판적 지식도 공존하고 있다. 그래서 사회를 비판적으로 바라볼 수 있는 안목을 키우고, 노동자로서 자각을 높일 수 있는 그런 학습과 토론이 이루어질 수 있는 학습 공간, 의식화 공간이 열릴 가능성도 있다.

그러면 민주노총 등 조직된 노동과 대학생 간 만남의 가능성은 있을까? 민주노총과 대학 학생회가 연계하여 대학생 알바 노동자의 조직화와 권익 향상 활동을 체계적으로 진행하는 것은 어떤가? 노동자로서의 자각과 노동자로서의 건강한 삶을 살기 위한 다양한 세미나와 강좌를 진행할 수도 있을 것이다. 민주노총과 학생회가 힘을 모아 청년 노동자 조직 사업을 주도할 청년 활동가들을 키우는 사업을 할 수도 있을 것이다. 이를 위해 이미 언급한 것처럼 민주노총에 청년 학생, 청년 노동자들의 사업을 전담하는 청년사업부를 만들 수도 있을 것이다.

대학에 절실한 것은 경쟁보다는 평등, 그리고 연대와 공감, 노동에 대한 긍정적인 태도와 노동자로서의 자각이다. 대학이 경쟁의 원리를 넘어설 수 있다면, 노동자 조직화의 새로운 중심이 될 수 있지 않을까? 이제 대학은 청년 노동자들이 모여 있는 공간, 새로운 노동자 주체를 구성하는 공간으로 자리매김 되어야 한다. 그리고 노동자로서의 자각과 배제된 노동자의 조직화, 주체화를 주요한 목적으로 하는 새로운 학생운동의 흐름이 필요하다.

'눈먼 두더지'가 절실할 때다

알바를 하는 딸에게 물었다.
"너는 임금이나 노동조건에 대해 궁금한 게 있으면 어디에 물어보니?"
"알바몬이지."
알바몬은 알바를 알선하는 사이트다. 이곳에서 젊은 청년들은 알바의 경험담을 나누고, 회사가 공식 채용한 노무사가 상담도 해 준단다. 게다가 알바몬 등 취업사이트는 최저임금 인상 등 청년 노동자들이 관심을 갖는 노동 관련 이슈에 대해서도 상세하게 설명을 해 준다. 청년 노동자들을 끌어들이기 위해서 이들의 관심 이슈와 정보를 제공하는 것이다. 그리고 직종별로 알바 고수들이 있어서 자신의 경험을 초보 알바들에게 상세히 설명해 준다. 알바 알선 사이트가 알바 노동자들의 일종의 플랫폼 역할을 해 주고 있는 셈이다.
한국여성노동자회에서 일하는 아내에게 사이버 공간을 왜 적극적으로 활용하지 않느냐고 물었다. 아내의 답은 사이버 공간을 만들어도 노동자들이 부담이 되어서 잘 들어오지 않는다고 한다. 왜 그럴까? 혹시 너무 자기중심적으로 운영돼서 그런 것이 아닐까? 제조업이 제품을 만들어 공급하듯이 민주노총이나 대부분 다른 단체들이 노동자들을 향해 일방적으로 자신의 주장을 쏟아내기 때문은 아닐까?

　배제된 노동자들은 개별화, 파편화되어 있기에 노동조합이든, 다른 오프라인 조직에서 쉽게 만나거나 조직되기 힘들다. 그렇다면 배제된 노동자들이 스스로 사이버 공간을 만들고, 자신들이 문제를 던지고, 답하기도 하면서 문제를 해결하고 또 조직하기도 하는 그런 플랫폼이 만들어지면 어떨까? 민주노총이나 활동가들 역시 대중의 일원으로서 그 플랫폼에서 참여하여 함께 묻고 답하면서 배제된 노동자들과 만날 수 있을 것이다. 다양한 직종별 플랫폼도 만들어지고, 서로 구직 정보나 노동의 경험과 고통을 나눌 수도 있을 것이다. 새롭게 만들 수도 있고, 기존에 형성되어 있는 플랫폼을 활용할 수도 있을 것이다. 특히 젊은 청년들에게 사이버 공간은 삶의 일부분이고 특기가 아닌가?[54]

　촛불의 힘은 자발성에 근거한 소통의 네트워크에서 나온다. 이명박, 박근혜로 이어지는 불의한 권력에 대한 분노와 비판은 소통의 네트워크를 타고 순식간에 대중의 흐름을 결집시켰다. 그런데 왜 자신의 이야기, 자신의 일상 삶의 고통은 소통의 네트워크를 타고 흐르지 않는 것인가?

　왜 배제된 노동자들은 자신의 가난과 노동을 부끄럽게 여기고, 노동자로서 자신은 감추고 대신 자기와 거리가 있는 다른 문제에만 열심히 글을 쓰고, 댓글을 달고 있는가? 촛불이 일상의 삶 속에서 타올라야 하고, 촛불의 힘인 자발성에 근거한 소통의 네트워크도 일상의 삶을 담아내야 한다. 아마도 배제된 노동자들의 조직은 소통에 기반을 둔 네트워크형 조직이 될 것이다. 그리고 배제된 노동자들의 조직화를 위해서는 결집되어 있는 노동자 대중 속에서 소모임을 통한 핵을 구성하는 조직 능력보다는 산재되어 있는 노동자들을 접속시키는 네트워크를 통한 소통 능력이 더 필요할 것이다.

민주노총과 사회단체들은 집회를 하고 행진을 한다. 그리고 방송차 스피커를 통해 외친다. 무상의료, 무상교육, 최저임금제, 반값 등록금, 비정규직 철폐. '민주노총이 앞장서서 세상을 바꾸자', '총파업 투쟁으로 세상을 바꾸자' 정말 목이 터져라 외친다. 이게 얼마나 중요한 문제인데, 민주노총이 이렇게 외치는데, 왜 호응을 안 해 주는지 아쉬워하면서 말이다. 하지만 다수의 배제된 노동자들은 민주노총의 집회나 행진을 보면서, 내가 감히 들어가기 힘든 또는 별로 들어가고 싶지 않은 노동자 행진으로 느낀다.

민주노총의 투쟁 공간은 조직 라인을 통해 '지침' 형태로 전달되고, 민주노총 각급 조직의 간부, 조합원들을 동원하는 방식으로 만들어진다. 그리고 집회 대열은 깃발을 중심으로 조직된 사람들로 이뤄진다. 나는 집회를 자주 다니는 편인데, 한국GM 노동조합이 조직적으로 참여하지 않아서 '나의 깃발'이 없으면 어디에 서 있어야 하는지 몰라서 서성이곤 한다. 그래서 '깃발'이 없는 자들은 외롭다. 하물며 조직되지 못한 배제된 노동자들이야 오죽 하겠는가? 이제 민주노총은 그동안 '민주노총이 만들어온 투쟁 공간이 배제된 노동자들의 주체적 투쟁 공간이 되지 못했던 것은 아닌지?', '민주노총이 배제된 노동자들을 주체를 세우려고 하기보다는 대신 투쟁하고 지지를 받으려고만 했던 것은 아닌지?' 반성해야 한다. 배제된 노동자들이 주체가 되는, 자기 목소리를 외칠 수 있는 열린 투쟁 공간이 필요하다. 그 열린 투쟁 공간은 아마도 촛불에서 보여준 대중의 소통 능력-네트워크-자발성에 기초한 공간이 될 것이다. 예를 들어 최저임금 1만 원 행동의 날을 정하고, 대중적이고 자발적인 실천단이 조직되고, 이에 공감하는 배제된 노동자들이 주체로 참여할 수 있는 방식도 있을 것이다. 지하철에서 숨진 비정규직 노동자의 죽음에 대해 다양한 방식의 추모 행진을 조직할 수도 있을 것이다. 또한 다양한 온라인 공간의 이슈가 광장의 투쟁으로 연결될 수도 있을 것이다. 그렇다고 민주노총이 역할을 하지 말라는 것은 아니다. 주도적인 역할을 하되 배제된 노동자들이 중심이 되게 하고, 이들의 목소리를 전면에 내세우는 그러한 투쟁 공간을 만드는 촉발자, 조력자 역할을 자처하는 것은 어떨까? 민주노총이 주체임을 강조하기보다는 자발적인 조직화와 투쟁을 지지, 엄호하면서 '배제된 노동자들의 반란'을 만드는 것이 민주노총의 역할이 아닐까?

국회의원, 학자, 사회단체의 전문가들은 배제된 노동자들을 '사회적 약자'로 규정하고, 이들이 처한 고통을 '사회적 문제'로 취급하면서 이에 대한 국가가 해야 할 정책 대안을 마련하기도 하고, 입법 활동도 한다. 민주노총은 최저임금 1만 원, 비정규직 철폐, 노조 할 권리 등 배제된 노동자들의 문제를 해결하라고 외치면서 청와대로, 청와대로 향한다. 비정규직 문제 등 배제된 노동자들에 대한 정부의 정책 전환을 요구하기 위해 토론회도 하고, 국회의원도 만나고, 언론사도 만나서 여론화도 한다. 그리고 민주노총은 배제된 노동자들을 위해 자신들이 이렇게 열심히 활동하고 있다는 것을 강조한다.

그런데 민주노총이 가장 우선적으로 해야 할 일은 싸워서 따 주는 것이 아니라 배제된 노동자들에게 스스로 조직하고 투쟁할 것을 호소하는 것이다. 그래서 이제 우리는 배제된 노동자 당사자들이 자신의 삶의 현장에서, 자신의 목소리로, 자신의 요구를 외칠 수 있도록 문제를 밑으로, 밑으로 가지고 내려가야 한다. 노동자들 속으로 들어가 토론도 하고 대화도 하고, 요구도 만들고, 함께 외치는 데 집중해야 하는 것이 아닐까? 지금은 정치권과 언론을 넘나들면서 여론을 집중시키는 새보다는, 묵묵히 대중 속으로 파고드는 '눈먼 두더지'가 더 절실한 때가 아닐까?

지식·문화·예술 노동자와 만남

스끼다시 내 인생 / 스포츠 신문 같은 나의 노래 / 마을버스처럼 달려라 / 스끼다시 내 인생 / 언제쯤 사시미가 될 수 있을까 / 스끼다시 내 인생
- '스끼다시 내 인생' 중에서

우연히 그의 노래를 접했다. '스끼다시 내 인생'. 달빛요정역전만루홈런의 이진원. 음악이 좋아서, 문학이 좋아서, 영화가 좋아서 그 길을 택했지만, 하루 끼니를 걱정해야 할 정도로 가난하게 살다가 쓸쓸히 죽어간 한 문화예술인이다. 2011년 32세의 시나리오 작가 최고은은 "창피하지만 며칠 째 아무것도 못 먹어서 남은 밥이랑 김치가 있으면 저희 집 문 좀 두드려 주세요"라고 적힌 쪽지를 옆집에 남긴 채 세상을 떠났다. 잘 나가는 가수, 배우 한 사람이 하나의 기업에 맞먹을 정도의 수입을 올리고, 연예인들이 강남에 빌딩을 사는 것이 대세라고 하지만, 이 시대는 수많은 가난한 문화예술 프롤레타리아, 스끼다시를 양산한다. 수많은 문화예술인들이 낮에는 기타 줄을 퉁기다가 밤에는 편의점 알바를 해야 하는 비정규직 노동자들이다.

비정규직의 또 다른 이름 '장그래'를 만들어 낸 〈미생〉을 재미있게 봤다. 드라마 미생을 보다보니 미생 속의 미생이 보인다. 장그래 역을 맡은 임시완은 '완생' 정도가 아니라 중원에 넓은 집을 짓고 있다. 아마도 마 부장이나 성 대리 역을 맡은 배우가 미생에 가까울 것이다. 그리고 극중에서나 실제에서나 동일하게 미생인 사람들이 있다. 장그래와 칸을 사이에 두고 일하고 있는 그녀, 장백기 팀에서 등짝만 보이다가 가끔 "전화왔어요"라는 대사를 내뱉는 그녀, 각 팀마다 미생이 있다. 그리고 그 미생들은 실제 삶의 현장에서도 미생이다.

수많은 문화예술인들은 가난하다. 가난하더라도 하고 싶은 음악, 미술을 하겠다고 자발적으로 가난을 선택한다. 그런데 그 가난은 문화예술의 꿈도, 생계의 끈도 잔인하게 끊어 버린다.

기타를 만든 자들과 기타를 치는 자들이 만났다. 기타를 만들었던 콜트, 콜텍 노동자들과 콜트, 콜텍에서 만든 기타를 치며 노래를 부르던 음악가들이 만났다. 기타를 바라보던 다른 시선, 다른 경험, 다른 추억이 만났다. 서로의 마주침이 없었다면 기타를 만드는 노동자들은 자신들이 만든 기타가 이렇게 아름다운 소리를 내는지, 그 기타 소리를 듣고 얼마나 많은 사람들이 좋아하는지 몰랐을 것이다. 그들에게 기타 소리는 지겹고 반복적인 조율 노동의 한 부분이었을 뿐이었다. 그리고 기타를 치는 음악가들은 자신들이 치는 기타 속에 얼마나 많은 노동자들의 땀과 피가 배어 있는지, 얼마나 많은 자본의 탐욕이 덕지덕지 붙어 있는지 알지 못했을 것이다.

기타 하나 사기 위해 몇 달 동안 아르바이트를 해야 했던 배고픈 홍대의 음악가들과, 몇 달치 임금이 기타 하나 값밖에 안 되는, 그나마 일자리에서도 쫓겨난 가난한 해고 노동자들은 이제 서로가 통한다고 느낀다. 그래서 '콜트 콜텍+문화행동'이 만들어지고, 홍대 앞 '클럽 빵'에서 콜트, 콜텍 해고 노동자들을 위한 콘서트가 열렸다. 콜트, 콜텍 해고 노동자들의 투쟁에 수많은 문화예술인들이 연대했다. 콜트, 콜텍 해고 노동자들과 연대하는 문화예술인 중 다수는 이들 해고 노동자들과 처지와 조금도 다르지 않은 거리를 떠도는 문화예술 비정규직 노동자들이다.

집회에서 풍부한 성량의 성악가들이 '인터내셔널가'를 부른다. 국립오페라 합창단 노동조합 조합원들이다. 이들은 화려한 무대에서 정장 입고 노래를 부르던 때가 있었다. 이명박이 대통령이 되었다. 유인촌이 문화관광부 장관이 되었다. 그리고 합창단을 해체했다. 그 뒤로 해고 노동자가 되어 거리에서, 투쟁 현장에서 노래를 불렀다.

얼마 전 한국GM 노동조합에서 교육 프로그램이 있었다. 강사는 자신을 비정규직 교수라고 소개했다. 그리고 공장의 노동자들과의 만남이 가슴이 설렜다고, 자신의 배움을 나누고 싶다고 했다. 학문에 대한 열정으로 열심히 공부를 해서 박사학위를 따고, 대학에서 강의를 하고 있지만 비정규직 노동자인 시간 강사, 아니 비정규직 교수들이 있다. 이들은 대학을 장악한 재벌 자본에 착취당하는 지식 노동자들이다.

노동자들의 삶이 풍요롭게 되고, 그래서 노동운동이 넓고 깊은 힘을 가지려면 지식과 문화와 예술이 결합되어야 한다. 가난한 지식·문화·예술 노동자들이 스스로 노동자임을 자각하고, 다양한 노동자들과의 만남이 이루어지면 이들이 가진 능력과 자산은 전체 노동자의 능력과 자산이 될 수 있을 것이다. 노동자들의 인문학 강좌, 세미나에 도움을 주는 비정규직 교수 노동자, 노동자들이 기타도 배우고, 밴드도 만들고, 다양한 문화서클도 만드는 데 도움을 주는 가난한 문화예술 노동자들이 있을 수 있다. 그리고 이들의 도움을 받는 노동자들은 지식·문화·예술 노동자들이 배곯지 않고 자신이 하고 싶은 활동을 할 수 있는 권리를 만드는 데 도움이 될 수 있을 것이다. 과거에는 노동자가 아닌 지식, 문화 예술인 계급이 노동문화와 민중예술을 표방하며 노동자들을 만나러 내려왔다면, 이제는 노동자인 지식·문화·예술 노동자들이 같은 노동자들과 함께 만나 어우러질 것이다.

8장

물길 거슬러
오르는 연어처럼

활동가론: 공부 안 하는 진보…
생각하는 노동자라야 산다

물길 거슬러 오르는 연어처럼

활동가론: 공부 안 하는 진보···생각하는 노동자라야 산다

고민하는 당신, 전태일을 새로 읽자

1980년대부터 수많은 대학생들이 공장에 들어갔다. 수도권에서는 몇 십 명 정도가 일하는 공장에서도 학생 출신 노동자를 볼 수 있었다. 그들은 공장 노동자와 섞이려고 무던히 노력했지만 말투와 행동거지에서 금방 티가 났다. 나를 포함해서 대우자동차에도 학생 출신 노동자들이 여럿 있었다. 공장 내 소모임 활동, 노동 야학 등을 통해서 의식화된 노동자들이 등장하기 시작했다. 특히 87년 투쟁을 거치면서 현장 노동자들 가운데 노동운동을 목적으로 하는 활동가들이 성장했다. 이렇게 성장한 활동가들은 노동조합을 만들고, 파업 투쟁의 과정에서 많이 구속되고 해고됐다. 감옥은 활동가를 양성하는 학교가 되고, 거리로 내몰린 해고 노동자들은 투쟁의 선봉에 서는 활동가그룹이 되었다. 나는 인천 지역 해고 노동자였던 아내와 결혼했고, 결혼하고 얼마 되지 않아 나 역시 구속, 해고되어 거리의 활동가가 되었다.

대공장이라는 좋은 조건에서 활동하는 나는 가족 생계와 자식들의 장래

에 대한 고민을 끌어안고 살아가는 지역의 활동가들에게 항상 미안한 마음을 가져 왔다. 그리고 자기 몸도 돌보지 않고 활동하다가 젊은 나이에 과로와 지병으로 숨져 간 활동가들의 죽음이 지금도 가슴 아프다. 한국 사회의 노동운동과 사회운동은 이러한 활동가들의 희생과 헌신에 많은 것을 빚지고 있다. 과거 대우자동차 조합원들은 구속과 해고를 감내한 활동가들을 존경하고 따랐다. 하지만 지금은 이러한 자기 헌신과 열정을 불사르는 활동가 모습은 찾아보기 힘들고, 구속과 해고의 경험은 선거 유인물에 경력으로 쓰이거나 술자리 추억, 무용담을 넘지 못한다.

출퇴근 시간이나 식사 시간에 또는 집회 때 마주치는 얼굴들이 있다. 지금은 활동과 거리를 두고 일상에 찌든 삶을 살고 있지만 나는 그들이 얼마나 훌륭한 활동가였는지를 똑똑히 기억하고 있다. 내가 끊임없이 던지는 물음이 하나가 있다. 왜 우리 노동운동은 건강한 활동가들을 확대하고 축적하지 않고 활동가들의 열정과 힘을 소진시키고 떠나게 만드는가?

지금 활동가들은 길을 잃고 헤매고 있다. 분열과 갈등으로 상처를 입고, 세월의 흐름 속에서 열정들이 무너져 내리고 있다. 우리 운동이 범했던 가장 큰 오류는 이러한 공장 안팎 활동가들의 열정을 제대로 발휘하지 못하게 한 것인지도 모른다. 활동가들이 자신의 열정을 쓸데없는 일에 소모시키고, 불필요한 경쟁에 갇히면서 열정과 상상력을 탈진시켜 버린 것은 아닐까?

그런데 왜 당신은 활동가를 다시 불러내는가? 다시 한 번 옛날의 추억을 되살리고 싶어서인가? 이유는 간단하다. 지금 다시 활동가가 필요하고, 활동가의 힘만이 배제된 노동자들을 조직화, 주체화하고, 대기업 정규직 노동운동을 혁신할 수 있다고 보기 때문이다.

나는 사람들을 만나면 활동가들의 자발성에 기반을 둔 운동을 이야기한다. 그러면 사람들은 "그렇게 해서 어느 세월에?"라든가 "활동가 몇 명 가지고 뭘 할 수 있나?"라고 반문한다. 변화를 만들어 내려면 조직이 움직여야 한다고 말한다. 민주노총의 조직적 결정이 필요하고, 대기업 정규직 노동조합의 조직적 힘이 움직여야 한다. 그렇게 되려면 지도자를 잘 뽑아야 하고, 선거를 잘 치러야 한다고 한다. 사람들에게 올바른 활동가가 필요하다고 말하면 이는 고전적인 공자님 말씀이 된다. 나는 활동가를 끊임없이 확대하고 축적하는 데 중심을 두는 운동은 비록 처음에는 그 원은 작을지 모르지만 지속적인 상승의 나선운동을 할 수 있다고 본다. 하지만 조직적 결정과 권력을 중심으로 사고하는 운동은 처음에는 그 원이 크게 보일 수 있지만 지속적인 하강의 나선운동을 한다. 운동의 기본 동력은 사람, 즉 활동가이기 때문이다.

그런데 활동가란 누구를 지칭하는 말인가? 상당히 애매하다. 누가 활동가인지를 규정할 수 있는 객관적인 기준이 없다. 활동가는 객관적 기준보다는 주관적인 의지와 실천 행위에 의해서 규정된다. 노동조합 간부가 활동가가 될 수 있지만 간부라고 해서 모두 활동가인 것은 아니다. 노동조합이 여러 활동 경험과 실무 경험을 제공하면서 활동가를 키우는 역할을 할 수도 있지만 반대로 관료화되고 타락한 간부를 키울 수도 있다. 마찬가지로 정파나 제 단체 조직의 구성원이 활동가가 될 수 있지만 모두가 활동가인 것은 아니다. 정파는 활동가를 키우는 중요한 역할을 한다. 노동조합과 조합원의 경제적 이해를 뛰어넘는 정치사상적인 지향을 갖게 하고 사회 전체의 변화를 위한 실천 의지를 갖게 함으로써 그렇다. 하지만 불필요한 갈등과 분열을 키우는 역할만 하는 정파의 조직원들도 있다.

또한 활동가는 조직-주체와 대비해 개인-주체를 강조하는 개념이다. 모든 운동은 조직운동이라고 한다. 맞는 말이다. 반면에 모든 조직운동은 개인-주체, 즉 활동가를 키우는 운동일 때만 의미를 갖는다. 개인-주체의 힘을 키우지 않고 그 힘을 가두거나 의존적으로 만드는 조직은 의미가 없다. 그래서 모든 조직 형태-정파, 노동조합, 현장 조직, 당 조직-는 주체적인 활동가를 키워내는 것을 주요한 자기 목적으로 해야 한다. 그러려면 이들 조직들은 우선 학습 조직, 토론 조직, 실천 조직이 되어야 한다. 그리고 현재는 많이 부족하더라도 제대로 활동을 해보고 싶어 하는 '활동가 지향성'을 가진 사람이 많다. 조직 활동이란 바로 이런 '활동가 지향성'을 가진 사람들의 손을 잡아주고 길을 안내하는 것이다.

이렇게 반문할지도 모른다. 정치판에 줄을 서고 있는 저 관록 있는 활동가라는 사람들을 보시오, 비리와 부패에 오염되어 있는 대기업 정규직 노동조합의 저 활동가들을 보시오, 저기서 무슨 희망을 찾으란 말이오.

누가 병이 들었다. 그러면 의사는 두 가지를 볼 것이다. 환자가 병을 고칠 의지가 있는가? 그리고 환자가 치료를 감당할 힘(체력)이 있는가? 활동가들이 병들었다면, 마찬가지로 그들의 의지와 힘이 남아 있는지를 보아야 한다. 나는 믿는다. 민주노총에, 대기업 정규직 사업장 현장에, 지금 현재 상태에 대해서 문제를 느끼고, 더 이상 이대로는 안 된다는 절박함을 느끼는 활동가들이 많다고 믿는다. 그리고 아직은 힘이 있다. 단지 그 힘이 잘못 쓰이고 있을 뿐이다. 그래서 지금 가장 절박한 과제는 관성적인 활동 방식과 공장이라는 갇힌 울타리 속에서 낭비되고 사그라져 가는 활동가들의 역량을 어떻게 재활성화시키고 재조직화하고 재구성할 것인가, 하는 점이다.

『전태일 평전』을 다시 읽었다. 노동운동을 하다가 정치권에 진출한 사람들의 인터뷰를 보면 대략 이렇다.

"왜 노동운동을 하게 되었어요?"

"『전태일 평전』을 읽고, 나에게 대학생 친구 한 명만 있었으면 좋겠다, 라는 구절이 너무 가슴에 와 닿았어요. 그래서 노동운동을 결심했지요."

답변의 상투성이 조금은 지겹다. 그런데 내가 『전태일 평전』을 읽으면서 절실하게 다가온 것은 전태일은 낮은 곳으로 흐르는 연대의 모범이라는 것이다. 재단사이면서 나이 어린 시다들의 고통을 자신의 고통으로 받아들이는 뛰어난 공감 능력을 가진 사람이다. 그는 끊임없이 학습하는 사람이다. 치열한 고민을 통해 새로운 활동 방식을 창안하고 실천한다. 끊임없이 조사하고, 모색하고, 새로운 실천을 고민하고 실행에 옮긴다. 전태일의 죽음이 위대한 것은 이 모든 것을 해보았지만, 시대적인 벽에 부딪치고, 그 벽을 깰 수 있는 것이 죽음밖에 없다는 처절한 각성 때문이다. 자신을 불사른 희생정신만으로 전태일을 바라본다면 전태일을 잘못 읽은 거다. 우리가 배제된 노동자들의 조직화, 주체화를 위해 무엇을 할 것인가를 고민하는 활동가라면 전태일을 새롭게 읽어야 한다.

"소중한 것 먼저 하라"

우리는 그동안 모이면 남의 이야기만 했다. 다른 사람을 비판하고, 다른 조직을 비판하고, 민주노총을 비판하고, 운동 현실을 비판한다. 술자리에서 나는 남 이야기 하는 것을 정말 싫어한다. 그리고 자기에 대해서 이야기해 보라고 한다. 그러면 별로 할 이야기가 없다고 한다. 내 생각이 무엇인지, 나는 무엇을 원하는지, 이런 것을 자신의 목소리로 이야기한 경험이 별로 없다. 반면에 남 이야기는 무궁무진하다. 사소한 잘못까지 들춰내고 숨겨진 이야기까지 끄집어내면서 술자리는 활기를 찾아간다. 마치 누군가를, 어떤 조직을 끊임없이 비판해야, 그 반대의 그림자로 자기 또는 자기 조직의 정체성을 만들 수 있다는 강박관념에 씌운 사람들처럼 말이다. 그런데 사람들은 비판할 때 꼭 자신은 빼놓고 비판하는 나쁜 버릇이 있다. 자신을 비판 대상으로 삼고, 자신을 바꾸려는 노력을 하는 사람은 정말 드물다.

　오래전에 천주교에서 '내 탓이오' 운동을 벌인 적이 있다. '내 탓이오, 내 탓이오, 모든 것이 다 내 탓이로소이다.' 나는 천주교의 '내 탓이오' 운동이 자신이 겪고 있는 고통과 불행을 자신의 탓으로 돌리면서 사회의 구조적인 모순에 눈을 감게 만든다고 판단하고 아주 분개했던 기억이 난다. 물론 지금도 그런 측면이 있다고는 생각한다. 하지만 구조적인 모순을 극복할 수 있는 출발점을 나의 변화에서부터 찾아야 한다는 의미로 받아들이면 맞는 이야기다.

　나이 들고 경험 많은 활동가들과 대화를 하다 보면 판단 근거와 감각이 너무 낡고 구시대적이라는 것을 느낀다. 세상은 변했는데 그에 맞게 스스로를 변화시키지 못한 거다. 낡은 NL-PD의 대결 구도로 모든 것을 해석하거나, 여전히 87년 당시의 투쟁에 대한 회고주의에 빠져 있곤 한다. 사람들은 과거 운동의 지도적인 역할을 했던 사람들이 변했다고 비판한다. 그런데 사실은 변한 것이 아니라 변하지 않고 가만히 그대로 있었던 거다. 물이 흐르는데 가만히 있으면 물살에 떠밀려 내려가 버린다. 활동가에게는 물살을 거슬러 올라가는 연어와 같은 힘이 필요하다. 그 힘을 키우지 않고, 과거의 경험이나 현재의 직책이나 지위, 나이에 의존해서 소위 '지도'라는 것을 하겠다고 나서면, 꼰대 소리나 듣기 십상이다. 그리고 운동에서 중심적인 역할을 했던 사람들일수록 정치판에 유혹을 느끼게 된다. 정치판이라는 것이 소위 '왕년의 간판이나 명함'을 필요로 하는 곳이니까 말이다.

　나는 우리 운동의 발전을 가로막는 가장 큰 장벽은 나의 변화를 가볍게, 또는 부차적인 것으로 여기는 풍토라고 본다. '나는 됐고, 대중을 조직해야 돼.', '공부? 나는 됐고, 대중을 위한, 초보 활동가를 위한 교육프로그램을 만들어야 해.' 활동가들은 '나는 준비가 되었다. 문제는 언제나 대중'이라는 사고방식이 밑바탕에 깔려 있다. 당연히 나의 변화, 나부터 실천하기 위한 사고나 행동은 비어 버린다. 각 조직 단위도 마찬가지다. 자기 조직의 변화를 위한 실천은 거의 이야기하지 않고 세상의 변화만을 이야기한다. 노동조합 교육에서 가장 역점을 두는 것이 조합원들을 상대로 한 교육이다. 그리고 다음이 젊은 간부들에 대한 교육이다. 소위 경험이 있는 활동가들은 교육 대상에서 빠진다. 나는 준비가 되었고, 조합원 대중과 후배들만 교육을 받으면 되는 것이다.

나는 어떤 지역의 활동가가 선물로 준 『성공하는 사람들의 일곱 가지 습관』이라는 책에서 삶의 중요한 영감을 얻었다. 이 책을 쓴 스티브 코비는 중요한 질문을 하나를 던진다.

"당신이 지금은 하고 있지는 않지만 만일 규칙적으로 행할 경우, 자신의 삶에 좋은 결과를 가져다 줄 수 있는 것이 한 가지 있다면 그것은 무엇입니까?"

당장 시급하진 않지만 삶에서 중요한 것, 꾸준히 실천해야 할 것이 무엇인지 묻는 것이다. 틈나는 대로 책을 읽는 것? 항상 메모를 하는 것? 일기를 쓰는 것? 규칙적으로 운동을 하는 것? 명상을 하는 것? 웃으면서 출근 인사를 하는 것? 자기에게 필요한 무언가가 있을 것이다. 그리고 스티븐 코비는 '소중한 것을 먼저 하라'고 이야기한다. 무엇이 가장 소중한 일일까? 노동조합 활동을 하는 사람의 경우를 예로 들어보자. 성실한 활동가는 정말 바쁘다. 당면 현안 문제 해결을 위해 분주히 뛰어다녀야 하고, 하루가 멀다 하고 회의에 참석해야 하고, 조합원들 고충도 들어주어야 하고, 애경사도 챙겨야 한다. 하루하루 숨이 가쁠 정도다. 하지만 이렇게 정신없이 뛰어다니면서도 항상 허탈하다. 뭔가 변하는 것 같지도 않고 하루하루가 '땜빵 인생' 같다. 그러면서 정말 중요하다고 생각되는 일들은 바쁘다는 핑계로 뒤로 미룬다. 학습과 교육, 좀 더 진전된 고민들을 나누는 토론의 자리가 중요하다고 말은 하지만, 당장의 현안에 밀려난다. 학습하고 토론하면서 나, 그리고 조직이 자기 스스로를 변화시키는 일은 소중한 일이지만 당장 그 성과가 드러나지 않는다. 반면에 당면한 현안 문제들은 노력한 만큼 순간순간은 결과와 보람을 가져다준다. 하지만 변화와 전진보다는 지루한 반복만이 느껴지고 허탈감과 회의는 짙어간다. 이럴 때 가장 느린 것이, 가장 작은 것이, 가장 소중하고 힘 있는 것일 수도 있다는 생각을 한 번쯤 해보는 것은 어떨까?

지금 활동가 한 사람 한 사람의 힘과 역량과 새로운 의지가 정말 중요한 시기다. 자신이 절실함과 의지를 가진 활동가라고 생각한다면, 나의 변화를 새로운 활동의 출발로 만들어 보는 것은 어떤가? 나를 변화시키는 사업이야 말로 지금 당장 시작할 수 있는 사업이 아닌가? 대중을 조직하라! 대중을 변화시켜라! 그런데 내가 바로 대중이다. 가장 먼저 '나'라는 대중을 조직하고, '나'라는 대중을 변화시키는 것에서 출발하면 어떤가? 자신을 변화시키는 데 힘을 쏟고, 그 힘으로 대중을 만나야 한다. 나의 변화를 목적으로 한 활동과 투자는 무제한으로 열려 있다. 다른 조건과 관계를 걱정할 필요가 없기 때문이다.

그동안 대중사업은 주로 활동가인 내가 대중을 변화시키는 사업으로 이해되어 왔다. 그런데 '나' 역시 한 사람의 대중이라면 나를 제대로 변화시키는 것 자체가 중요한 대중 사업이 된다. 그 변화된 '나'는 또 다른 나를 변화시키는 촉매 역할을 하고, 그러면 우리라는 대중이 변하지 않겠는가?

'공부 안 하는 진보, 공부만 하는 진보'

'생각하는 백성이라야 산다.' 함석헌 선생의 말씀이다. 이렇게 바꿔 보았다. '생각하는 노동자라야 산다.' 오래전에 〈르몽드 디플로마크〉 한국판 광고 문안의 다음 글귀가 눈에 들어왔다. '공부 안 하는 진보, 공부만 하는 진보.' 전자는 한국의 진보를 지칭하고, 후자는 프랑스의 진보를 표현하는 말이다. 나는 한국 사회 진보운동의 정체의 원인을 들라면 지체 없이 철학의 빈곤, 공부의 빈곤을 꼽겠다. 나의 세대 때는 학습과 세미나를 많이 했다. 그러다가 87년 투쟁을 전후로 해서 대중적인 실천과 투쟁이 강조되면서, 모여서 학습만 하는 풍토를 '골방에 처박혀 있다'고 비난하곤 했다. '골방에서 나와 대중 속으로!'가 주된 슬로건이었다. 그 뒤로 활동가들은 대중과 함께 하기 위해 골방 밖으로 나왔다. 노동 대중이 스스로 조직하고 투쟁하면서 진군하는 그 시기에는 맞는 이야기였다. 빨리 노동 대중을 만나고, 노동조합을 만들고, 파업 투쟁을 해야 했다. 또한 이 시기의 활동가들은 골방 학습보다는 조직하고 투쟁하는 현장에서 키워졌다. 그 뒤로 우리는 골방을 잃어버렸다. 학습과 토론은 실종됐다. 공부하자고 하면 고개를 설레설레 흔들면서 말한다.

"그게 뭐 중요해요. 실천이 중요하지."

옛날에는 맞는 말인지 모르지만 지금은 틀렸다. 지금은 실천이 중요한 것이 아니라, '어떤 실천'이냐가 중요하기 때문이다. 그래서 지금은 현장에서 생각 없이 발로만 뛰는 활동가들과 컴퓨터 앞에 있는 실무자들만 남게 되었다. 물론 노동조합이든 어떤 단체든 교육 사업은 있다. 그런데 대부분의 교육 사업은 주체적인 활동가를 키워내는 것이 목적이라기보다는 자기 조직을 확장하는 수단이 됐다. 그리고 1년에 주기적으로 몇 번 배치되는 '사업'으로 생각한다. 책을 통한 학습과 토론은 사라지고, 몇몇 유명 강사진의 강의식 교육이 천편일률적으로 배치된다. 과연 강사가 던지는 몇 마디가 사람을 얼마나 변화시킬 수 있을까? 게다가 소위 활동가들은 이러한 교육의 대상도 아니다. 조합원이나 초보 활동가들을 대상으로 하는 '행사'식 교육들만 배치된다.

내가 노동조합 간부로 있을 때 노동조합 상임 집행 간부 대상으로 교육을 제안하고 진행한 적이 있다. 그런데 교육을 진행하면 높은 직책과 책임을 가진 순서대로 교육에 빠진다. 먼저 임원이 빠지고, 실장이 빠지고, 부장들만 남는다. 임원과 실장들은 '뭐 다 아는 이야기'라고 생각하고, 경험이 적은 젊은 부장들에게 그런 교육이 필요하다고 생각하는가 보다. 어쩌면 그 젊은 부장들도 나이든 내가 교육을 해서 예의상 자리를 지켜준 건지도 모른다. 그나마 노동조합 일정이 바빠지면 교육 일정도 미뤄진다. 학습과 교육은 노동조합 일이 없는 농한기 때나 하는 거라고 생각한다. 하지만 학습이 가장 필요한 사람은 바로 활동가들이다. 더 무거운 책임을 갖고 있는 활동가일수록 학습은 의무가 되어야 한다.

지금은 노동운동의 에너지가 충만하고 끓어오르는 시기가 아니다. 에너지가 폭발하는 시기에는 끓어오르는 힘을 조직적인 틀로 모으고 제대로 발휘하도록 하는 것이 중요할 것이다. 하지만 에너지가 고갈되고 침체되어 있는 지금은 새로운 힘의 원천을 찾아야 하고, 그 원천으로서 학습과 토론을 통한 성찰과 자기 변화가 절실한 때이다.[55]

나는 내 인생에서 가장 잘한 것은 세 가지라고 이야기한다. 첫째로 책을 손에 놓지 않고 산 것. 두 번째로 떠오르는 생각과 고민을 항상 메모하고 정리한 것. 세 번째로 블로그와 페이스북을 통해 내 생각을 소통한 것. 그리고 가장 잘못한 것 한 가지가 있다. 대중사업과 활동을 핑계로 술 마시는 데 너무 많은 시간과 청춘을 낭비한 것이다. 몇 년 전에 아내와 함께 무의도 여행을 간 적이 있다. 점심 때 식사를 하면서 막걸리를 마셨다. 내가 술을 마시는 모습을 보더니 아내가 뭔가 깨달은 듯이 말을 툭 던진다.

"당신 정말 술을 좋아하는구나."

그 말을 듣고 생각했다. 그동안 나는 술을 마시면 항상 핑계를 댔다. 조합원을 만나기 위해, 노동조합 활동에 필요해서, 누구를 조직하기 위해서 마치 술을 마시기는 싫은데 활동을 위해서 어쩔 수 없이 마시는 것처럼 아내에게 이야기했던 것 같다. 그래서 그 뒤로 나는 술에 대해서 솔직해지기로 했다. 술은 내가 좋아서 마시는 것이고, 다른 어떤 평계도 대지 말기로 말이다.

한국의 노동운동은 술로 흥하고 술로 망한다. 술을 마시면서 관계를 만들고, 대중을 만나고, 그러면서 조직과 투쟁을 하는 힘을 만들기도 한다. 하지만 술을 마시면서 패거리를 만들고, 자신을 변화시키는 데 전혀 투자를 하지 못하면서 스스로를 정체와 관성의 늪에 빠뜨리기도 한다.

생각하는 노동자가 되려면 학습하는 노동자 조직이 되어야 한다. 그리고 학습은 10년의 사업, 평생의 사업이 되어야 한다. 그래야 나를 변화시키고, 조직을 변화시키고, 세상을 바꿀 수 있다. 가만히 있으면 뒤로 쓸려간다. 물길을 거슬러 올라가려면 힘이 있어야 한다. 그 연어와 같은 힘을 만드는 것이 바로 학습이다. 전반적인 위기의 시대, 특히 조직 운동 위기의 시대다. 그러기 위해서는 학습을 부수적인 것이 아니라 중심적인 실천으로 만들어야 한다.

가족은 운동의 핵심

나는 현장 동료들로부터 가족에 대한 불만을 자주 듣는다. 부인이 아침밥을 안 챙겨 준다는 불만도 많다. 아내는 아이들이 학교에 다닐 때는 새벽에 일어나서 아침밥을 한다. 아이들과 남편을 위해 아침밥을 챙겨 준다. 그런데 아이들 방학이 되면 부인은 아침밥을 하지 않는다. 아이들 방학 때라도 좀 쉬고 싶은 거다. 남편은 불만이다. '꼭두새벽부터 가족을 위해서 돈 벌러 나가야 하는데 밥도 안 챙겨 줘?'

아이들에게도 불만이다. 아이들이 아빠하고 이야기를 하려고 하지 않는단다. 외식을 시켜줘도 밥만 먹고 이내 스마트폰만 들여다보고 있다. 간만에 여행을 가도 차에서 대화를 하지 않고 여전히 스마트폰만 쳐다본다. 방안에 혼자 있으면 거실에서 아내와 아이들이 자기들끼리는 키득대면서 잘도 이야기하지만 아빠 앞에서는 입은 닫는다. 아빠는 외롭다. 과거 권위주의적인 가부장 질서는 많이 무너져서 아빠 말의 권위가 잘 서지 않는다. 그래서 화가 난다. 나는 돈만 벌어다 주는 기계인가? 아니 그 돈마저 벌어다 주지 못하면 나는 정말 쓸모없는 존재가 되는 것이 아닌가?

나는 부부관계에 대한 고민을 들으면, "그냥 친구해"라고 이야기한다. 남편의 역할이 어쩌고, 부인의 역할이 어쩌고 따지기 시작하면 골치만 아프고 해결책이 나오지 않는다. 그냥 일찍 들어가서 같이 맥주 한 잔하면서 하루 있었던 일도 나누고, 같이 산책하고, 고민도 나누면서 친해지면 모든 것이 해결된다. 그래서 가족은 친구-되기를 해야 한다. 아내에게 물어보자.

"어떤 남편이 좋아요?"

"친구 같은 남편이요."

아마도 자식들도 그렇게 대답할 것이다. 어떤 부모가 좋은가? 친구 같은 부모다. 그런데 친구는 그냥 만들어지지 않는다. 우리는 친한 친구 하나를 만들기 위해서 엄청난 정성을 쏟는다. 술도 사고 마음도 터놓고 상대의 아픔을 배려하려고 한다. 그런데 가족이라는 관계에서는 거의 아무것도 하지 않는다. 많은 것을 한다고 생각하지만 각자 가족의 일원으로서 의무를 다하는 것이라고 생각할 뿐이지 관계 만들기를 위해서는 거의 노력하지 않는다. 관계는 그냥 남편이니까, 아버지니까 당연히 따라오는 거라고 생각한다. 가부장적이면서 권위적인 모습을 보이면서도 자신은 가장으로서 책임을 다하고 가족을 사랑한다고 믿는다. 잘하고 있다고 생각하는데 잘못하는 것이 가족관계다. 가족이란 무엇인가? 국어사전에는 가족을 '부부와 같이 혼인으로 맺어지거나, 부모·자식과 같이 혈연으로 이루어지는 집단. 또는 그 구성원'

이라고 정의하고 있다. 말하자면 혈연 공동체라는 뜻이다. 그런데 가족이면서도 서로에게 상처만 주는 관계도 있고, 서로 피 한 방울 안 섞였지만 가족보다 더 진한 관계를 유지하기도 한다. 그래서 가족은 '혈연 공동체'가 아니라 '사랑 공동체'다. 가족의 그 '웬수 같은 피'에만 집착하다 보니 출생의 비밀에, 얼기설기 얽힌 핏줄의 암투를 다루는 삼류 막장 드라마들이 판을 치는 거다. 가족은 그래서 그냥 존재하는 것이 아니라 끊임없이 친구-되기를 하면서 만들어야 하는 것이라고 본다.

어떤 동료가 아들과 정말 사이가 좋았는데, 무슨 일로 손찌검을 하고 나서부터 아이가 자꾸 거리를 둔다고 걱정을 한다. 그러면 나는 아이들을 평등한 시선으로 바라보고, 격의 없는 대화를 해보라고 한다. 물론 아이들에 대한 폭력은 금물이다. 술자리에서 한 동료와 자녀 대학 진학 문제를 이야기하게 되었다. 그 동료가 말했다.

"누구 아들은 일류대에 진학해서 좋겠다."

그러더니 아주 조그만 목소리로 창피한 듯이 말한다.

"우리 아들은 OO대 다녀."

"OO대가 어때서? 아들한테 이야기할 때도 그렇게 얘기해?"

"애한테는 그러지 않지."

"그런 생각을 갖고 있으면 무의식적으로 아이한테도 표현되게 되어 있어."

가족 내에서 관계를 가로막는 가장 큰 이유는 감성과 소통의 단절 때문이다. 우리는 부부 간, 부모 자식 간에 잔소리와 소통과 공감의 차이를 잘 구별하지 못하는 경우가 많다. 정말 아내와 자식들을 위해서 이야기를 한다고 하지만 대부분 일방적인 잔소리에 그칠 경우가 많다. 그러니까 가족들이 외식할 때 음식을 앞에 놓고 각자 핸드폰이나 쳐다보고 있는 거다. 두 딸과 여행을 했다. 함께 음악을 듣는다. 주로 딸들이 좋아하는 음악도 듣고 함께 노래도 부른다. 나의 음악적 취향은 정말 단순했다. 트로트나 80년대의 통기타 곡들이 내가 아는 유일한 음악이었다. 하지만 딸들에게 노래도 추천받고 열심히 듣다 보니 요즘 세대가 듣는 음악을 좋아하게 되고, 딸들과 공유할 수 있는 정서도 생긴다. 힙합도 듣는다. 내가 관심을 갖는 주제보다는 아이들이 관심을 갖는 주제를 중심으로 함께 이야기하고 토론도 한다. 그러면 아이들은 자연스레 아빠, 엄마의 관심사에 대해서도 관심을 갖는다.

그래서 나는 조합원 교육을 할 때 투쟁도 좋고, 사회의식도 좋지만 좋은 아빠, 좋은 남편에 관한 교육을 해야 한다고 생각한다. 아이들은 자신이 존중받는 민주적인 가정에서 민주적인 어른으로 성장한다. 반대로 권위적이고 순종을 강요하는 가정에서는 박정희, 박근혜의 권위적 지도력에 순종하는 반민주적인 어른으로 성장한다. 알게 모르게 작은 독재자 역할을 하고 있을지도 모르는 조합원들에게 가정에서 아빠, 남편의 역할에 대해 한 번쯤 생각하게 하는 그런 교육이 정말 필요하다.

소설『82년생 김지영』을 읽었다. 정의당 노회찬 의원이 페미니즘 대통령이 되겠다는 문재인 대통령에게 선물한 책이다. 이 땅의 남성이, 아니 남성 활동가들이 반드시 읽어야 할 책이다. 김지영에게 이 땅의 남성들은 억압자이면서 공포로 다가온다. 아버지가, 남자 형제가, 가부장성에 물들어 있는 할머니가, 같은 반 남자 친구가, 길거리에서 만난 이름 모를 남자가, 남편이, 직장 상사가…… 김지영 같은 여성들에게는 세 가지 선택밖에 없다. 가부장성에 순응해서 죽은 듯이 살아가든지, 김지영처럼 분열증에 걸리든지, 아니면 페미니스트가 되어 싸우든지.

아내는 항상 지금 필요한 것은 여성문제연구소가 아니라, 남성문제연구소라고 반복해서 강조한다. 가족 내에서 가부장적 질서의 온존, 여성의 성 상품화, 여성 혐오, 여성에 대한 일상적 폭력은 커다란 사회문제이기도 하면서,

이 사회의 진보를 가로막는 가장 큰 장벽이 되고 있다. 홍준표는 "설거지는 여자나 하는 것이고, 이는 하늘이 주어진 것"이라는 망발을 했다. 하지만 한국 남성들 중에 상당수는 설거지, 청소는 여자가 해야 할 일이고, 자신의 역할은 돈을 버는 것이라고 생각한다. 게다가 홍준표는 끊임없이 남성우월주의, 여성 혐오를 부추겼지만 그럴수록 홍준표 지지율을 떨어지는 것이 아니라 올라갔다. 이것을 홍준표 개인의 시대착오적이고 마초적인 본성으로만 치부하면 안 되는 이유다. 우리나라만 그런 것은 아니다. 온갖 성 추문과 막말로 도저히 대통령은 될 수 없을 것이라던 트럼프가 미국 대통령으로 당선될 수 있었던 것은 백인 남성들이 표를 몰아주었기 때문이다. 남성우월주의와 인종차별주의의 결합이 트럼프를 당선시킨 것이다.

아마도 지금 궁지에 몰린 수구보수 세력이 마지막으로 기대고 있는 것이 남성우월주의, 여성 혐오라는 이 마지막 찌꺼기가 아닐까? 이 마지막 찌꺼기는 지금은 그리 결정적인 힘을 발휘하기 못하겠지만 이후에는 다양한 차별과 혐오의 감정과 결합되고 증폭되면서 수구보수 세력을 부활시키는 불쏘시개 역할을 할 수도 있다. 페미니즘이 여성만의 문제가 아닌 까닭이다. 이것이 남성은 여성되기를 해야 하고, 페미니스트가 되어야 하는 이유이다. 그렇지 않으면 자신이 홍준표 같은 쓰레기들의 먹잇감이 되거나, 주변의 가난한 남성 대중들이 이런 쓰레기들의 먹잇감이 되는 것을 수수방관하기 십상이다.

빌헬름 라이히는 이렇게 말한다.

"편협하고 보수적인 생활은 지속적인 영향력을 행사하면서 일상생활의 모든 국면에 침투한다. 반면에 공장의 일과 혁명적 팸플릿은 잠시 동안만 영향을 미칠 뿐이다."[56]

가족은 자신이 삶과 운동을 통해서 실현하려 하는 가치관의 총체적 시험대이면서 훈련 공간이 된다. 가족 내에서의 말과 행동과 공적 활동에서의 말과 행동이 분리되면 분열적이고 이중적인 가치관을 가지게 된다. 한국 사회는 자본주의 사회다. 그것도 뿌리 깊은 가부장성에 기반을 둔 가부장적 자본주의 사회다. 배제된 노동자들의 다수를 이루는 여성과 청년은 가장 차별받고 억압받는 존재다.

가족 내에서 아내라는 여성을 만난다. 아내라는 여성과 평등한 관계를 만들지 못하면서 배제된 여성 노동자들의 조직화, 주체화를 말할 수 없다. 또한 가족 내에서 학생, 청년인 자녀들을 만난다. 이들과 평등한 관계를 만들고 대화하지 못하면서 배제된 청년 노동자들과의 만남을 이야기할 수 없으리라. 이전에는 운동을 한다는 것은 가족 문제에 신경을 덜 쓰는 것, 가족보다 더 큰 가치를 위해 가족이라는 가치를 희생하는 것이라고 생각했다. 하지만 이제 가족은 운동의 핵심이다. 운동이란 변화를 만드는 것이고, 특히 관계를 변화시키는 것인데 관계 중에 가장 일차적인 것이 가족 관계가 아닌가?

'조합원을 위해서'를 넘어: 대중성의 함정

"조합원을 위해서."

노동조합 활동을 하는 간부들이나 활동가들은 누구나 이렇게 이야기한다. '조합원이 원해서' 아니면 '조합원이 원하지 않아서' 어떤 의사 결정을 할 때 반드시 그 근거로 내세우는 말들이다. 87년 대투쟁 이후 노동조합 운동에서 '조합원'과 '현장'은 활동의 올바름과 그름을 판가름하는 기준이 되어 왔고 조합원 대중들의 뜻을 따르는 것은 지고의 가치였다. 조합원 요구를 충실히 따르는 것을 민주라고 했고, 조합원 뜻을 무시하고 회사 편에 서 있는 것을 어용이라고 불렀다. 그런데 과거 민주파 활동가들의 전유물이었던 '조합원의 뜻과 정서'가 이제는 담합적인 노동조합 간부들의 무기가 되기도 한다. 투쟁을 하지 않는 것도 '조합원이 원하지 않아서'이고, 비정규직 노동자와의 연대를 거부하면서 내세우는 것도 바로 '조합원의 뜻'이다.

나는 옛날에 파업이나 집회 참여를 독려하거나 선거운동을 할 때 조합원들에게 '회사 눈치 보지 말고 주체적인 판단하자'고 열심히 이야기하고 다녔다. 대중은 본성적으로는 올바르지만 회사나 관리자의 억압 때문에 또는 잘 몰라서 잘못된 판단과 선택을 한다고 생각해왔다. 그래서 열심히 홍보해서 올바른 사실을 알리면 조합원들은 올바른 판단을 할 것이라고 생각해 왔다. 하지만 조합원들이 사실을 몰라서도, 회사 관리자의 눈치 때문도 아닌 자기 이해와 판단 속에서 선택하고 행동한다는 아주 단순한 진실을 깨달은 것은 한참이 지나서였다. 나는 '대중은 옳다. 하지만 대중은 속고 있거나, 억눌려서 말을 못하고 있다. 활동가의 역할은 홍보, 선전, 선동으로 올바른 대중을 해방시키는 것이다'라는 활동가(=전위)와 대중을 나누는 이분법적 사고방식에 빠져 있었던 거다. 그런데 이러한 태도는 자신의 생각과 대중이 다르게 움직이는 것을 반복적으로 경험하면 대중에 대한 경멸로 이어진다. 그래서 활동가 입에서 '조합원들은 더 고생하고, 당해 봐야 정신을 차려'라는 식의 말들이 나오게 된다.

공장 밖의 한 활동가가 나를 보고 부러운 듯이 이야기한다.

"현장에 뿌리를 잘 내리셨네요."

그 말을 들으면서 이방원의 시조가 생각이 났다.

'이런들 어떠하리 저런들 어떠하리, 만수산 드렁칡이 얽혀진들 어떠하리……'

글쎄 뿌리를 내리긴 했지만 대기업 노동자로서의 안온한 삶에 파묻혀 살고 있는 것은 아닌지? 대기업 정규직 노동조합 활동의 닫힌 회로 속에 갇혀 있는 것은 아닌지? 그 뒤엉켜 버린 뿌리가 나를 비롯한 대기업 정규직 노동조합의 활동가들을 옴짝달싹 못하도록 붙잡아 두고 있는 것은 아닌지?

이전에 많은 활동가들은 조합원들에게 불온한 존재였다. 조합원들은 해고된 활동가들을 경계하고 거리를 둔다. 하지만 조합원들은 이들을 마음속으로 존경하고, 이들의 말과 행동에 귀를 기울이고 주시했다. 나를 비롯한 활동가들은 조합원 속에 깊숙이 뿌리내리는 것을 꿈꾸었고, 이를 위해 엄청난 노력을 기울였다. 하지만 지금은 뿌리를 너무 내려서, 그 뿌리에 얽혀서 옴짝달싹 못하면서 불온성은 사라지고 안온한 일상의 삶에 만족하는 그저 그런 사람들이 되어 버렸다.

나는 현장에서도 틈나는 대로 책을 읽었다. 그때 한 노동조합 활동가가 이런 말을 했다.

"저 사람은 책을 읽어서 조합원들과 거리가 생긴다."

"조합원들은 자기와 달라 보이는 사람을 싫어한다."

조합원의 정서와 일치시키려고 노력하고, 모나고 특이하면 안 되고, 그냥 둥글둥글해지는 것이 올바른 활동가의 모습이 된다. 이는 활동의 중심이 대중의 지지, 특히 표를 통한 대중의 지지를 받는 것에 놓여 있기 때문일 것이다.

활동가는 대중이다. 하지만 특이성을 가진 대중이다. 자신의 특이성을 가지고, 조합원들에게 문제의식을 던지고, 논쟁을 촉발시키고, 그래서 변화를 이끌어 내는 대중이다. 활동가가 대중의 변화를 촉발시킬 수 있는 특이성의 지점을 잃어버리면 자신의 운동성 또한 잃어버린다. 그래서 대중을 변화시키는 활동가가 되는 것이 아니라, 대중 속에 묻혀서 자신의 사상과 이념, 꿈과 열정을 하나하나 잃어버리는 부정의 변화를 경험하면서 사그라져 간다.

발터 벤야민은 말한다.

"지도자의 가장 큰 업적은 대중을 자기 쪽으로 끌어당기는 데 있는 것이 아니라 대중 속에 자신을 거듭 편입시킴으로써 항상 그 대중을 위한 수많은 사람들 가운데 하나가 되는 데 있다."

활동가는 대중일 뿐이다. 단지 좀 더 문제에 민감하고, 실천하겠다는 의지가 강한 대중일 뿐이다. 끊임없이 문제를 던지고 대화와 토론을 촉발하는 사람, 앞장서서 투쟁하고 실천함으로써 조합원들 안에 있는 투쟁과 실천 의지를 자극하는 사람, 무엇보다도 끊임없이 대중과 소통하려고 노력하는 대중일 것이다. 예를 들어 비정규직 문제에 대해서 '연대해야 한다'는 입장을 조합원 대중에게 던진다. 조합원들 속에서 다양한 반응이 나올 수 있다. 그러면 치열한 토론을 벌여야 한다. 어쩌면 날카로운 대결을 벌여야 할지도 모른다. 간부와 조합원 대중, 활동가와 대중의 관계는 소통의 관계다. 솔직하고 헌신적인 모습으로 대중들과 소통하는 활동가가 지금 가장 필요한 모습이다.

진보진영 혁신, 왜 계속 실패할까?

민주노총을 포함한 진보진영이 끊임없이 혁신을 외치지만 왜 혁신 시도는 실패를 반복하는가? 혁신이라는 말이 전혀 혁신적이지 않고 짙은 상투성만을 풍기는 이유는 무엇인가? 많은 사람들은 민주노총이나 진보 진영의 혁신을 위해서 조직적 결정과 결의에 힘을 쏟는다. 그리고 혁신이 안 되는 이유를 지도부-특히 어떤 특정 정파가 장악한 지도부-에서 찾는다. 그리고 혁신을 위해서는 혁신 의지가 있는 제대로 된 지도부를 세우고, 제대로 된 방침을 세우고 실천해야 한다고 한다. 그런데 문제가 바로 나라면? 문제가 비판의 목소리를 높이고 있는 바로 우리에게 있다면? 우리가 함께 갖고 있는 관성적인 사유 방식, 조직 원리, 활동 방식이 문제라면? 비판과 혁신의 지점은 나로부터 출발해야 한다. 나 그리고 또 다른 내가 모인 우리가 혁신의 출발점이다.

우리가 대기업 정규직 중심의 노동운동을 평가할 때 문제점이나 약점을 지적하고 비판하는 것은 쉽다. 하지만 진정 대기업 정규직 중심의 노동운동이 변하기를 바란다면 갖고 있는 강점과 힘을 볼 수 있어야 한다. 민주노총과 대기업 정규직 노동조합들은 여전히 힘이 있다. 하지만 힘의 원천이 동시에 위기의 뿌리이다. 이것을 '성공의 역설'이라고 부르자.

지금은 낭비되거나 잘못 사용하고 있는 그 힘과 강점이 흐르는 방향을 다르게 틀어 준다면, 한계에 갇혀 있는 힘을 해방시킬 수 있다면, 그것이 바로 혁신이다. '처음처럼'을 이야기한다. 하지만 87년 투쟁 정신의 쇠퇴가 지금의 위기를 가져온 것이 아니다. 87년 투쟁 정신은 충분히 발현되었다. 지금 우리가 주목해야 하는 것은 87년 투쟁 이후 30년 동안 우리를 사로잡고 있는 관성이다.

루크레티우스라는 고대 철학자는 '클리나멘'으로 세계의 형성과 변화를 설명했다.[57] 이진경은 클리나멘을 "중력이나 관성에서 벗어날 수 있는 힘을 가질 때, 거기서 벗어나는 성분"[58]으로 설명한다. 작은 어긋남, 작지만 수십 년 동안 노동운동의 경험 속에서 형성된 관성에서 벗어나는 힘으로서의 어긋남을 '노동운동의 클리나멘'이라고 불러 보자.

관성에서의 작은 어긋남은 관성에 빠져 있는 다수의 움직임과는 다른 소수의 움직임에서 시작된다. '이건 아닌데'라는 의문, 다른 발상과 사고를 가지고, 지금과는 다른 방식의 활동 배치를 만들어 보는 소수의 시도에서 시작될 것이다. 그래서 지금 바로 다르게 사고하고, 행동하는 소수의 역할을 하는 활동가가 절실하게 요구되는 것이다.

새로운 활동가는 배치를 바꾸는 자일 것이다. 관성적인 기존의 조직 방식, 활동 방식, 관계 방식의 배치를 바꾸는 것, 중요도의 선후를 바꾸면서 작은 변화를 통해 커다란 변화의 단초를 만드는 자라고 할 수 있다. 대기업 정규직 노동운동의 새로운 활동가는 공장 안에 고여 있으면서 지루한 반복, 헐벗은 반복을 하고 있는 대기업 정규직 노동조합 활동의 배치를 공장 밖으로, 배제된 노동자와의 연대라는 외부 접속을 할 수 있도록 활동의 배치를 바꾸는 자일 것이다. 민주노총 활동가는 자기중심성에서 벗어나 아직 조직되어 있지 않고, 아직은 도래하고 있지 않지만, 잠재성으로 존재하는, 구성되고 있고 구성되어야 할 새로운 노동자 주체성이라는 외부로 끊임없이 자신을 열기 위해 자기 활동의 배치를 바꾸는 사람일 것이다.

새로운 활동가들은 스스로 외부가 되어야 한다. 끈적끈적한 관성과 수렁에 빠진 조직 현실에서 항상 새로운 자극이 되고, 새로운 고민과 실천의 촉발자 역할을 하는 외부가 되어야 한다. 니체는 말한다.

"가장 조용한 말이 폭풍우를 몰고 오며, 비둘기 걸음으로 오는 사상이 세계를 움직인다."[59]

거대한 변화는 지금-여기의 작은 실천들과 끈질긴 기다림의 만남에서 도래할 것이다. 과거 활동가의 형상은 무리를 이끄는 한 마리의 우두머리 수컷 늑대 형상이다. 조직하고 그 조직을 카리스마로 일사불란하게 이끄는 사람이 이상적인 활동가 모습이었다. 하지만 지금 필요한 활동가상은 물길을 거슬러 올라가는 연어의 형상이다. 주어진 시스템과 관성에 따라 움직이는 조직의 풍토에 끊임없이 의문을 던지고, 그 흐름을 거슬러 올라가는 힘찬 몸짓이 필요한 때이다.

나는 이 책에서 내 나름의 멋진 꿈을 꾸었다.

"혼자 꾸는 꿈은 단지 꿈일 뿐이지만 함께 꿈을 꾸면 현실이 된다."

함께 꿈을 꾸었으면 좋겠다. 지금은 꿈만이 우리를 구원할 수 있다. 그리고 그 꿈을 향해 정면으로 돌진하지 않으면 안 된다.

:: 후주

1장_ 노동자, 50대에 길을 잃다

01 2016년 기준 민주노총 조합원은 73만여 명이다. 그 중 비정규직 조합원 수는 18만 명으로, 비정규직 조합원의 비율은 24%에 이른다. (박상은, 〈비정규직 없는 귀족노조, 민주노총?〉, 월간 오늘보다 2017년 6월호, http://todayboda.net/article/7333.)

02 이 보고서에는 한국GM 비정규직의 임금 실태를 다음과 같이 요약하고 있다. "(비정규직) 1차와 2, 3차 간의 임금 격차는 기본 시급이나 통상임금 시급에서의 차이가 아니라 상여금 지급률의 차이와 성과급의 지급 여부에서 나온다. 1차와 2, 3차 모두 통상시급이 법정 최저임금 수준이거나 이보다 약간 상회하는 수준이다. 매년 임금 인상은 최저임금의 인상 수준에 맞춰지고 있다.(2016년 최저임금 6,030원)" (〈2016년 한국GM 비정규직 실태조사 보고서, p66~67〉)

03 〈비정규직 희망봉봉이〉 2호, 한국GM 원하청 공동사업단, 2016. 12. 21. "한국GM, 비정규직 난방 차별", 〈경향신문〉, 2016. 12. 26.

04 원청이 직접 계약을 하는 비정규직 파견업체를 1차 업체라고 하고 다른 업체를 통해서 간접계약을 하는 업체는 단계별로 2, 3차 업체라 부른다. 같은 비정규직이라고 해도 1차와 2, 3차 간에는 고용 안정성과 임금 수준과 노동조건에 격차가 있다.

05 2015년 고용노동부의 통계를 보면 노동조합 조직률은 10.2%로 조직 대상 노동자 수 1,902만7,000 명 중에 193만8,745명이 노동조합으로 조직되어 있다. 이 중에서 민주노총 조합원 수는 63만6,000 여 명이다. 30년 전에 조직 대상 노동자 수는 1,000만 명을 약간 넘었다. 하지만 지금은 2,000만 명을 육박하고 있다. 게다가 조직 노동자의 대부분이 대기업-정규직 노동자들이다. 2015년 기준 조합원이 1,000명 이상인 노동조합의 수는 전체 노동조합 수의 4.2%이지만 조합원 수는 73.2%를 포괄하고 있다.(고용노동부, 2015년 전국노동조합 조직현황)

06 300명 이상 사업장의 노동자 수 247만2,000명 중에 62.9%인 155만4,335명이 조합원으로 조직되어 있으나, 30명 미만 사업장의 노동자 1,131만9,000명 중에 단 0.1%인 1만4,901명 만이 조직되어 있을 뿐이다. 250만 명 중에 150만 명, 1,100만 명 중에 1만5,000명이라는 수치는 한국의 노동조합이 대기업-정규직 중심으로 얼마나 편중되어 있는지를 잘 보여준다. (고용노동부, 2015년 전국노동조합 조직현황)

07 신자유주의에 대한 지배 세력 입장은 '다른 대안은 없다'로 요약된다. 이것이 TINA(There Is No Alternative)이다. 여기에 '이것은 대안이 아니다'라는 뜻을 가진 다른 TINA(This Is Not Alternative)가 맞선다.

08 빌헬름 라이히, 『파시즘의 대중심리』, 황선길(역), 서울: 그린비, 2006. p55.

09 틱낫한, 『아, 붓다!』, 진현종(역), 서울: 반디미디어, 2004. p41.

10 칼 세이건, 『코스모스』, 홍승수(역), 서울: 사이언스북스, 2006. p98~111.

11 "코페르니쿠스 혁명 전 유럽의 천문학 관측 기록을 보면 신성이 없습니다. 신성이란 원래 아주 멀리서 지구에서 보이지 않던 별이 엄청난 폭발로 확 밝아지면서 갑자기 우리에게 새로이 보이게 되는 것을 말합니다. 그 중 규모가 큰 것은 초신성(supernova)이라 합니다. 그런데 옛날 유럽의 천문학 기록을 보면 이 신성이나 초신성이 전혀 나오지 않습니다. 그 반면 동시대 중국의 기록에는 많이 있다고 합니다. 왜 그럴까요? 유럽에서는 아리스토텔레스의 이론체계에 따라 달부터 그 위로 천상에 있는 것들은 다 완벽한 존재라고 했습니다. 완벽하기 때문에 변하는 것도 없고, 새로 생기거나 사라질 수도 없습니다. 그렇기 때문에 그들은 신성 같은 것을 보았을 때, 달 밑쪽에 있는 지구 대기 안에서 일어나는 기상 현상으로 처리해 버리고 천문 기록에 넣지 않았던 것입니다. 혜성도 마찬가지였습니다. 중국에서는 천계의 불변성 개념이 없었을 뿐 아니라, 그 반대로 하늘에서 자꾸 무엇인가 새

로운 일이 일어날 것으로 예상했었습니다. 새로운 별이 나오는 것을 두고 흉조니 길조니 하며 중요한 의미를 부여했습니다. 그래서 중국에서는 새로운 별이 나오기만 하면 기를 쓰고 기록을 했을 것입니다. 그 점에서 동서양은 완전히 반대였습니다."(장하석의 『과학, 철학을 만나다』중에서) 천상의 세계는 완벽하기 때문에 어떠한 변화도 있을 수 없다는 서양적 사유 패러다임과 하늘은 별자리나 천상의 변화를 통해서 사람들에게 뭔가 의미를 전달하려 한다는 동양적 사유 패러다임의 차이는 뻔히 눈에 보이는 현상을 무시하거나 정반대로 중요하게 생각하는 것에서 알 수 있듯이 완전히 다른 태도를 낳는다.

2장_ 정규직 노동자의 삶과 꿈

12 한국GM 비정규직 실태조사 보고서, 2016. p81.
13 "오후 5시 칼퇴근 좋지만 5년째 감원 미래 불안", 〈한겨레〉, 2016. 05. 16.
14 배규식, 〈우리나라의 장시간 노동과 노동시간 단축〉, 2012.
15 "정말로 중요한 건 이것이다. 우리는 죽는다. 때문에 잘 살아야 한다. 죽음을 제대로 인식한다면 인생을 어떻게 살아야 하는지에 대한 행복한 고민을 할 수 있다."(『죽음이란 무엇인가』중에서) 죽음에 대한 직면은 힘들고 두려운 일이지만 삶에 대한 경외심과 가치를 일깨워 줄 것이다. '나는 죽는다'는 '나는 지금 살아있다'는 것을 의미하고, 지금 이 순간이 정말 소중한 순간임을 일깨워 줄 것이다. 그런데 과연 우리는 지금 죽음을 직면하고, 죽음에 대한 두려움과 공포를 느끼고 있는가? 그렇지 않을지도 모른다. 가끔 이런 생각이 든다. 수명의 연장이 과연 사람에게 축복일까, 짐일까?

3장_ 대공장 노조는 왜 쇠락했나?

16 톨스토이는 아래와 같이 말한다.
"A는 B때문에 커다란 고통을 받았기에 그의 유일한 삶의 동기는 B를 없애 버리는 것이었다. 그는 B의 이름을 들을 때마다 그리고 B의 얼굴이 떠오를 때마다 격분했다. 그러던 어느 날 A는 성인이 살고 있는 오두막을 찾아갔다. 성인은 A의 말을 귀담아 들은 후에 그에게 시원한 물 한 잔을 주고 나서는 똑같은 물을 A의 머리에 부어서 그를 씻겼다. 차를 마시기 위해서 자리를 잡고 앉자 성인이 그에게 말했다. "이제 너는 B가 되었다." A는 깜짝 놀랐다. "그것은 내가 가장 바라지 않는 일입니다. 나는 A이고, 그가 B입니다. 어떤 연관도 있을 수 없습니다." 성인이 말했다. "하지만 믿거나 말거나 이제 너는 B다." 그리고 성인은 그를 데리고 거울 앞으로 갔다. 아니나 다를까 A가 거울을 들여다보자 B의 모습이 비쳤다. 그가 움직일 때마다 거울 속의 B는 똑같이 따라 움직였다. A의 목소리도 B의 것이 되었다. 그는 B의 느낌과 지각을 갖기 시작했다. A는 본래의 자기로 돌아가려 애써 보았지만 그럴 수 없었다."
17 들뢰즈라는 철학자는 항상 하나를 빼라고 한다. 정점에 있는 하나를. "다양, 그것을 만들어야 한다. 하지만 언제나 상위 차원을 덧붙임으로써가 아니라 오히려 반대로 가장 단순하게, 냉정하게, 이미 우리에게 익숙한 차원들의 층위에서, 언제나 n-1에서(하나가 다양의 일부가 되려면 언제나 이렇게 빼기를 해야 한다). 다양체를 만들어 내야 한다면 유일을 빼고서 n-1에서 써라. 그런 체계를 리좀이라고 부를 수 있을 것이다."(질 들뢰즈·펠릭스 가타리, 『천 개의 고원』, 김재인(역), 서울: 새물결, 2001. p18.)
18 "그러므로 생산자들에게는 그들의 사적 노동들 사이의 사회적 관계가 노동하는 개인들 사이의 직접적인 사회적 관계로서가 아니라, 실제로 눈에 보이는 바와 같이, 물건을 통한 개인들 사이의 관계로 그리고 물건들의 사회적 관계로 나타나는 것이다."(카를 마르크스, 『자본론 1-하』, 김수행(역), 서울: 비봉출판사, 2005. p92.)
19 '공통적인 것'은 네그리와 하트가 제시한 개념인데, 일차적으로는 물질적인 세계의 공통적인 부, 즉 물과 공기, 땅 등의 자연이 주는 모든 것과 사회적 상호작용을 위해 필요한 것들, 즉 지식·언어·코드·정동 들을 의미한다. 그리고 자본주의가 이 공통적인 것을 사유화하고 있다고 비판한다. "다중

의 민주주의는 오로지 우리 모두가 공통적인 것을 공유하고 공통적인 것에 참여하기 때문에 상상할 수 있고 실현 가능하다. '공통적인 것'이라는 말은 우리가 맨 먼저 의미하는 것은 물질적 세계의 공통적 부-공기, 물, 땅의 결실을 비롯한 자연이 주는 모든 것-인데, 이 공통적 부는 유럽의 고전 정치 문헌들에서 공유되어야 할 인류 전체의 유산이라고 종종 주장되었던 것이다. 또한 우리는 더욱 의미심장하게, 사회적 생산의 결과물 중에서 사회적 상호작용 및 차후의 생산에 필요한 것들-지식, 언어, 코드, 정보, 정동 등-을 공통적인 것이라고 본다. 공통적인 것을 이렇게 보는 입장은 인간을 (자연의 착취자 혹은 관리인이라는) 자연과 분리된 위치에 놓지 않으며, 공통적 세계에서의 상호작용, 돌봄, 공생에 초점을 맞추고 공통적인 것의 이로운 형태들을 장려하며 해로운 형태들을 제한다. 지구화 시대에는 생태적 차원과 사회경제적 차원에서 본 이 두 가지 형태의 공통적인 것을 유지·생산·분배하는 문제가 점점 더 중심적이 되어가고 있다."(안토니오 네그리·마이클 하트, 『공통체』, 정남영 외(역), 서울: 사월의 책, 2014. p16~17.)

4장_ 균열된 노동, 배제된 노동자

20 1987년 노동자 대투쟁 이후 노동조합들은 지역별 노조협의회와 업종별 노조협의회로 연대하고 단결하기 시작한다. 이 결과로 1990년 1월 전국노동조합협의회(전노협)가 탄생한다. 전노협에 포괄되지 못했던 대기업들의 연대도 본격화된다. 그 결과물이 대기업 연대회의(연대를 위한 대기업 노동조합 회의: 상임의장 백순환 대우조선 노조위원장)이다. 대기업 연대회의에 대한 정권의 탄압은 집요했다. 이때 구속된 노조위원장들이 서울지하철 노조 정윤광, 대우자동차 노조 이은구, 풍산금속 노조 이철규, 금호타이어 노조 손종규, 대우정밀노조 윤명원, 한진중공업 노조 박창수이다. 한진중공업의 박창수 위원장은 구속 중에 의문의 죽음을 당한다. 다음은 대기업 연대회의 소속 사업장과 위원장이다.

노동조합	대표자	노동조합	대표자	노동조합	대표자
포항제철	박군기	풍산금속	이철규	한진중공업	박창수
현대중공업	이영현	(주)통일	진영규	대우정밀	윤명원
대우자동차	이은구	기아기공	장 초	현대중전기	전상호
금호타이어	손종규	현대정공(창원)	이경수	현대정공(울산)	손봉현
아시아자동차	홍광표	태평양화학	이수홈	대우조선	백순환
서울지하철공사	정윤광				

21 네그리와 하트는 산업노동에서 '비물질노동'으로 헤게모니가 넘어가는 것으로 세계적 규모의 새로운 노동자 주체성의 변화에 대해서 설명하고 있다. 노동계급의 헤게모니가 여전히 산업노동에게 있는지, 비물질노동으로 헤게모니가 넘어갔는지는 여전히 논란의 여지는 있지만, 비물질 노동의 증가는 분명한 현실이다. 이는 한국 사회에서 서비스노동, 감정노동, 돌봄노동 등 새로운 형태의 노동의 증가를 이해하는 데 도움이 될 것이다.
"20세기의 마지막 수십 년 동안에 산업노동은 자신의 헤게모니를 상실했으며, 그 대신 '비물질 노동', 즉 지식·정보·소통·관계 또는 정서적 반응 등과 같은 비물질적 생산물을 창출하는 노동이 출현했다."(안토니오 네그리·마이클 하트, 『다중』, 조정환 외(역), 서울: 세종서적, 2008.)

22 이진경 역시 노동계급 내의 균열에 대한 심각한 질문을 던지고 있다. "즉 분해되는 이 두 부분은, 정규직과 비정규직은 하나의 동일한 계급인가 두 개의 다른 계급인가? 상이한 두 집단 간에 이동을 저지하는 문턱이 있을 때 던져지기 마련인 이런 질문이 던져지지 않는 이유는 무엇인가? 그것은 이런 종류의 계급 개념은 맑스주의적인 것인데, 맑스주의 안에서 노동자 계급 내의 두 집단이 두 계급인가를 묻는 것은 지극히 당혹스런 것이기 때문일 터이다. '노동자는 하나다'라는, 노동운동 안팎에서 빈번하게 듣게 되는 슬로건성 명제 또한 이런 질문의 가능성을 사전에 차단하는 것 같다. 그러나 노동자 계급의 양극화는 '노동자는 하나'라는 이러한 익숙한 통념에 대해 근본에서 다시 질문하고 다시 생각할 것을 요구하는 것은 아닐까? '노동자는 하나'라는 구호로 피해갈 수 없을 만큼 현실의 골이 깊어졌음을 뜻하는 것 아닐까?"(이진경, 『대중과 흐름』, 서울: 그린비, 2012. p228.) 또

한 박점규는 울산 현대자동차 노동자들의 균열의 모습을 이렇게 표현한다. "흑백필름 시절 모두 같이 '공돌이'였던 울산의 노동자들은 이제 중대형 아파트에 살며 그랜저를 모는 '직영계급', 소형임대주택에서 아반떼를 타는 '하청계급', 이 공장 저 공장을 떠돌아다니는 '알바계급'으로 나뉘었다. 현대자동차 하청노동자로 들어가는 건 '행운'이고, 직영노동자가 되는 건 '로또'가 된다. 사원증과 출입증이라는 신분의 표상이 강해질수록 정규직에 대한 적대감이 재벌에 대한 분노보다 더 커져 간다. 지주보다 마름이 더 밉다지 않던가"(박점규, 『노동여지도』, 서울: 알마, 2015. p37.)

23 사회적 배제란 그들이 속한 사회에 충분히 포함되지 못하고 배제되는 상태. 기회 자체가 박탈당하는 것을 말하고 노인, 어린이, 장애인, 여성, 이주민 등 사회적 소수자를 포괄하는 개념이기 때문에, 여기서는 '배제된 노동'에 한정해서 사용하도록 한다.

24 김혜진은 다음과 같이 말하고 있다. "'비정규직'이라고 하면 최저 생계비에도 못 미치는 저임금, 살인적인 장시간 노동, 모욕적인 차별을 떠올리게 된다. 언론에서도 비정규직의 극단적인 면을 드러내 왔고, 그럼으로써 비정규직 문제가 매우 심각한 수준에 이르렀다는 인식을 사회적으로 확산시켜 왔다. 그렇지만 이처럼 극단적인 사례에만 주목하면 비정규직 문제는 일부 사회적 약자의 문제일 뿐 보편적인 문제가 아니라고 여기기 쉽다."(김혜진, 『비정규사회』, 서울: 후마니타스, 2015. p111.)

25 한국노동연구원의 장지연은 공공부문과 대기업 정규직 노동자의 비율이 전체 임금노동자의 25~30% 수준이고, 나머지 70~75%가 중소기업과 비정규직 노동자라고 한다. 전체 임금노동자가 1,930만 명이고 공공부문 222만 명, 대기업 정규직 290만 명이고, 나머지가 1,400만 명이다. 거칠게 분류한다면 이 70~75%의 노동자층을 배제된 노동자라고 할 수 있을 것이다. 물론 이러한 통계에는 잘 잡히지 않는 특수고용직 노동자들도 포함되어야 할 것이다.(장지연, 〈고용형태 다양화와 노동시장 불평등〉, 한국노동연구원 고용노동브리프 69, 2017. 02.)

26 외국인 노동자들은 꾸준히 확대되고 있다. 통계청의 외국인 고용 조사 결과 2015년 5월 기준 국내 상주하는 외국인 취업자는 93만8,000명에 이른다고 한다. 불법 체류 노동자까지 포함하면 그 수는 훨씬 늘어날 것이다. 외국인 노동자 문제는 사회적 배제의 일차적인 희생양이면서, 유럽과 미국 등에서 극우 포퓰리즘의 집중적인 표적이 되고 있다. 미국의 트럼프는 쇠락해 가는 러스트 벨트 노동자들의 고용불안과 생활수준 하락에 대한 불만을 외국인 노동자들에게 돌림으로써 이들의 지지를 받아 대통령에 당선되었다. 외국인 노동자들에 대한 사회적 배제와 싸우고 연대하면서 분노의 표적을 외국인 노동자들에게 돌리려는 극우세력의 전략에 맞서야 한다.

27 "사장님 줄게 노동자 다오." 특수고용노동자로 분류되는 건설기계 노동자들이 내세우고 있는 슬로건이다. 끊임없는 '비용 절감'을 꿈꾸는 '진짜 사장님'들은 원래는 '노동자'였던 이들을 노동법의 보호를 받지 못하는 '무늬만 사장님'으로 전락시킨다. 이런 '갑질' 때문에 우리 사회는 '노동법이 없던 시대'로 되돌아가고 있다."('무늬만 사장님'들 "우린 사장 아닌 노동자라구요", 〈한겨레〉, 2017. 4. 11.)

28 1974년 9월 19일, 현대조선 노동자들의 격렬한 투쟁이 있었다. '도급제 반대'를 주장하며 3,000명의 노동자들이 경비실에 불을 지르고, 본관에 몰려가 사무실을 부수며 투쟁하였다. 조선소를 지으면서 선박을 건조하는 상식 이하의 작업 방식으로 72년부터 75년까지 83명이 사망했고, 74년 한 해에만 30명이 사망했다. 중상자는 841명에 달했다. 이는 조선소도 없이 선박을 수주하고 조선소를 지으면서 선박을 건조하는 정주영의 무모한 경영이 낳은 재앙이었다. 1972년 3월 현대조선 기공식을 갖고, 1974년 12월 1단계 준공식, 1974년 6월 선박 2대 진수식(애틀랜틱 배런 호, 애틀랜틱 배러니스 호)을 가졌다. 회사는 선박 진수가 끝나자마자 기능공 대부분을 하청으로 넘겼다. 선박을 건조하기 위해 모든 위험을 감내했던 노동자들은 졸지에 현대조선 사원에서 도급하청 노동자로 전락하게 되었고 이러한 불만과 분노가 폭동 형태로 터지게 된 것이다. 정주영의 현대조선 신화의 이면이다. 배 한 척 건조한 경험이 없는 정주영이 2만9,000톤급 유조선 2척을 수주한 것은 정주영 도전 정신의 신화로 남아 있다. 그런데 정주영은 무엇으로 수주를 할 수 있었을까? '가장 싸게, 가장 빠르게 배를 건조하겠다. 우리는 노동자 떼죽음을 감수하고 그것을 할 수 있다.' 정주영 신화 이면에는 수많은 사람이 떨어져 죽어나가는 것을 아무렇지 않게 생각하면서 배를 만들 수 있는 한국의 노동 현실이 있었다. 하지만 그 죽음의 행렬은 지금도 이어지고 있다. 비정규직 노동자 목숨이 대신

하고 있을 따름이다. 2015년 기준 지난 10년간 현대중공업에서만 70명이 넘는 비정규직 노동자가 목숨을 잃었고, 2014년 한 해에만 하청 노동자 13명이 사망했다.

29 "나는 오늘도 공시 준비한다", 연합뉴스 〈카드뉴스〉, 2016. 10. 24.

30 "정말 걱정인 것은 흙수저의 세습사회이다. 평생 노력해 봐야 개인의 지위가 높아지지 않는다는 사회적 유동성에 대한 부정적 인식이 20년 전에는 5.3%에 불과했던 것이 이제는 62.2%를 기록했다. 노력해 봐야 신분이 세습된다고 생각하는 사람이 IMF 경제위기로 신자유주의를 전면화한 20년 동안 무려 12배나 많아진 것이다."(연합뉴스, 2016. 12. 12.)

31 노엄 촘스키·질베르 아슈카르, 『촘스키와 아슈카르 중동을 이야기하다』, 강주헌(역), 서울: 사계절, 2009. p280.

32 가난한 노동자계급이 자신의 이해에 반해 보수정당에 투표하는 경우를 계급 배반 투표라고 한다. 〈한겨레〉에서 실시한 여론조사에 따르면 지난 18대 대선에서 월 소득 200만 원 이하의 경제적으로 하층인 사람 54.1%가 박근혜를 찍었다.

33 가난은 죄가 아니다. 그러나 가난한 사람은 죄인처럼 살아간다. 가난한 사람에게는 생활의 안전은 물론이거니와 인격도 인권도 보장되지 않는 게 현실이지 않은가. 그리고 나는 가난한 작가일 뿐. 가난하여 '이 땅 어디에도 삶의 터전을 마련하지 못하고 떠도는' 유랑민처럼 나 또한 가난한 '유랑작가' 일 뿐.(공선옥,『유랑가족』작가의 말 중에서, 서울: 실천문학사, 2005.)

34 스웨덴 주택 담보 대출 피해자를 위한 플랫폼인 PHA 대변인 아더 콜라우는 이렇게 말했다. 그는 후에 바로셀로나 시장이 된다. "PHA에서 우리가 맞닥뜨리는 가장 큰 장벽은 외로움과 공포입니다. 병든 사회에 살고 있는 우리에게 가장 치명적인 질병은 가난에 주눅이 드는 것입니다. 세상은 모든 것을 잃은 사람에게 "이건 네 잘못이야!"라고 손가락질 하면서 가난을 부끄러워하게 만듭니다. 이것은 수많은 사람들에게 씻을 수 없는 정신적, 신체적 상처를 남깁니다. 다행히도 PHA 멤버들은 가난이 온전히 개인의 탓이라는 주장을 거부하기 시작했습니다. 이것이 우리의 가장 값진 승리입니다."(이진순·와글,『듣도 보도 못한 정치』, 서울: 문학동네, 2016. p43.)

35 서동진,『자유의 의지 자기계발의 의지』, 서울: 돌베게, 2009. p302~303.
1인 기업가라는 표현을 주로 쓰고 있으나, 기업가적 개인이 더 적합한 표현이라고 생각해서 이를 병기하기로 한다.

36 "그래, 나 대한민국 잉여다", 〈한겨레〉, 2012. 2. 8.

37 그동안 우리 사회의 학벌 문제를 집요하게 제기해왔던 '학벌 없는 사회'라는 단체가 해체되었다. '학벌 없는 사회'는 해산선언에서 다음과 같이 말한다. "지난 18년의 분투에도 불구하고 '학벌 없는 사회'는 단체로서의 활동을 중단하고자 한다. 이는 학벌 사회가 해체되어서가 아니라 그 양상이 변했기 때문이다. 학벌은 더 이상 권력 획득의 주요 기제로 작동하지 않고 있다."(〈한겨레〉, 2016. 4. 28.)

38 "하루 세 시간 노동이라는 꿈같은 세상을 그린 케인스는 그 시기를 언제로 내다봤을까. 책이 출간되던 시점을 기준으로 100년 뒤, 그러니까 지금으로부터 고작 14년 뒤인 2030년이었다. 과연 2030년에 인류는 하루 세 시간 노동이라는 꿈의 세상을 만들 수 있을까? 지금으로서는 난망해 보이는 것이 사실이다."("기획: 기본소득④-알파고의 시대, 기본소득이 미래 지향적인 제도인 이유", 〈민중의 소리〉, 2016. 12. 29)

39 슬라보예 지젝,『처음에는 비극으로 다음에는 희극으로』, 서울: 창비, 2010. p206.

40 "노동이 공장 벽 밖으로 이동함에 따라, 노동일을 측정한다는 허구를 유지하기가 더욱더 어렵고, 따라서 생산 시간과 재생산 시간을 분리하거나, 노동 시간과 여가 시간을 분리하는 것이 점점 더 어렵다. 생체정치적 생산의 지형에는 (근무) 시간을 기록하는 시간 기록계(타임 리코더)는 없으며, 프롤레타리아트는 하루 종일 도처에서 일반적으로 생산한다. 생체정치적 생산의 이러한 일반성은 사회적 임금과 모두에게 보장된 수입이라는 대중의 두 번째 강령적인 정치적 요구를 분명히 한다."(안토니오 네그리·마이클 하트,『제국』, 윤수종(역), 서울: 이학사, 2001. p206.)
네그리와 하트는『제국』에서 일터에서 생산하는 것만이 아니라, 가정에서의 가사, 육아를 비롯한 삶 자체가 생산적이며, 자본은 이러한 삶 자체에서 생산된 모든 것들을 착취하고 있기 때문에 모든 사람에게 사회적 임금을 지급해야 한다고 주장한다. 구글, 페이스북, 그리고 네이버는 여기에 접속해 소통하는 수많은 사람들의 지적 생산물을 공짜로 활용해서 이윤을 획득한다. 일상적 삶이 곧 생산활동이라는 말이다.

41 OTL: O는 머리, T는 팔과 몸, L은 다리를 형상화한 것으로, 머리를 수그리고 무릎을 꿇은 사람의 모습을 표현한다. 좌절의 상황을 가리킨다.(네이버 사전)

5장_ 미완의 촛불, 노동의 꿈

42 세월호를 다시 상기할 때 선장과 선원들 중 상당수가 비정규직이었다는 사실을 빼놓아서는 안 된다. 세월호 승무원 29명 중 15명이 비정규직이었다. 핵심 부서인 갑판부와 기관부 선원 17명 중에서는 70%가 넘는 12명이 비정규직이었다. 위기 발생 시 인명 구조를 끝까지 책임져야 할 선장도 1년짜리 계약직이었고, 선장의 손과 발이 되어야 할 조타수 3명도 모두 6개월 내지 1년짜리 계약직이었다. 선박이 침몰하는 절대 절명의 순간에 세월호 선장과 일부 승무원들이 보여준 태도는 아무런 결정도 못하는 상태, '절대 무책임성'이다. 목숨을 건 사명감은 자신의 직업에 대한, 자신의 직업적 소명에 대한 자부심과 사전 훈련과 인지에서 온다. 그런데 이들 비정규직 선장과 선원들은 이러한 것이 없다. 자신은 일시적으로 땜빵으로 고용된 소모품들이니까. 이처럼 사람의 생명과 안전을 다루는 직업에 비정규직의 확산은 곧 생명과 안전의 파탄을 의미한다.

43 일본의 사례는 더욱 극적이다. 2009년 세계경제 위기를 겪은 일본 민중들은 56년 만에 자민당 일당 지배체제를 무너뜨리고 민주당을 집권시켰다. 2009년 8월 30일 민주당은 480석 의석수 중에서 308석을 차지했고, 자민당은 119석으로 몰락하였다. 하지만 국민생활을 최우선에 두겠다던 민주당의 잇단 실정에 국민들은 환멸을 느끼고 다시금 자민당을 선택했다. 2012년 총선에서 자민당은 480개 의석 중 269석을 차지하였다. 일본 민중들은 자민당의 장기집권을 끝장내야겠다는 의지를 모은 것까지는 좋았으나 불행히도 그 대안으로 선택한 민주당도 부패한 보수 정객들의 집단에 불과했다. 따라서 민주당에 대한 기대가 환멸로 끝나는 것은 어찌 보면 당연한 일일지도 모른다.

44 국제 빈민 구호 단체인 옥스팜의 위니 비아니마 총재는 2017년 1월 스위스에서 열린 다보스포럼에서 신자유주의 정책에 따른 세계적인 양극화에 우려를 표하며 "한국의 촛불시위는 불평등에 대한 분노가 표출된 경제적 사건"이라고 말했다.(《중앙일보》, 2017. 2. 1.)

45 이후 만도헬라는 고용노동부로부터 불법파견 판정과 시정 명령을 받았고, 회사 쪽은 만도헬라 비정규직 노동조합과 합의를 통해 비정규직 노동자 전원을 정규직으로 채용했다.

46 광장에서는 "박근혜 퇴진"을 외치며 민주주의를 이뤄냈다는 자부심을 느끼지만 일상으로 돌아오면 고립과 경쟁, 위계의 세계가 기다리고 있다. '우리 안의 최순실'과 '최순실들'은 다르다. 전자는 누구에게나 해당하는 성찰이지만, 후자는 실제 적대자다. 그 많은 최순실들과 이전투구해야 하는 일상의 피로와 우울. 누구나 위로받고 싶다. 그런 의미에서 광장은 민주주의의 학교이자 괴로운 일상을 견디게 해주는 재충전의 공간이다. 광장과 일상은 연속이어야 한다. 광장이 곧 민주주의는 아니다. 민주주의는 일상에서 추구되어야 한다. 그렇지 않다면 개화기 만민공동회부터 반복된 실패, 즉 촛불은 사회 변화가 아니라 정치권만의 이합집산으로 끝날지도 모른다. 우리의 요구는 정권교체를 넘는 일상의 정의다.(정희진, "광장은 대중의 밀실이다", 〈한겨레〉, 2016. 1. 6.)

6장_ '만남의 조직학' 개론

47 "뒷머리가 상의 칼라만 살짝 덮어도 정문을 지키는 경비대의 '바리깡'이 사정없이 지나갔고 작업 지시는 곧 명령이었으며 일과는 복종의 연속이었다. 노동자들이 지켜보는 가운데 중역의 '쪼인트'를 사정없이 까는 정주영 스타일의 현장 분위기가 사업장을 지배했다. 관리직과 생산직은 주거에서도 차별을 받았다. 마치 광산촌에서나 볼 수 있는 두 개의 세계가 존재했다."(이수원, 『현대그룹 노동운동 그 격동의 역사』, 서울: 대륙, 1994. p30. 한국노동연구원, 〈87년 이후의 한국의 노동운동〉에서 재인용, p94.)

후주 261

48 〈한국GM 비정규직 실태조사 보고서〉, 2016. p98~100.
49 구로 디지털단지에서 조직화 사업을 진행했던 한 활동가는 비어 버린 노동조합의 자리를 대체하는 파견업체의 모습을 다음과 같이 묘사하고 있다.
"파견업체도 친절하다. 이유 불문, 퇴사하면 바로 다음날 파견업체가 다른 일자리를 소개시켜 준다. 근로계약은 어떻게 맺어야 하는지, 밀린 수당을 지금이라도 받을 수 있는지 상담도 해 준다. 전국 각지에서 모든 사람들에게 기숙사를 제공하는 파견업체도 있다. 상시적인 파견노동, 노동3권이 없을 뿐이지 파견업체가 고용은 보장해 준다. 이것이 제조업 공단의 실상이다. 단순조립공으로 일자리를 구해 본 사람은 이상이 결코 과장이 아님을 안다. 노조운동이 미치지 못하는 이곳 공단에서 노동자들에게 '고용안정'은 언감생심이다. 임금을 좀 더 받으려면 잔업, 특근이 있는 일자리를 찾아나서야 한다. 그걸 가장 잘해주는 곳이 파견업체다. 오늘 회사에서 쫓겨나도 내일이면 파견업체가 전화를 해서 다른 일자리를 알아봐 준다. '노동자의 권리'라는 무거운 말만 잠시 잊으면, 파견업체가 고용안정 기관으로서의 역할이 공단 노동자들에게 가히 나쁘지만은 않다. 파견업체가 차악의 역할을 하며 공단 노동자들에게 다가가면서 노조의 빈자리를 채워 가고 있는 것이다. 공단에서 노조의 이름은 그렇게 지워져 간다. 민주노총, 금속노조, 이를 가만히 두고 보고만 있기에 이름이 너무 무겁지 아니한가?"(박준도, '사회진보연대' 홍보물 중에서)

50 네그리와 하트는 노동조합의 한계를 다음과 같이 설명한다.
"19세기에 출현해서 주로 특수한 직종의 임금 협상을 목표로 했던 낡은 노동조합 형식은 더 이상 충분하지 않다. 첫째로, 낡은 노동조합들은 (모두 사회적 생산에 능동적으로 참여하고 사회적 부를 늘리는) 실업자들, 빈자들 또는 단기 계약을 한 이동적이고 유연한 포스트포드주의적 노동자들을 대표할 수 없다. 둘째, 낡은 노동조합들은 산업생산의 전성기에 규정된 다양한 생산물들과 작업에 따라 분할된다. 오늘날 노동조건과 노동 관계가 공통적이 되는 한 이 전통적인 분할들은 (또는 심지어 새로이 규정된 분할들조차) 더 이상 의미가 없으며 오직 장애물로서 기능한다. 마지막으로, 낡은 노동조합들은 순전히 경제적 조직이었을 뿐 정치적 조직이 아니었다. 선진 자본주의 국가들에서 노동계급 조직들은 협소하게 경제적 작업장에 초점을 맞추고 사회적이거나 정치적인 모든 요구들을 포기하는 대신에 법적, 헌법적 지위를 보장받는다. 그렇지만 비물질 노동의 패러다임에서는, 그리고 생산이 점점 삶 정치적이 되는 상황에서는, 이러한 경제적 논점들은 점차 의미가 없어진다. 오늘날 필요하고 또 가능한 것은, 낡은 노동조합들의 모든 분할들을 극복하고 노동의 공통되기를 모든 측면에서, 즉 경제적·정치적·사회적으로 대표해내는 노동조직화 형식이다. 전통적인 노동조합들이 제한된 범주의 노동가들이 경제적 이해관계를 띠어하더라면 우리는 협력을 통해 사회적 부를 생산하는 특이성들의 전체 네트워크를 대표할 수 있는 노동 조직을 창조할 필요가 있다."(안토니오 네그리·마이클 하트, 『다중』, 조정환 외(역), 서울: 세종서적, 2008. p193~194.)

7장_ '만남의 조직학' 각론

51 일본 철학자 가라타니 고진은 생산하는 노동자보다는 소비하는 노동자가 더 혁명적인 역할을 한다고 주장하고 있다. 생산자로서 파업은 쉽게 이루어지지 않지만, 소비자로서의 파업(불매운동 등)은 마음만 먹으면 할 수 있기 때문이라고 한다. 이러한 입장에 전적으로 동의하지는 않지만 소비자로서의 노동자의 역할에 대한 중요성은 아무리 강조해도 지나치지 않다.
"소비자란 프롤레타리아가 유통의 장에서 나타났을 때의 모습인 것입니다. 그렇다면 소비자 운동이야말로 프롤레타리아 운동이고 또 그와 같은 것으로 이루어져야 합니다. 자본은 생산 과정의 프롤레타리아를 규제할 수 있으며 또 적극적으로 협력하도록 할 수도 있습니다. 이제까지 생산 과정에서의 프롤레타리아 투쟁으로서의 (정치적) 스트라이크가 제창되어 왔지만, 그것은 항상 실패했습니다. 그러나 유통 과정에서 자본은 프롤레타리아를 강제할 수 없습니다. 일하는 것을 강제할 수 있는 권력은 있지만 구입하는 것을 강제할 수 있는 권력은 없기 때문입니다. 유통 과정의 프롤레타리아 투쟁은 말하자면 보이콧입니다. 그리고 그와 같은 비폭력적이고 합법적인 투쟁에 대해 자본은 대항할 수 없는 것입니다."(가라타니 고진, 『세계공화국으로』, 조영일(역), 서울: 도서출판b, 2007. p161~162.)

52 이진경은 다음과 같이 말한다. "착취당하는 대상이 자신을 착취하는 비용까지 물게 만드는 놀라운 마술! 부르조아의 유토피아가 있다면 바로 이런 게 아닐까? 대학-기업은 그것을 이 땅에 실현했다."(이진경, 『뻔뻔한 시대, 한 줌의 정치』, 서울: 문학동네, 2012.)

53 "35년 전에 등장한 학생 저항은 대학이라는 '지식공장'이 선진 자본주의의 군산복합체에 통합되고 있다는 인식 아래 이에 반대한 저항이었다. 그러나 이 시기는 상대적으로 풍요로웠고, 기업과 대학도 부분적으로만 통합되어 있었기 때문에 봉기를 일으킨 학생들은 노동시장의 세계와 떨어져 있었다. 교정은 일시적으로 붉은 게토나 자치 지대가 될 수 있었지만, 교정에서 경험했던 사실과 일반적인 노동 착취의 조건 사이에는 근본적인 괴리가 있었던 것이다. 오늘날에는 기업과 대학이 거의 완벽하게 결합되고 교육이 직업 시장의 필요성에 종속된 나머지, 그때 당시의 상대적 자유마저 제거됐다. 그렇지만 이런 상황은 학생과 교수, 그리고 또 다른 임금 부불 노동자가 모두 결합될 수 있는 길을 열어 놨다. 그리고 이들의 조건이 나머지 노동력의 조건과 밀접한 관련을 가질 수밖에 없게 됐다. 흔히 대학과 실제 세계를 갈라놨던 전통적인 구별, 자기비하적이고 자기방어적이었던 이런 구별이 차츰 줄어들어 서로 관련을 맺게 된 것이다. 만약 그 결과로 학생과 교수가 한때 누렸던 상대적 특권을 상실하게 된다면, 그들도 대학 외부에서 일어나는 운동들에 참여하고 관여할 것이며, 그에 따라 대학은 전반적인 투쟁의 순환 속에서 하나의 결절점이 될 것이다."(닉 다이어-위데포드, 『사이버-맑스』, 신승철 외(역), 서울: 이후, 2003. p241~242.)

54 플랫폼이라는 말이 유행이다. 플랫폼이란 "판매자와 구매자 양쪽을 하나의 장으로 끌어들여 새로운 가치를 창출하는 것. 즉 플랫폼 사업자는 판매자와 구매자 양쪽에 가치를 제공하고 하나의 장으로 끌어들인다. 거기서 거래가 일어나고 참여한 이들에게 수익과 효용이 발생한다. 플랫폼의 핵심은 개방과 공유이다"라고 정의된다.("플랫폼 혁명", 'KBS 파노라마' 중에서) 구글, 페이스북, 네이버와 같은 소셜 네트워크에 기반한 기업들이 대표적인 플랫폼들이다. 이 플랫폼 개념을 다수 노동자들의 흐름과 접속하고, 대중 지성을 형성할 수 있는 공간으로 활용해 보면 어떨까, 생각을 했다.

8장_ 물길 거슬러 오르는 연어처럼

55 고병권은 책을 읽는 행위에 운동과 사건의 의미를 부여한다.
"혼자서 책을 읽으면 머릿속 지식에 그치지만, 수많은 사람이 한 권의 책을 읽으면 '사건'이 됩니다. 2001년 시카고에서 '하나의 책, 하나의 시카고' 운동이 있었답니다. 도시 전체가 한 권의 책을 읽고 시민들이 다 같이 그 책에 대해 토론하면서 한동안 열띤 독서 분위기가 만들어졌습니다. 그들이 읽었던 책은 『앵무새 죽이기』였습니다. 인종 문제를 다룬 책이었죠. 백인우월주의자건 흑인인권운동가건, 보수주의자건 진보주의자건, 우파든 좌파든, 그 책을 함께 읽었다는 것이 중요합니다."(고병권, 『추방과 탈주』, 서울: 그린비, 2009.)

56 빌헬름 라이히, 『파시즘의 대중심리』, 황선길(역), 서울: 그린비, 2006. p115.

57 클리나멘은 고대 자연철학의 용어로, '기울여져 빗겨감 혹은 벗어남'을 뜻하는 '편위'로 번역된다. 에피쿠로스학파에 속하는 철학자 루크레티우스가 허공 속에서 원자들의 운동을 통해 새로운 세계가 만들어지고 변화가 일어나는 원리를 설명하기 위해 도입하였다. 루크레티우스가 우주 속에서의 변화를 설명하기 위해 만든 이 개념은 이후 현대에 들어와 다양한 분야에서 적용되고 활용되었다.(네이버 지식백과)
"물체들이 자체의 무게로 인하여 허공을 통하여 곧장 아래로 움직이고 있을 때, 아주 불특정한 시간, 불특정의 장소에서 자기 자리로부터 조금, 단지 움직임이 조금 바뀌었다고 말할 수만 있을 정도로, 비껴났다는 것"을 클리나멘이라고 한다. (루크레티우스, 『사물의 본성에 관하여』, 강대진(역), 서울: 아카넷, 2012. p125.)

58 이진경, 『노마디즘 1』, 서울: 아카넷, 2012. p600.

59 프리드리히 니체, 『차라투스트라는 이렇게 말했다』, 장희창(역), 서울: 민음사, 2004. p262.

위장 취업자에서
늙은 노동자로
어언 30년

'내부자' 눈으로 본 **대기업 정규직 노조&노동자**

초판 1쇄 펴낸 날 2017년 12월 12일
초판 2쇄 펴낸 날 2018년 4월 20일

지은이 이범연
펴낸이 이광호
펴낸곳 도서출판 레디앙
디자인 Annd

등록 2014년 6월 2일 제315-2014-000045
주소 서울 강서구 공항대로 481(등촌동, 2층)
전화 02-3663-1521   팩스 02-6442-1524
전자우편 redianbook@gmail.com

ⓒ 이범연 2016

ISBN 979-11-87650-04-1 03330

* 이 책의 내용 일부 혹은 전부를 인용, 재사용하실 경우 위 저작권자와 출판사의 동의를 얻으셔야 합니다.